영성과 사회복지

영성과 사회복지

2014년 10월 28일 초판 인쇄
2014년 11월 03일 초판 발행

지은이   마가렛 할러웨이 · 버나드 모스
옮긴이   김용환 · 김승돈 · 정석수 · 정현태 · 오봉희
펴낸이   이찬규
편집   선우애림
펴낸곳   북코리아
등록번호 제03-01240호
주소   경기도 성남시 중원구 사기막골로 45번길 14(A동 1007호)
전화   02) 704-7840
팩스   02) 704-7848
이메일   sunhaksa@korea.com
홈페이지 www.북코리아.kr
ISBN   978-89-6324-392-4 93330

값 16,000원

영성과 사회복지

마가렛 할러웨이 · 버나드 모스 지음
김용환 · 김승돈 · 정석수 · 정현태 · 오봉희 옮김

북코리아

✓ **일러두기**
본문에 달린 각주는 모두 역주입니다.

감사의 말

함께 고무적이고 풍성한 토론을 나누었던 전 세계의 동료들에게 깊은 감사를 보낸다. 특별히 폴 디어레이(Paul Dearey), 윌프 맥셰리(Wilf McSherry), 레올라 퍼먼(Leola Furman), 에드 칸다(Ed Canda), 닐 톰슨(Neil Thompson)과 피터 길버트(Peter Gilbert)에게 감사한다. 또한 앤디 보든(Andy Bowden), 조 보든(Jo Bowden)과 샘 벨(Sam Bell)은 도전해볼 만한 시험적인 논제들을 초안에 제공해주었고, 우리의 시야를 크게 넓혀주었다.

또한 우리의 협력자인 존(John)과 실라(Sheila)에게 감사와 존경을 보낸다. 그들은 관용과 인내로 이 책을 집필하는 데 큰 도움을 주었다. 우리를 격려하며 필요한 공간들을 마련해주는 등 큰 도움을 준 폴그레이브(Palgrave) 편집팀에게도 감사한 마음을 전하고 싶다.

차례

I
영성의 현대적 및 역사적 맥락

1. 도입

이 책은 최근 사회사업에 있어서 가장 중요하면서도 논란의 여지가 많은 주제를 다루고자 한다. 비로소 영성의 시대이다. 이 책을 통해 우리는 사회복지실천가 · 학생 · 학자들이 왜 그리고 어떻게 영성을 중요하게 다루어야 하는지 탐구할 것이다. 간략하게 말하면 그 이유는 사회사업이 인류의 웰빙에 중요한 기여를 하고자 그 방향을 모색하고 있기 때문이다.

1) 영성은 사회복지에서 어떤 역할을 해야 하는가?

학생들 혹은 동료들과 영성 관련 주제에 대해 대화를 할 때 이 질문을 던지면, 그들 대부분은 '처음 듣는다'는 반응을 보인다. 우리는 사회복지를 연구하는 학자로서 학생을 가르치고 글을 쓰며 사회복지와 영성의 관계에 대해 20년 이상을 연구해왔고, 동시에 그보다 더 오랜 시간 우리

사회 안에서 영성의 의미에 대해 생각해왔다. 따라서 우리는 사람들의 이러한 반응에 매우 익숙하다고 할 수 있다.

사회복지는 세속의 직업 세계에 속하며, 매우 광범위한 세속적 단체에서 이루어지고 있다. 우리는 이런 세계에 몸담고 있다는 것에 대해서 자부심을 느낀다. 물론 이것은 사회학과 심리학의 세속적 원칙에서부터 신학적 기초와 함께 실천의 심리사회적 모델에 한정되어 있기는 하지만, 철학과 윤리적 측면으로 살짝 기울어진 세계라고 할 수 있다. 그러나 동시에 우리의 시각은 정책이나 법적 근간과 같이 우리가 그 안에서 활동을 해야 하는 분야를 주시하고 있다.

각각의 서비스 이용자들의 특성에 커다란 주의를 기울이고 있는 것이 사실이긴 하나, 더 크게 중점을 두고 있는 부분은 서비스 이용자들과 하느님(혹은 절대자)의 관계라기보다는 그들 주위 사람들과의 관계라고 할 수 있다. 그것은 그들의 가족이 될 수도 있고 다른 서비스 이용자 혹은 공동체가 될 수도 있다.

이 책의 공동 저자로서 우리는 사회복지 분야에서 영성이 논란의 여지가 될 수 없다는 주장을 제외하고 모든 것에 동의한다. 물론 이는 중요한 논제이다. 우리가 주장하고자 하는 바는 우리의 영성에 대한 탐구가 사회사업의 가장 핵심이자 정신으로 우리를 안내해줄 수 있다는 점이다. 분명히 확신하건대 이러한 개념이 사회사업을 자세히 들여다보고 이해하고 비판할 수 있는 효과적이며 통찰력 있는 식견을 제공해줄 것이다.

시작에 앞서 우리가 제안하고자 하는 것은 독자 여러분이 이미 현실로서 인식하고 있는 것인데, 여러분의 활동과 여러분 스스로를 위해 우리가 영성을 갈망하고 있다는 점이다. 왜냐하면 영성은 그 뿌리가 말해주듯 인간이란 무엇인지에 대해 의문을 갖고 다른 사람들과 관계를 형성해가는 것이나 삶의 다양한 방면에서 관계를 쌓아가는 것 등을 고심하는, 마음속 깊은 곳, 그 영혼에까지 우리를 데려가 줄 수 있기 때문이다.

영성은 매우 심오한 것이어서 개별적으로 혹은 공동체적으로, 또는 개인적으로 우리 모두에게 영향을 준다. 영성은 우리가 영성을 체험하는 이 세상에서 그것을 찾고, 또 세상에 주는 영성의 의미를 탐구하며 또 명확하게 정리하도록 촉구하고 있다. 영성의 개념은 그 여러 가지 가치와 세상의 시선을 통하여 우리가 사회사업보다 영성이라는 테두리에 더 오래 속해왔음을 지적하고 있다. 한편, 영성은 동시에 사회복지의 핵심이자 중요한 방법으로 여겨져왔다. 이런 이유로 우리의 논의는 우리가 오랫동안 알아왔던 것을 새로운 시각으로 볼 수 있도록 해줄 것이며, 이해를 다지고 이론적 토대를 세울 수 있도록 도와줄 것이다.

2) 영성이 종교가 아니라고 한다면 무엇인가?

이는 주로 두 번째로 제기되는 질문이다. 이 질문은 사회복지사가 종교에 대해 갖는 민감한 부분이기도 하다. 분명히 우리의 사회복지 서비스 활동은 종교나 다른 그 어떤 편견으로부터 자유로워야 한다. 그렇지만 사회복지는 도덕적으로 중립적인 활동이 아니며, 서비스 이용자들로 하여금 자신만의 삶을 추구해나갈 수 있도록 성장을 돕고 그들의 삶을 존중해주는 것이다. 차별적이고 억압적인 행동이 사회복지사의 반억압적 가치기반과 충돌할 때를 제외하면 영성과 종교의 관계는 반드시 도전받아야 하는 부분이다.

역설적으로 가장 먼저 영적 측면을 경시하며 사회복지에 경종을 울린 것은 소수민족 공동체에 속한 내담자들이었다. 그들에게 있어서 삶의 종교적 기본 틀은 근본적인 삶의 질이자 문제에 접근하는 방법이었다. 이런 사람들, 즉 종교가 정체성을 결정하고 자신이 누구이며 어떻게 행동을 하는지 등의 삶의 방식을 결정짓는 데 중요한 역할을 하는 사람들에게 종교는 주된 매체이며, 이를 통해 영성을 경험하고 표현한다. 그러나 때로 종교가 그들에게 문젯거리를 제공할 수도 있는데, 이 주제에 대해서는 나중에 다루기로 하겠다.

또 다른 사람들에게 있어 영성이라고 부르는 것이 있을 수도 있지만, 그것이 틀을 갖춘 종교라고 하기엔 충분하지 않을 수도 있다. 앞서 언급했듯 사람들은 자주 "나는 종교적인 사람이 아니야"라고 말한다. 하지만 "나는 영적이지 않아"라고 말하지는 않는다(Peberdy, 1993, p.219). 그러므로 이 문제를 더 깊이 있게 다루기 전에 사회복지에 대한 저술활동을 하는 사람들이 제안한 몇 가지 정의를 소개하고자 한다. 아래의 〈표 1-1〉을 살펴보자.

표 1-1 영성의 정의

1. 개인적 의미와 상호 성취 관계를 사람과 사람, 사람과 자연환경 그리고 종교적인 사람과 하느님의 사이에서 찾는 것. 사회복지실천은 의뢰인, 전문적으로 도움을 주는 사람 그리고 넓은 공동체의 성장과 완성을 아우르는 영적 항해로 묘사될 수 있다(Patel, 1998, p.11).
2. 목적과 의미를 찾는 것, 다른 사람들이나 우주와의 관계 그리고 초월적인 존재나 힘과의 관계에 대한 관심을 반영하는 도덕적 차원을 갖는 것

(Lindsay, 2002, pp. 31~32).

3. 태도 · 믿음 · 생각 · 감정 그리고 실천적인 것을 한데 엮은 차원으로 물질
   적인 것을 초월한다(Lloyd, 1997).
4. 인간존재의 전체성이라는 의미 (…) 자기 자신 · 타인 · 우주를 포함한 실
   존의 존재라는 근거와 자신의 관계를 완성하는 것, 의미를 찾아가는 인간
   적 탐구와의 영적 관계, 여기서 신의 존재론적 실제를 유신론적, 불가지론
   적, 무신론적 혹은 이것들을 혼합된 형태로 받아들이는 것의 여부는 중요
   하지 않다(Canda & Furman, 1999, pp. 43~44).

첫 번째는 파텔(Patel et al., 1998)의 정의이다. 영국에서 초기에 출판된
그의 저서는 사회사업교육 및 훈련중앙협의회(the Central Council for
Education and Training in Social Work)가 출간한 주제를 다루고 있다. 이 출
판물에서 파텔은 사회사업을 '영적 항해'라고 묘사하고 있다. 어쩌면 여
러분은 이러한 기분 좋은 요소들을 '의미'나 '관계의 성취' 등으로 묘사하
고 있을 수도 있고, 사회사업이 훌륭한 '실천'으로 표현 가능하기 때문에
영적 항해로 불릴 수 있다는 데 관해 확신이 서지 않을 수도 있다.

린지(Lindsay, 2002)는 사회사업에 익숙한 몇 가지 개념, 즉 목적 · 의
미 · 관계 등이 대부분의 사회복지사들에게 낯선 '초월적'이라는 표현을
추가함으로써 우리가 좀 더 나은 의미로 나아갈 수 있다고 정의했다. 또
다른 정의는 우리 가운데 한 명이 제시한 것으로, 사람들로 하여금 연구
질문 활동을 마무리 지을 수 있도록 정의한 것이다. 즉, 영성이 즉각적이
고 눈에 보이는 물질세계의 현실을 넘어서는 영역에 속할 수 있다고 주
장한다(Lloyd, 1997). 이러한 맥락에서 우리가 하느님 혹은 저 멀리 있는 존

재에 대해 이야기를 한다면 주제는 다시 종교가 되는 것일까? 반드시 그런 것은 아니다. 칸다와 퍼먼(Canda & Furman, 1999)은 이것이 불가지론자[1]나 무신론자의 개념이 될 수도 있다고 주장한다.

그러므로 영성은 복잡한 개념이며, 어떤 이유로 사회복지에 필요한 개념인지, 영성이 없는 사회사업실천이 가능한지 등의 여부는 아직도 불명확하다. 오랫동안 사회사업은 의미를 찾는 것에 대한 중요성, 특히 정신건강이나 말기 환자의 고통완화치료와 같은 분야에서 이를 인식해 왔다. 하지만 영적 측면보다는 실존철학에 속한 견해에 더 깊은 공감을 해왔다(Kingn et al., 1994).

사회복지사로서 우리가 종교적 기원이나 개입을 종교인들에게 맡겨야 한다고 생각하더라도, 종교는 그 의미를 파악하기가 더 쉽고 우리의 사회사업 사정(Assessment)에도 더 쉽게 적용된다. 〈표 1-2〉는 칸다와 퍼먼이 종교에 대해 정의한 것으로, 종종 틀을 갖춘 종교라고 묘사되는 것에 초점을 맞춤으로써 간단하게 정리하고 있다. 그러나 현대사회에서 소수의 사람들만이 틀을 갖춘 종교를 갖고 있고, 약간의 사람들만이 종교와 관련된 개념을 비유나 세속적 표현의 일환으로 사용하고 있다.

예를 들면, 사람들은 살아가면서 신앙을 갖는 것에 대해 말하기도 하고, 그보다 더 자주 어떤 것에 관한 믿음을 잃는 것에 대해 말하기도 한다. 꼭 종교적 신앙의 상실만을 의미하는 것이 아니라 삶의 전반적인 믿음을 상실하는 것을 의미할 수도 있다(아래의 Lloyd의 정의 참조).

---

1 불가지론(不可知論, Agnosticism)은 신의 존재에 대한 신학적 명제의 진위 여부를 알 수 없다고 보는 철학적 관점, 또는 사물의 본질은 인간이 인식하는 것이 불가능하다는 철학적 관점이다. 즉, 불가지론은 기독교나 다른 종교들의 관심사인 신과 미래의 삶과 같은 것들의 진리를 안다는 것은 불가능하다고 생각하는 입장을 말한다.

다른 저술가들(표1-2 참조)은 전해 내려오는 믿음이나 전통, 즉 단순히 체계적인 종교와 반대되는 것을 고수하지 말고 종교를 생각이나 삶의 방식으로 이해해야 한다고 주장한다.

표 1-2 종교의 정의

---

1. 영성과 관련된 공동체가 공유하는 믿음과 신앙행위의 형태를 갖춘 틀(Canda & Furman, p.54).
2. (믿음) 인간이 살면서 그대로 따르고자 하는 방향을 안내하는 인간적 혹은 종교적 신앙(Lloyd, 1997).
3. 종교는 의미·규칙·목적에 대한 욕구에 응답을 제공한다. 그러나 종교가 필요로 하는 것이 종교 그 자체는 아니다. 종교는 인간의 정신적 과정이 갖는 특성에 대한 하나의 표현이다. 그리고 실존적 도전의 상황에서 평소보다 좀 더 잘 의식하게 되는 것이다(Grainger, 1998, p.95).

또한 그레인저(Grainger)는 특히 우리가 도전과제를 맞닥뜨린 상황에서 이러한 생각을 받아들인다고 주장한다. 사회사업이 서비스 이용자(service users)가 도전과제에 직면한 상황에 적용되는 데 효과적이지 못했다고 감히 말할 수 있는가? 오히려 사회사업은 특정 전문 분야에서 깊이 내재된 정서치료의 목적으로서 다루는 데 탁월함을 보여주었다. 이미 우리는 이 주제의 복잡성을 제기했다. 그리고 사회사업이 오랜 기간 간과해온 인간의 실존적 차원에 대해서 좀 더 나은 이해로 나아가려 하는 우리의 목적에 도달하기 위해 반드시 깊이 있게 탐구해야만 하는 중요한 질문들을 제안한다.

이 책을 통해서 우리는 우리 스스로 선택하고 도달한 세계관으로부터 기인하는 영성을 이해하기 위하여 그 의도를 탐구할 예정이다(Moss, 2005). 물론 일부 사람들은 서비스 이용자나 사회복지사가 영적 측면을 동일하게 믿지 않는다고 주장한다. 그리고 우리는 그러한 입장을 존중하려 노력하고 있다. 그러나 대부분의 경우, 이 책이 목적으로 하는 바는 사회사업의 방향, 즉 서비스 이용자가 영성을 인식하는 것이다. 영적 이슈의 중요성을 이해함으로써 여러 복잡한 문제 속에서도 서비스 이용자가 방향을 잡을 수 있도록 돕고, 사회복지사들로 하여금 어느 정도 이런 관점에 대해 개입할 수 있도록 하며, 최대한 본인의 믿음을 편안하게 마주할 수 있도록 하는 것이다. 물론 이것은 쉽고 편한 작업은 아니다. 대부분 아주 불편할 수 있다. 많은 현대 문헌이 주는 인상과는 반대로 이 책에서 중요하게 다루고 있는 주제는 영성이 항상 달콤하기만 한 빛은 아니라는 것이다(Holloway, 2007). 따라서 우리가 이에 대한 탐구의 여정을 시작하면서 아래의 사례에 대해 생각해보도록 하자. 매우 일반적인 건강과 사회적 돌봄 전문가에 대한 이야기이다. 얼마나 자주 깊은 영적 위기가 우리의 사정(assessment)에 등장할 수 있는가? 조앤(Joan)을 지지하기 위해 우리가 어떤 것을 한다고 해도 신체적·정서적 고갈과 마찬가지로 조앤의 영적 고통에 관한 인식 없이는 그 행동이 한계를 가질 수밖에 없다.

사례연구: 조앤

83세의 조앤(Joan)은 6년째 중풍을 앓고 있는 87세의 남편 짐(Jim)을 돌보고 있다. 부부는 독실한 개신교 신자였고, 짐은 병을 진단받은 직후 자신의 병이 나을 것이라고 믿었다. 실제로 짐의 병세가 나아져서 집으로 돌아가게 됐지만 조앤은 본인이 정신적으로 매우 지쳤다는 것을 느꼈다. 어느 날 짐은 갑자기 조앤에게 화를 냈고 신성모독적인 말을 했다. 그리고 병세가 악화되어 치매증상이 나타났다. 조앤은 자신의 삶을 돌아보며 왜 이런 일이 생긴 것인지 고민했다. 지역 간호사는 조앤이 힘들어하는 것을 알고 사회복지서비스를 받도록 권했다. 조앤은 도움이 고마웠지만 그것이 문제의 시작이라고 설명할 수 없었다.

이 장의 뒷부분에서는 이와 같은 문제들을 현재의 국제 의제에 대한 전문적인 기원부터 사회복지의 발전에 이르기까지의 더 넓은 맥락에서 다루기 전에 좀 더 깊이 들여다보고자 한다.

2. 사람들의 상황,
   사회복지 활동을 시작하기 좋은 시점인가?

전통적인 측면에서 이해할 때, 사회복지는 인간의 삶에 대한 모든 면을 다룬다. 사회복지사는 늘 요람에서 무덤까지 인간 삶의 복잡성과 씨름을 하는 서비스 이용자들을 발견하곤 한다. 또한 간혹 인간존재의 어두운 측면을 다루어야 한다. 삶을 개선하는 보람된 순간들, 예를 들어 성공적인 입양, 돌봄을 경험한 젊은이가 훌륭하게 인생을 개척해나가는 것을 보는 것처럼 행복을 나누는 순간도 있지만 더 많은 경우 사회복지사들은 자신의 삶뿐만 아니라 타인의 삶마저도 망가트리거나 전혀 개선의 여지나 희망이 없어 보이는 상황에서 고통받는 사람들을 대면할 가능성이 더 높다. 시인하건대, 대부분의 경우 돌보는 직업에 종사하는 다른 사람들처럼 사회복지사들 역시 맡겨진 직무에 순응하며 살아간다. 사회복지사들은 자신이 돌보거나 같이 일하는 사람들에게 닥친 위기나 도전과제를 다룬다.

사회복지사들은 지식과 기술, 가치 등을 이용해 최선의 결과를 낳기 위해 힘쓰지만 때론 쓰디쓴 실망을 경험하기도 한다. 대체 이것이 무슨 소용이 있는지, 왜 사람들은 그런 행동을 하며, 대체 우리가 사회복지사로서 그들의 삶에 개입해서 무엇을 하고자 하는 것인지에 대해서 의구심이 들 때가 있다. 이런 의문을 자세히 살펴보면 인간적 상황에 대한 의문일 경우가 많다. 물론 대부분의 경우 우리는 이러한 의문들에 대해 생각하지 않는다.

- 인간으로 산다는 것의 의미는 무엇인가?
- 우리는 어떻게 우리의 삶을 개별적으로 또는 공동체적으로 이해할 수 있을까?
- 인도주의적 이야기에 대해 어떤 의미를 찾고 적용할 수 있는가?

이런 의문은 인간행동의 반대편에서 심오한 의미를 갖는다. 예를 들면, 상처받은 아동들을 집으로 데려와 마음을 다해 정성껏 보살피고 사랑과 인내로 그들의 삶을 변화시키는 입양부모, 희생과 사랑으로 가족을 돌보는 사람, 도움이 필요한 사람들을 돌보는 것이 존재의 이유인 단체나 종교기관 등이 있을 것이다.

따라서 '인간으로 산다는 것의 의미는 무엇인가?'와 같은 심오한 질문에 대답하기 위해서는 인간행동의 극단적으로 상반된 다양한 인간적 반응을 알아야 할 필요가 있다. 게다가 받아들이기 어려울지라도 우리 모두에게는 양극단의 모습이 존재함을 인정해야 한다. 그 누구도 완벽하게 선하거나 악하지는 않다. 생활양식을 결정하고 타인을 대하는 어떤 방식을 취할 때, 우리의 생각을 어느 한 쪽 방향으로 기울어지도록 하는 요소가 존재한다. 이것은 반드시 사회복지에만 국한된 것이 아니라, 독자적으로 중요한 연구 분야 중 하나이다.

그러므로 사회복지에서 영성의 중요성을 이해하기 위해서는 우리 자신과 우리 주변을 시작점으로 삼아야 한다. 최소한 여기서 시작하면서, 우리가 알고 또 안다고 생각하는 것은 우리가 어디에 있으며 우리가 누구이고 우리의 삶과 우리 삶의 주변에서 다루어져야 할 이슈들이 무엇인지이다. 이것이 바로 사회복지 교과과정의 중요한 주제로 수명 발달 · 정체성 발달에 대해 연구하고 사회정책과 사회복지의 사회적 · 정치적 관점 등을 다루는 이유이다. 하지만 방금 우리가 제기한 의문들은 사회복지의 교과과정이 주로 다루지 않고 있다. 궁극적으로 이러한 의문은 매우 철학적이며, 많은 사람들에게 있어 영적인 문제이다. 이 의문들은 우리가 삶에서 갖는 의미나 목적을 풀어내고, 우리가 삶에 적용하기로 선택한 세상을 보는 시각에까지 확장되며, 우리와 우리 주변에서 일어나는 일을 해석하는 데 지적 · 정서적 · 영적으로 만족감을 준다.

이러한 질문을 우리가 처한 환경에서 제기할 수 있는 이유는 이 질문 자체가 인간으로서의 삶이 어떤 의미가 있는지에 관한 중요한 일면을 제시하기 때문이다.

> 우리가 아는 한, 지구상에서 유일하게 인류만이 존재의 이유를 탐구하는 종(種)이다. 의미를 부여하는 것은 인간 고유의 활동이다. —p.731

이는 에몬스(Emmons, 2005) 혼자만의 주장이 아니다. 톰슨(Thompson, 2010)은 영성이 근본적으로 의미를 부여하는 것임을 관찰함으로써 이 관점을 더욱 확대했다. 또한 그는 사회복지직의 주된 요소가 사람들을 도와 역량을 증진하는 것의 의미와 이해 그리고 이야기(narratives)의 발달을 추구하는 것과 관련이 있기 때문에 영성이 사회복지와 긴밀하게 관련이 있다고 말한다. 영성은 사회복지 단체의 중심에 자리해야 하며, 또한 그렇게 될 수 있다.

생각해볼 문제
   1. 사회사업의 본질과 정신은 무엇인가?
   2. 사회사업과 영성은 어떤 연관성이 있는가?

3. 종교, 세속주의 그리고 사회복지

그 어떠한 비판이 있더라도 종교와 영성을 추구하는 것은 의미부여에 있어서 중요하며, 체계적인 시도를 포함한다. 그러나 시작에 앞서 그 중요성을 강조하기에 충분한 이유는 종교가 신성한 존재의 가능성을 확고하게 제기하는 반면, 영성은 그와 같지는 않다는 점 때문이다. 세속적 영성은 유신론적 세계관을 수용하려고 하지 않지만 그럼에도 불구하고 강하게 주장하는 것은 유신론적 의미와 목적, 신비와 경외를 가능하게 하고 이를 통해 타당하고 중요한 개념이 될 수 있기 때문이다. 이런 문제들은 2장에서 좀 더 깊이 살펴볼 것이다.

영국과 전 세계에서 그리고 세속적·종교적 측면에서 현대의 사회복지가 실천되는 배경을 인식하는 것 역시 중요하다. 포드(Ford, 2004)는 다음과 같이 주장한다.

> 생각건대 너무나 분명한 주장이지만, 그럼에도 불구하고 필요하고 또 종종 실천에서 간과되고 있다. 우리가 사는 세상은 단순히 종교적 혹은 세속적이라는 단어로 충분히 묘사될 수 없다. 두 개념은 연속적인 것이며 복잡하다. —p.24

이 세상에 대한 진실은 종종 간과된다는 그의 주장은 사회복지교육과 실천에도 그대로 반영된다. 앞으로도 계속 살펴보겠지만 사회사업의 장애물은 존중받을 만한 학문적 원칙으로서 전문가와 학자 집단에서 그 가치를 인정받아야 한다는 사실이다. 이것이 지난 세기 동안 거쳐온 과정이다. 이 여정의 부산물 중 하나가 사회복지교육과 실천에 대한 세계관의 보급이다. 이 세계관은 오직 세속적인 색채와 형태만을 띠고 있다. 종교와 관련된 것이면 무엇이든 문제의 일부로 치부됐고 그로 인해 유해한 것으로 여겨졌을 뿐만 아니라, 학생들이 주도하는 토론 정도로 격하됐다. 이는 적대적인 학자들의 회의적 시각에서 비롯된 것이었다. 채너(Channer, 1998)는 2001년 영국 웨일즈의 인구조사 결과에서 흥미로운 부분을 보여주었다. 오직 15%의 사람들만이 무교라고 대답했고 나머지는 어떤 종파든 종교에 속해 있다고 대답했던 것이다.[2]

포드는 안전하면서도 학문적 고취를 불러일으키는 진지한 질문과 이슈가 창의적 방법으로 논의될 수 있는 토론장의 생성 및 발전을 위한 고

---

2   출처: www.nationalstatistics.gov.uk

등교육의 역할과 대학의 책임을 돌아본다. 그의 우려는 단지 사회복지에 국한된 것이 아니라 고등교육 전체에 대한 것이다. 그의 주장은 다음과 같다.

> 앞으로 대학들은 종교적이면서 동시에 세속적인, 이 세상에 제기되는 문제들에 대하여 동참해야 하며, 그에 대해 기여해야 할 책임이 커질 것이다.—Ford(2004, p.25)

> 인생의 각 영역과 관계있는 차이점들로 인해 야기되는 아주 다양한 문제들이 생산적인 이해와 토론, 그리고 숙고를 통해 사려 깊고 평화적으로 다루어져 종교적이며 세속적인 시민사회가 번성하도록 이끌 수 있는 환경은 우리가 사는 이 세상에 거의 없다. —Ibid.(p.24)

사회복지교육은 전 세계적으로 대부분 고등교육에서 담당하고 있으며, 사회복지 기관이나 서비스 이용자, 돌봄 제공 집단과의 파트너십을 통해 이루어지고 있다. 전문적인 양성과정은 각각의 요구사항이 있고 전문가로서의 자질은 전문단체에 의해 평가되지만, 포드가 제기한 도전 과제는 사회복지교육뿐만 아니라 다른 교육적 원칙에도 그대로 적용된다. 이 도전과제들은 교육 및 훈련과정에 포함된 모든 파트너·학생·서비스 이용자·돌봄 제공자를 포함한다. 이들의 적극적 참여가 사회복지교육과 현실 세계 사이의 괴리감을 없애주는 데 중요한 구실을 한다.

물론 포드가 강력하게 주장하는 것은, 이것이 바로 현실 세계의 의제로서 우리의 교육과 훈련에서 진지하게 다루어져야 하며, 우리는 서로 이 복잡한 종교와 세속 세계를 진지하게 바라볼 수 있도록 촉구해야 한다는 점이다. 세속적 차원의 사회 안에서 종교 단체에 속한 사회복지사들과 학생들은 자신의 믿음의 의미를 탐구하고, 그들의 개인적·종교적 신념에 기반을 둔 가치에 따라서 직무를 수행할 수 있을까? 세속적 세계관을 따르는 사회복지사와 학생들이 종교와 신앙의 실천에 삶의 기반을 둔 사람들과 얼마나 잘 협력할 수 있을까? 한편, 종교단체의 가치관이 전문 사회복지사의 가치관과 완전히 다른 경우, 사회복지사들이 이러한 부분을 이해할 수 있을지의 문제를 가지고 극단적으로 비판만 할 것인가?

사회복지사와 사회복지교육은 복잡한 사회적 도전과제에 맞서기 위해서 더 이상 피할 수 없는 중요한 질문거리가 됐다. 사회복지의 역사적 기원에 대해 간단히 살펴봄으로써 사회복지와 종교의 관계가 매우 복잡하다는 것을 알 수 있을 것이다.

1) 철학적 · 종교적 뿌리

우리가 너무 쉽게 그 뿌리를 잊어버렸지만, 사실 사회복지는 특히 그리스도교적 문화를 바탕으로 한 강력한 종교적 전통과 가치에 뿌리를 내리고 자라났다. 그러나 사회복지의 핵심인 다른 사람을 보살피고 존중하는 것에 대한 가치는 중요한 몇몇 철학자들의 업적으로 거슬러 올라간다. 예컨대 임마누엘 칸트(Immanuel Kant, 1724~1804)는 다음과 같은 유명한 격언을 남겼다.

> 따라서 결코 수단으로서가 아니라 항상 목적으로서 자신이 되거나 다른 사람이 되어 인류를 대하듯 행동하라.

칸트만 이런 생각을 가졌던 것은 아니다. 공리주의를 표방했던 데이비드 흄(David Hume, 1711~1776)과 존 스튜어트 밀(John Stuart Mill, 1806~1873)

역시 어떤 행동에 대한 도덕성의 기준은 선한 결과와 악한 결과 중에 어느 것을 더 많이 가져오는지에 대한 논의로 확장될 수 있다고 주장했다. 따라서 다수에게 이익이 되는 것이 가장 선한 것이라고 결론지은 것이다(이 주제에 대한 논의는 Beckett & Maynard, 2005, 2장 참조). 이런 이해는 현대의 전문 사회복지사의 행동양식 및 다른 분야의 전문가에게도 반영된다. 우리는 다른 인간에 대한 배려의 일환으로서 타인을 존중하는 마음으로 대하도록 요구받고 있다. 반차별적 사회복지실천에 대한 전적인 신뢰는 이 가치에 그 뿌리를 두고 있다. 만약 개인 · 단체 · 사회가 타인에 대해 존중하지 않거나 억압적으로 행동할 경우 반드시 어려움을 겪게 되는데, 이는 근본적인 기준에 못 미친 것뿐만 아니라 공공의 선을 해쳤기 때문이다.

이는 매우 중요한 부분인데, 타인에 대한 근본적 존중은 긴 역사를 가지고 있으며, 특히 종교적 전통에 기반을 둔다고 할 수 있다. 3대 유일신 종교인 유대교 · 그리스도교 · 이슬람교는 모두 인간의 존엄성과 개개인의 개성을 중시한다. 이 종교들에서 존엄성의 기원은 신성한 존재를 향한 믿음에 있다. 신성한 존재를 유대교에서는 아도나이(Adonai), 그리스도교는 하느님(God), 이슬람교는 알라(Allah)라고 부르고 있다. 이 유일한 신의 사랑이 넘치는 자비심은 세상의 창조가 절정에 이르렀을 때 인류를 창조했다. 그러므로 이 종교에 속한 사람들은 개인이 신성한 존엄성을 갖는다고 생각한다. 각 개인은 각자의 권리에 따라 특별한 존재이며, 절대자의 창조물이기 때문이다. 다른 종교에서도 비슷한 주장을 제기할 수 있다. 이를테면 불교는 항상 모든 생명체가 신성하다고 강조한다.

서구세계에서 사회복지의 기원은 그리스도교적 전통으로부터 강한 영향을 받았으며, 계속 중요하게 여겨지고 있다. 이 가치들은 여러 가지 표현에서 찾아볼 수 있는데, 그리스도교 창시자의 말씀은 유대인의 배경을 강조하며 가장 간결한 말로 요약된다.

> 네 마음을 다하고 네 목숨을 다하고 네 뜻을 다하여, 주 너의 하느님을 사랑하여라 하셨으니, 이것이 가장 중요하고 으뜸가는 계명이다. 둘째 계명도 이와 같은데 네 이웃을 네 몸과 같이 사랑하여라.
> ─마태복음 22, 37~38

의심의 여지없이 이 종교적 명령은 여러 온정적 행동을 가져왔다. 예를 들어 영국을 포함한 몇몇 나라에서 노예제도를 폐지하는 등 위대한 인류애적 운동의 원동력이 되었다. 또한 신앙공동체가 수많은 지역에서 사회적 돌봄의 역할을 하도록 이끌었으며, 현대에는 개인이 의료나 간호 등으로 불리는 직업과 같은 서비스를 제공하도록 했다. 그들의 그리스도교적 충성심은 개인이 타인을 돌보는 행동을 하게 하고 이런 단체에 속할 수 있도록 했을 뿐만 아니라, 사회복지의 초기 이론적 관점을 제공했다. 보핏(Bowpitt, 1998)은 그 예로, 영허즈번드(Dame Eileen Younghusband, 1964)[3]와 같은 초기의 영향력 있는 인물을 제시한다.

> 개별사회사업(case work)은 지금까지 그 원칙이 개개인의 가치를 존중하는 유대-그리스도교와 민주주의적 전통에 뿌리를 두고 있는 것으로 보인다. ─p.17

---

3 영허즈번드는 영국에서 대인서비스를 체계화한 사람이다. 그는 개별사회사업, 집단사회사업, 지역사회조직을 개별 서비스의 방법으로 보았다.

비에스텍(Biestek, 1961)의 세미나 작업은 당시 사회의 사례관리 주요 원칙을 명확하게 보여주는 예로 아직도 폭넓게 거론되고 있다. 그는 가톨릭 사제로서 그리스도교적 가치관에 큰 영향을 받았음이 분명하다(그의 주요 원칙과 현대 사회복지에 대한 영향에 관해서는 최근 논의인 Thompson, 2005 참조).

더 확대된 차원은 다수의 신앙에 기반을 둔 단체들에서 찾을 수 있으며, 이 단체들은 역사적으로 사회적 돌봄의 발전에 상당한 기여를 해왔고 이 분야에서 지속적으로 활발하게 활동하고 있다. 구세군, 퀘이커교 형제들의 단체, 유대인 케어(Jewish care),[4] 로마 가톨릭(Roman Catholic)과 함께 등 사회정의 프로그램들은 모두가 신앙공동체가 각자의 공동체에서 다양한 돌봄 활동을 실천하고 있음을 보여준다. 종종 이 단체들은 사회의 특정 욕구에 초점을 맞추고 있다. 노숙자·아동청소년·청각장애 아동·노인 등이 그 예이다. 교회들은 오랫동안 입양과 위탁 면에서 큰 역할을 해왔다.

이러한 역사는 초기의 사회복지에 대한 표현과 그 활동의 근간이 되는 가치들로 형성됐다. 그레이엄(Graham, 2008)은 종교·영성·사회활동에 대한 관련성을 관찰했다.

> 우리는 오랜 전통의 일부이다. 우리가 용두사미이며 우리의 사회복지 시각은 어설프고 유한한 것이라고 말하는 동료들에게 말하고자 한다. 나는 우리가 정중한 태도로 혹은 정중하지 못하더라도 대구를 해야 한다고 생각한다. 우리는 사회복지의 오랜 역사 안에서 그것을 이어가고 있다. —p.14

---

4 유대인 돌봄: 런던, 사우스-이스트, 잉글랜드에서 주로 활동하는 유대인 사회의 취약한 구성원에 대한 보건 및 사회복지 지원서비스를 제공하는 영국의 자선 단체.

2) 심리사회적 전통

이 중요한 맥락과 함께 균형을 추구하는 경향이 생기기 시작했으며, 이는 사회복지의 이론적 틀에 커다란 공헌을 했다. 프로이드(Freud), 마르크스(Marx) 등의 세미나 작업에 힘입어 심리학 및 사회학이론이 새롭게 떠올랐다. 이러한 이론들은 인간으로 산다는 것은 무엇인가, 다른 사람과 관계를 형성하고 그 안에 산다는 것은 무엇인가와 같은 이슈에 대한 우리의 사고를 크게 변화시켰으며 이해의 깊이를 더했다.

이러한 학문들이 20세기에 들어 확고하게 자리 잡으면서 사회복지교육자들도 그간 종종 제기되던 사회복지에는 충분한 이론적 토대가 없다는 비판에 대응을 해야 한다고 느끼기 시작했다. 신생 분야인 사회복지는 더 오랜 기간 존재해온 의학 전문직과 나란히 서기 위해, 인류의 웰빙에 대해 잘 교육·연구된 학문으로 여겨지기 위해, 또한 인류의 고통을 유발하는 개인적·사회적 요소의 분석이 진지하게 받아들여지기 위해 가능한 빨리 그리고 열심히 학문으로서의 입지를 확고히 해야만 했다. 따라서 오늘날까지도 사회복지이론은 다른 학문에서 차용해온 지식을 활용해 사회복지실천에 대해 교육하고 있고 꾸준히 발전하고 있다.

프로이드나 마르크스의 연구는 광범위하게 받아들여지고 있으나 그리스도교의 위상과 교회적 세계관을 심각하게 손상시켰다. 물론 이미 진화론·인류학·우주론 등의 분야에서 이루어진 과학적 발전이나 계몽이 주는 식견으로 인해 그리스도교가 심각하게 훼손된 뒤였다. 그리하여 마르크스나 프로이드의 종교에 대한 분석은 종교의 죽음을 확인한 듯 보였다. 프로이드와 그의 후계자들은 기존에 존재하던 이론적 설명에 비해 인간으로 산다는 것은 무엇인가에 대해 사람들이 깊이 있는 시각을 가질 수 있도록 공헌했다. 마르크스는 "종교는 인류의 아편이다"라고 말하며 종교를 비판했다. 즉 그는 종교가 인간의 욕구를 파괴하고 권력을 남용하도록 정신을 마비시켜 더 나은 삶에 대한 모든 희망을 내세에 두도록 했으며, 지금 당장 열심히 노력하여 현세 인류의 고통을 완화하려는 노력에는 무관심하다고 비판했다.

많은 사람들이 이러한 종교 거부를 적극적으로 수용했고 새롭고 더 나은 방식의 이해에 대한 가능성을 이성주의(理性主義)에서 찾게 됐다. 헌트(Hunt, 2002)는 이를 관찰하고 그 분위기를 요약했다.

> 계몽주의[5]에서 발단했지만, 세속적 사회에 대한 희망이 그리스도교 교회의 지배에 대한 학문적 대응으로 발전했고 계속해서 불가지론(不可知論) 쪽으로 치우친 사람들이 종교적 권위에 대항하는 방향으로 흘러갔다. 그 이후로 소멸이라고 말해도 좋을 정도로 종교의 결정적 약화를 가져온 과학과 이성주의가 발전함에 따라 사회학자들은 종교적 신앙을 지적 결함이 있는 것으로 보게 됐다. ―p.14

사회복지교육에 있어, 초기에 학계로부터 인정을 받고자 했던 의지와 함께 종교는 낡은 사고방식을 버리는 휴지통으로 전락하고 말았다. 특히 사회복지사들이 도움을 구하는 사람들의 내부에 존재하는 종교와 직면하게 될 때, 이는 문제의 일부가 되곤 한다. 더욱이 패인(Payne, 2005a)은 사회복지의 기원을 돌아보는 연구에서 이렇게 제안한다.

---

5   계몽주의(enlightenment)는 신(神)·이성·자연·인간 등의 개념을 하나의 세계관으로 통합한 사상운동으로서 예술·철학·정치에 혁명적 발전을 가져왔다. 계몽주의의 핵심은 이성중심이며, 이성의 힘에 의해 인간은 우주를 이해하고 자신의 상황을 개선할 수 있으며, 지식·자유·행복이 합리적 인간의 목표라고 보았다.

이러한 경향이 제기하는 역사적 질문은 세속주의[6]가 사회복지의 발전에 있어서 필요한 조건인지의 여부이다. 그리고 종교 혹은 영성이 과연 사회복지와 양립할 수 없는가의 문제이다. —p.156

이는 종교단체와 협력을 지속하고 있는 사회복지사들이 자신의 개인적 신앙과 직업적 전문성을 분명하게 구분지으려고 애쓰고 있다는 것을 의미한다. 그들은 개종권유 활동에 참가함으로써 직업적 전문성의 가치에 위배되는 행동을 한다는 비난을 피하려고 노력한다. 그러나 상당수의 사회복지사들에게 있어 보살핌의 필요는 그들의 종교적 믿음의 중심, 즉 그들을 사회복지로 이끈 본질에서 비롯된 것이다.

생각해볼 문제
1. 세속주의가 사회복지에 있어 '직업적 전문성을 꽃피우는 데' 반드시 필요한 맥락인가?
2. 만약 그렇다면 그 이유는 무엇인가?

3) 포스트모더니즘과 소비자주의

초기 사회복지의 직업적 전문성을 결정짓던 종교와 세속주의의 양극화와는 반대로, 포스트모더니즘[7]의 도래는 사회복지와 종교, 영성 사이

---

6 세속주의(secularism)는 내세가 아닌 현세의 삶을 지향하며, 신 중심의 경향에 대한 반동으로 르네상스 시대에 휴머니즘이 발전하는 과정에서 나타났다. 사람들은 인간의 문화적 성취와 자기실현 가능성에 대해 관심을 갖기 시작했고 세속주의운동은 반종교적 성향을 띤 것으로 받아들여졌다. 그러나 20세기 후반, 일부 신학자들이 세속적인 그리스도교를 옹호하기 시작했고, 그리스도교는 신성한 것과 내세에만 관심을 쏟아서는 안 되며 이 세상의 일상사에서 그리스도교적 가치를 살려낼 기회를 찾아야 한다고 주장했다.

7 포스트모더니즘(postmodernism)은 근대사회가 이성주의에 입각해서 문화와 사회를 획일화하는 세계관으로 삶을 억압, 비인간화하는 데서 비롯됐다고 주장하면서 이에 대한 해체작업과 다원성을 주장하고 있다. 특히 종교적 다원주의에 입각하여 기독교와 같은 절대적 진

에 더욱 복잡한 관계를 가져왔다. 이런 상황은 사회의 발달상을 더 일반적으로 반영한 것이었다. 한편, 좀 더 의미있게 응집력 있는 세계관을 제공하고자 했던 포스트모더니즘의 시도와 함께 '거대담론(grand narrative)'에 대한 거부는 여러 전통적인 종교적 내러티브를 약화시키는 결과를 낳았다.

톰슨(Thompson, 2010)은 의미부여의 바탕으로 명확함과 통일성을 확립하려 한 것에 대한 포스트모더니즘 스스로의 냉소에 초점을 기울였다. 반면, 후기 현대주의(사회학자들에게 있어 20세기 후반 혹은 21세기 초반)에서는 더 개인주의적인 영성과 뉴에이지 종교가 부상했다. 동시에 소비자주의는 중요한 현대사회의 특징으로 광범위하게 인식되고 있다. 많은 사람들은 소비자주의가 개인 및 공동체 차원에서 인간의 영혼에 영향을 주며, 영혼을 좀먹고 있다고 주장한다.

사회복지에 대한 이런 탁월한 시점들은 주목할 만하다. 이런 사회적 경향은 현대 사회복지의 맥락을 구성하고 있으며, 동시에 그 발전의 원동력이 되고 있다. 우리는 전 세계적으로 보건 및 사회적 돌봄시스템이 개인적 맞춤방식을 도입하는 것을 목격하고 있다(이는 전혀 우연이 아니다). 이 시스템 하에서는 서비스에 대해서 고객이 주도권을 갖는데, 포스트모더니즘과 그 일부가 뿌리를 내리고 있는 것이라고 넓게 해석할 수 있다. 가치의 개인주의화와 특별한 존재인 각 개인에게 권리를 이양하는 것의 함축적 의미에도 불구하고, 그리고 이런 요소가 사회복지의 근본적 정신과 무리 없이 잘 어울린다고 하더라도, 이러한 접근을 사회복지

리를 주장하는 입장에 대한 회의를 내포하고 있는 사상적 경향의 총칭이다. 탈중심적 다원적 사고, 탈이성적 사고가 가장 큰 특징이며, 합리성 · 객관성 · 진보와 같은 이상에 의미를 둔다.

가 비판 없이 수용할 수 있는 것은 아니다. 이것은 퍼거슨(Ferguson, 2007)의 지적이다. 이 접근은 너무나 명백하게 국가에서 개인으로 위험이 이전되는 것에 대해 집중했다. 그리고 퍼거슨은 빈곤과 불평등의 위험에 대한 근본적인 이슈는 간과되고 있다고 주장했다.

> 아무런 영향력이 없음을 극복하는 것은 개인주의와 개인화 이론(personalisation theory)의 시장 중심에 대한 해결책 이상으로 나아가는 것과 관련이 있다. 여기에 필요한 것은 서비스 이용자와 서비스 제공자 사이에 공동의 조직을 형성하여 이를 강화하고 발전시키는 것이다. —p.401

이 비판은 이 책에서 제안하는 영성에 대한 이해를 강력하게 뒷받침해준다. 하지만 개인의 영성이 중요하다면, 더 광범위한 측면인 사람의 문화적·사회적 입장도 중요하다. 여기에 포함되는 것은 사회복지의 중심에 놓여있는 불합리함에 대한 저항도 있는데, 이는 역시 영성을 이해하기 위한 근본적 주제이기도 하다.

바우만(Bauman, 2007)의 생각인 유동적 근대성(liquid modernity)[8]과 소비자주의의 영향, 인간이란 무엇인가, 공동체 안에서 살아간다는 것은 무엇인가와 같은 문제는 사회복지에 있어서도 매우 중요하다. 또한 영성에 관해서 말하는 것들에 대해서도 중요하다. 바우만은 우리의 현대적

---

8 바우만은 『액체 근대』(Liquid Modernity)란 책에서 개인의 해방과 자아실현, 시공간의 문제, 일과 공동체라는 삶의 거의 모든 영역이 유동적이라고 진단한다. 현대인의 삶은 변화를 추구하고, 지속적으로 움직이며 멈추지 않는 존재라고 설명한다. 그는 유동하는 사회의 문화를 '유행의 시대'로 규정한다. 문화는 이미 소비시장의 지배를 받고 있으며, 유행에 종속된 현대인들은 소비하는 사회를 살아가고 있다고 본다. 또한 세계화의 기치 아래 인류가 공유하는 똑같은 문화는 결국 초국적 자본이 최대한의 이윤을 얻기 위한 상품일 뿐이라고 주장한다. 따라서 개인의 힘은 무력하고 사회적 연대가 힘들어진 개인주의 사회는 개인이 모든 걸 해결하거나 낙담해 무너지거나 둘 중 하나를 요구받는 불안한 사회이다.

정체성에 대한 이해가 (최소한 자본주의 국가에서) 절대적으로 우리가 구매하는 제품, 우리가 자국으로 수입하는 제품과 밀접한 연관이 있다고 주장한다.

개인의 소비역량이 성공의 잣대가 됐다. 바우만은 심오한 정치적·철학적·영적 이슈가 특정 사회에 속한다는 것, 그 사회의 믿을 만한 구성원이 되는 데 필요한 것, 소비자적 입장에서 본 성공의 사다리에 우리와 비슷한 위치에 있는 다른 사람들, 더 높이 있는 이들, 낮은 곳에 있는 이들을 대하는 우리의 태도, 우리 자신과 다음 세대를 위해서 만들고 싶은 사회 등의 의미에 대해서 제시하고 있다. 이 모든 질문들은 사회복지 실천의 맥락에서 매우 중요하다.

바우만은 개인주의와 뉴라이트(New Right)[9]의 유산을 만드는 데 대해 날카롭게 지적하며, 특히 이들 요소가 공동체의 결속과 사회적 연대를 지속적으로 망가트리는 데 일조하고 있다고 말한다(Bauman, 2007, pp.144~145). 그리고 바우만은 이런 경향이 지속되어 정치적 무관심과 다른 사람들의 웰빙을 위한 공동체 활동에 참여하기를 꺼리는 태도의 차원을 향해 급속하게 나아가고 있다고 확신한다. 소속감과 공동의 책임감이 급격하게 줄어들고, 경기가 침체되면서 더 이상 회복의 여지가 없는 상황으로 치닫는 것을 두려워하는 움직임이 생겨났다고 생각하는 것이다. 이런 주

---

9 1980년대에 등장한 뉴라이트는 20세기 후반에 일어난 여러 형태의 보수적 운동, 또는 스스로 기존의 보수 우파와는 구별됨을 주장하는 단체 또는 운동을 말한다. 1980년대 영국, 미국을 필두로 일어난 신자유주의 혹은 신보수주의 운동을 흔히 뉴라이트 운동이라고 칭한다. 신자유주의는 영국의 대처, 미국의 레이건 행정부의 정책을 일컫는다. 사회민주주의와 케인스주의의 복지국가로 인해 사회의 활력은 저하되고 복지병의 만연으로 위기에 봉착하게 됐다. 이를 극복하고자 감세, 작은 정부, 공기업 민영화, 사회복지 축소, 시장 기능 강화 등의 개혁을 한 것이다. 자유주의와 보수주의가 결합된 이 사상에서 자유주의는 개인주의·제한적 정부·자유시장이라는 전통적 자유주의 가치로 구성되어 있고, 보수주의는 사회적·종교적·도덕적 보수주의에 기초한 사회적 질서와 권위의 확립을 강조한다.

장은 우리가 사회적으로 텅 빈 상태로 치닫고 있다는 트레이시(Tacey, 2003)의 경고에서 반복되고 있다.

이 문제는 세계적 불황의 영향으로 2009년 발생한 심각한 전 지구적 경제 침체기 동안 빠르게 대두됐다. 2009년 초반의 중앙정부는 매우 단시간에 은행의 위기와 줄어드는 연금 문제를 다루었고 일자리 감소와 줄어드는 수입, 주거의 불안정함에 직면하여 큰 충격을 받았다. 사람의 삶을 형성하는 기초가 붕괴하기 시작했다. 소비자중심주의와 끊임없이 증식하는 번영에 기초한 세계관은 갑자기 더 이상 목적에 적합하지 않은 것처럼 보였다. 그리고 동시대 영적 담론에 의해 증가하는 질문과 문제는 즉각적 의미를 띠게 됐다. 영국『가디언』(Guardian)의 기사에서 정치경제학자 앤 페티포(Ann Pettifor, 2008)는 '세계관'에 대한 날카로운 비평을 통해 우리가 엉망진창인 상황에 이르렀다고 지적했다.

> 솔직해져 보자. 이 금융 위기는 완전한 영적 위기이다. 이 위기는 소비가 종교가 되어버린 사회의 위기이다. 이 사회는 빚의 쳇바퀴에 걸린 수백 만의 소비자들을 간과해왔다. 사람들이 집을 갖고, 교육을 받고, 건강한 생활을 할 권리보다 불로소득자의 돈벌이를 소중하게 여기는 사회의 위기이다. 사랑, 공동체, 웰빙, 지구의 지속가능성보다 돈을 숭배하는 사회가 겪는 위기이다.

이 위기는 정부나 부자들만의 위기가 아니다. 소비자주의적 가치관은 사회 전체에 영향을 미쳤는데, 여기에는 저임금 직종 종사자들이나 국가에 의존해 살아가는 사람들 등 경제적으로 어려움을 겪고 있는 사람들도 포함된다. 소유하고자 하는 욕망은 강렬하다. 친구들처럼 명품을 사고 싶다고 졸라대는 자녀들의 요구에 직면한 부모들은 자신의 경제적 여력에 상관없이 포기를 하고 만다. 일부는 심지어 범죄를 저지르기도 한다. 사회복지사들과 채무 조언가들은 사람들이 선택하는 가치에 기반을 둔 소비자적 세계관이 기저의 다른 개인적·가족적 어려움을 쉽게 악화시킨다고 말한다. 게다가 사회복지사들은 단지 생존과 주거, 음식, 필요시 적절한 의료가 목적인 취약하고 소외된 사람들을 위해 투쟁하고 있는 자신을 자주 발견한다. 이 사람들은 소비주의적 삶의 경쟁에서 뒤처진 이들이다. 그러나 소비주의적 사회가 경기침체를 겪을 때, 가장 먼저 고통을 받게 되는 사람들이다. 이런 순간에 사회복지사들은 단지 재원이 부족함을 슬퍼하고 바우만의 주장을 의아하게 생각할 뿐이다.

> 어떻게 사회를 부차적 소비자주의의 피해자들, 소외받는 하층민들이 곱절로 늘어나는 것으로부터 보호할 수 있을까? 우리의 임무는 인류애적 연대성이 침식되는 것을 막고, 점차 사라져가는 도덕적 책임감을 회복시키는 것이다. —Bauman(2007, p.143)

4. 종교의 부활

그럼에도 추의 방향이 바뀌어 돌아오고 있는 분명한 증거가 있다. 첫째, 종교. 종교적 믿음과 신앙이 완전히 내리막길을 향해 치닫고 있다는 예측은 착오임이 드러나고 있다. 영국에서 공식적 그리스도교 신자의 수는 줄어들었을지라도, 특히 젊은이들 사이에서 형식에서 탈피한 가정교회나 공동체교회의 수가 급격하게 증가하고 있다. 또한 전세계의 다른 지역, 특히 아프리카에서 그리스도교 신자의 수가 급격히 증가하고 있다.

미국과 극동지방의 일부 교회는 신자의 수가 만 명이 넘고, 교황의 방문은 많은 사람들을 불러 모으고 있다. 2001년 인구조사에 따르면 3,730만 명의 사람들(72%)이 그리스도교 신자라고 응답했고, 이슬람교 신도의 수가 증가하고 있으며 그에 따른 영향력이 영국 및 전세계로 확대되고 있다. 물론 이런 통계 수치를 실제 상황이라고 단정 짓기에는 조심스러운 부분이 있지만, 이 장의 초반부에 제시된 포드(Ford)의 주장을 정당화하기에 충분하다. 포드는 우리가 종교적이며 세속적인 사회에 살고 있다고 말했다. 사회복지에 있어 우리는 서비스 이용자, 동료 등 일로 만나는 사람들의 세속적 혹은 종교적 결정에 대해 어떤 추측을 할 수는 없다. 그러므로 종교는 다시금 중요한 의제가 되어 돌아왔다.

둘째, 포스트모더니즘 분파의 부산물은 과거 영성의 다양한 표현의 증가에 대한 논의를 제기했다. 이것이 증명하는 바는 단지 다양한 뉴에이지 운동,[10] 신앙을 기반으로 하는 단체들의 새로운 폭발적 증가뿐만 아니라 세속적 영성의 발전을 뒷받침한다. 영성의 개념이 그들에게 중요하다고 느끼고 있음에도 불구하고, 세속주의적 영성에서 사람들은 지속적으로 한 종교에 속하기를 거부하고 있다. 이와 유사하게, 베일리(Bailey, 2002)는 맹목적 종교라는 그의 개념을 통해 세속적 영성이라는 개념을 탐구했다. 우리는 이 이슈에 대해 2장에서 다시 살펴볼 것이다. 하지만 현 시점에서 중요한 것은 이러한 발전상황인데, 완전한 세속주의의 저편에서 추가 되돌아오고 있다는 것이다. 사회복지에 있어 이러한

---

10 뉴에이지(New Age)는 20세기 이후 나타난 새로운 가치를 추구하는 영적 운동 및 사회활동, 뉴에이지 음악 등을 종합해서 부르는 용어이다. 뉴에이지 운동의 공통점을 찾기는 힘들지만, 대부분이 갖고 있는 속성은 동양의 신비주의 사상에 근거하여 유일신 사상을 부정하고 범신론적이며 개인이나 작은 집단의 영적 각성을 추구하는 경향이 있다. 명상·요가·투시·마인드 콘트롤·점성술 등이 중요시되며, 문화와 밀접한 관계를 갖고 있다. 이 운동의 목표는 인본주의 부활, 기존의 모든 비인간적 구조를 타파하고 인류가 하나되는 인류 박애주의적인 평등사회를 이룩하는 데 있다.

상황은 아주 개인적인 영성과 세계관을 가졌음에도 불구하고 그런 요소가 삶을 선택하는 부분에 커다란 영향을 주고 있을지도 모르는 사람들과 어떻게 어울리느냐 하는 문제를 제기한다.

셋째, 보건과 웰빙 분야에 대한 종교의 긍정적 효과에 대한 연구가 새롭게 떠오르고 있다. 종교와 영성은 문제의 일부이기보다는 점차 웰빙과 보건을 증진하는 긍정적 요소로 보이고 있다. 이 분야의 전통적 연구는 쾨니히(Koenig, 2001)에 의해서 시작됐는데, 그는 한 권의 저서를 통해 영국에서 진행된 종교와 영성이 보건과 웰빙에 미치는 영향에 대한 1,200개의 개별 연구를 비판했다. 쾨니히가 확인한 내용은 4장에서 우리가 삶의 질에 대해서 다룰 때 좀 더 전문적으로 논의해 볼 것이다. 하지만 그의 연구를 여기서 요약해 보면, 여러 보건 이슈들에 걸쳐 긍정적 관련성을 보였는데 그중에는 정신건강과 신체적 질병이 있었다. 이러한 발견은 종교가 사람들의 삶에 전적으로 부정적 영향만을 준다고 생각하는 사람들에게는 날카로운 반박이다.

영국의 정신보건국립연구소(National Institute for Mental Health in England: NIMHE)는 생존자의 목소리를 듣는 중요한 일에 앞장서고 있다. 이 단체의 시범적 영성 프로젝트가 밝혀낸 것은 종교와 영성이 많은 사람들이 회복하는 데 매우 중요한 요소였다는 점이다(Coyte, 2007). 로얄 대학의 정신의학자들 또한 그들의 영성 관련 특수연관단체 구성원(Special Interest Group in Spirituality)[11]들을 통해 많은 영향을 미쳐왔으며, 이 이슈의 중요성에 대해 조명해왔다. 세속적 영성 측면에서 상호보완적 치료의 인기가

---

11 특정 테마에 대해 흥미나 관심을 갖는 사람들끼리 서로 깊이 있는 커뮤니케이션을 교환하기 위해 테마를 압축하여 전문적 정보를 주고받는 집단을 말한다.

커지고 있다는 것은 제대로 활용될 경우 긍정적인 발전을 가져오고 보건과 웰빙을 증진한다고 보아야 할 것이다. 사회사업에서 이런 발달은 사회사업의 전인적 접근 분야로서 건강 돌봄, 치료와 건강, 웰빙의 증진에 관한 사람들의 태도에 대해 심각하게 고려하며, 또한 전문가들이 일을 하거나 경청하는 데 있어 중요한 도전을 제안한다.

마지막으로, 종교단체 지도자들은 보건과 웰빙, 사회 응집력, 사회의 특성에 대해 논의하는 데 긍정적으로 기여할 중요한 시도를 하고 있다. 2008년 달라이라마(Dalai Lama)의 영국 방문을 예로 들면, 그는 사람들이 불편하게 여기는 여러 가지 이슈에 대하여 사려 깊은 접근을 보여주었다. 달라이라마는 자신이 주최한 모임에 참가한 사람들에게 내적 평화와 고요함이 웰빙과 건강에 끼치는 효험에 대해 이야기했다.

또 다른 예는 2008년 여름 캔터베리에서 열린 영국성공회 주교 국제 램버스회의(Lambeth Conference)의 기조연설이다. 고위 랍비인 조너선 삭스(Jonathan Sacks)는 이 연설을 통해 세계화와 새로운 정보화 기술이 전 세계를 같은 생각을 가진 더 없이 작은 집단으로 나누고 있다고 말했다. 또한 종교를 상실한 사회는 자비와 친절을 상실한 사회이며, 관계의 단절이라는 위험을 안고 있는 사회라고 덧붙였다. 공동체는 퇴화하고 그 결과 사람들은 취약함과 외로움을 느끼게 될 것이라고 말했다(Sacks, 2007).

5. 사회복지의 영성에 대한 재발견

20세기 중반, 새롭게 그 가치를 인정받은 미국의 사회복지사들은 그들이 받은 교육과 훈련의 교과과정에서 주로 결핍된 것을 발견하고 거기에 더 많은 관심을 기울이기 시작했다. 사회복지실천에 있어 점차 더욱 복잡한 다문화, 다종교적 맥락으로 접어들수록 그들은 전문가로서 심각한 역량 부족을 경험하기 시작했다. 그들은 스스로 문화적 다양성에 녹아들 역량을 갖추지 못했다고 여기고 있는 상황에서, 전례 없이 다양한 종교적 믿음과 신념을 지닌 사람들에게 적절한 서비스를 제공해야 하는 도전과제에 직면하게 됐다. 따라서 이들은 결핍된 것을 다루고 전인적 접근 방식을 취하기 위해 그들의 스승과 대학의 교과과정에 대해 반기를 들기 시작했다. 전인적 접근은 이론적으로는 이들이 받는 훈련의 기초를 형성하도록 되어 있었다. 그리고 이들은 신뢰할 수 있는 내용이라고 생각하는 것을 전파하기에 이르렀다(Sheridan & Amato-von Hemert, 1999; Sheridan et al., 1999).

이러한 실천가들은 종교와 영적 차원을 간과한 전인적 사회복지실천이 실천가들, 학생들, 교육자들, 가장 중요하게는 사회복지서비스를 필요로 하고 이용하는 사람들을 경시하는 처사라고 주장한다. 향후 수십 년 동안, 사회복지교육자들의 태도에서 엄청난 변화가 보이기 시작할 것이다. 퍼먼은 다음과 같이 서술하고 있다(Furman et al, 2004).

> 미국 역시 종교 및 영적으로 민감한 사회복지실천에 새로운 관심을 경험해왔다. 미국사회복지사협회(National Association of Social Worker)의 새롭게 개편된 윤리강령(1996)은 사회복지사로서 서비스 이용자, 동료, 전문가 그리고 사회 전체에 대한 책임의 일환으로 종교적 신념을 이해하고 존중해야 한다는 내용을 포함하고 있다. 사회복지사교육협의회(The Council on Social Work Education: CSWE)는 종교와 영성이 서비스 이용자의 문화적 다양성의 중요한 일부이며, 인구와 다양성에 대한 사회복지 교과과정이 최소한 일부 종교에 대한 내용을 포함하도록 공인하고 있다. ─CSWE(1994)

사회복지에서 영성의 중요성에 대한 이해가 발전하게 된 시기는 2004
년 10월이었다. 사회복지사국제연맹(International Federation of Social Workers:
IFSW)과 국제사회복지대학협회(International Association of Schools of Social Work:
IASSW)는 아델라이드(Adelaide)에서 공동회의를 개최했다. 최초로 주요 연
구논문의 초점이 영성에 맞춰졌다. 같은 해 새롭게 개정된 원칙에서 사
회복지사국제연맹은 사회복지사들은 반드시 각 개인의 영적 존엄성과
웰빙을 존중해야 한다고 명시했다(IFSW, 2004). 두 단체가 함께 만든 전 세
계적 표준에서도 두 단체는 영적 이슈를 사회복지사의 인간행동과 발달
을 이해하는 데 있어 필수적인 지식 기반의 일부임을 확인했다. 사회복
지의 주요한 주제로서 영성은 전 세계적 사회복지의 의제가 됐다.

이러한 이슈가 전 세계적 차원으로 대표된 첫 번째 사례는 2006년 5
월 온타리오 워털루에서 열린 영성과 사회복지에 대한 북미 국제회의이
다. 이 회의에서는 미국, 캐나다, 인도, 남아프리카공화국의 입장이 대
변됐다. 가톨릭에서는 회의 논평에 이런 글을 실었다(2008).

> 우리가 사람들의 삶에서 영적 차원을 간과한다면, 그들의 경험에 알
> 맞은 전인적 이야기(narratives)를 구성하는 것을 도울 기회를 잃을 수
> 도 있다. ―p.42

원주민의 관점을 통해 중요한 기여가 있었다는 것을 포함하여 호주
에서도 중대한 작업이 이루어졌다. 라이스(Rice, 2005)는 이에 대해 다음
과 같은 글을 남겼다.

> 호주사회복지사윤리위원회(AASWNEC)는 윤리강령을 개편했고(1999),
> 여기에 양심적 목적의 기초인 영성이 포함됐다(Section 5.1.3).[12] 현재

호주에서는 사회복지를 가르치는 두 개의 대학에서 영성에 대한 강
좌를 제공하고 있다. —p.xvii

동양의 견해는 홍콩 대학의 세실리아 찬(Cecilia Chan) 교수의 서양과 동
양 전통의 만남에 대한 중요한 연구에서 찾을 수 있다(2005). 뉴질랜드의
사회복지는 마오리(Maori) 족의 영성에 대한 표현으로부터 실천활동과
훈련모델을 만드는 것에서 도전과제들을 인식했으며, 여성을 그들의 표
준화된 접근 방식에 완전히 통합하기 위해 노력하고 있다(Nash & Stewrt,
2002).

영국의 사회복지는(Cree & Davis, 1996; Lloyd, 1997; Bowpitt, 1998, 2000; Moss,
2002; Gilligan, 2003; Holloway, 2005, 2007; Mathews, 2009; Gilligan & Furness, 2005;
2010) 영성을 너무나 오랜 기간 동안 간과해온 것에 대해 유감스럽게 여
기고 있으며, 전인적 돌봄에 대해 명시한 의무를 진지하게 여기는 등, 나
머지 사회복지 분야와 발맞추어 나갈 수 있도록 많은 노력을 하고 있다.
그러나 영국의 사회복지는 이 부문에서 다양한 문화와 학문을 아우르는
발달을 주도해왔다(Hollway, 2006).

최근 일부의 발견이 영국 사회복지사들 사이의 태도상 많은 변화를
시사하고 있음에도 불구하고, 이것이 사회복지교육자들의 시각에도 반
영되고 있는지 여부에 대해서는 분명하지 않다. 미국에서 비슷한 조사

---

12 호주 사회복지사윤리강령 Section 5.1.3의 내용은 다음과 같다. "Social workers will respect
diversity and use anti-oppressive practice principles, seeking to prevent and eliminate
negative discrimination and oppression based on grounds such as: national origin, eth-
nicity, culture, appearance, language, sex or gender dentity, sexual orientation or prefer-
ence, ability, age, place of residence, religion, spirituality, political affiliation and social,
economic, health/genetic, immigration or relationship status. In circumstances where cli-
ents are denied access to resources necessary for their well-being, positive discrimination
may be justifiable."

를 한 경험을 바탕으로(Canda & Furman, 1999; Furman et al., 2005) 퍼먼과 그의 동료들은 1만 1,000개의 영국사회복지사협회(BASW) 명단에 속한 사회복지사로 활동 중인 5,500명에게 무작위 표본조사(random sample)를 실시했다. 그리고 798명의 회원으로부터 답변을 받았고, 20%의 답변을 기록했다. 이들이 발견한 것은 약 47%의 응답자가 종교와 영성을 실천활동에서 사회복지의 임무와 양립할 수 있다고 대답했다는 것이다. 분명히 이것은 가능하지 않다. 그럼에도 불구하고 퍼먼이 발견한 것은 50% 이상의 답변자가 모든 범위의 종교적 혹은 영적 개입을 하는 것에 대해 적절하다고 느꼈다는 것이다.

예를 들어, 종교적 언어나 개념을 사용하고 서비스 이용자들로 하여금 종교적 의식에 참여하도록 도우며, 종교나 영적 믿음의 역할에 대해 논의하고 서비스를 이용하는 사람들을 도와 종교와 영성에 대해 비판적으로 생각해보도록 할 수 있다. 즉, 현재의 상황에서 종교나 영성이 지닌 의미나 사후에 벌어지게 될 일들에 대해 대화를 나눌 수 있다. 유족들, 불치병 환자들, 위탁부모들과 함께 일을 할 때 이 연구에 참여한 대부분의 사회복지사들은 종교에 대한 주제를 함께 나누는 것이 적절하다고 여겼다. 또한 종교나 영성에 대해 탐구하는 것이 사회복지의 사명 및 영국사회복지사협회의 윤리강령과도 충돌하지 않는다고 느꼈다. 그러한 연구는 이렇게 논하고 있다.

영국에서는 거의 77%의 사회복지사들이 실천활동 교육과정 중에 영성이나 종교에 관한 자료를 제공받아 본 적이 없다고 말한다. 상황은 미국도 거의 마찬가지이다. 이는 우려되는 부분이다. 이 연구에 참가한 사회복지사들 중 최소한 절반 이상이 훈련을 받을 때 이런 부분에 대해 배운 적이 없었으나 정작 실천활동에서는 종교나 영성이 포함되어 있었다

(Furman etal, 2005, p.788).

이는 이 장에서 다루고 있는 주제에 적극적으로 참여하기 시작한 전세계 사회복지교육의 여러 사례 중 일부에 불과하다. 범세계적 성격을 띤 이러한 연구는 시의적절하며, 기억할 만한 부분을 제공한다. 그것은 즉, 어떤 맥락에서 다른 맥락에 적용될 때 어떠한 비판도 없이 수용할 수 있는 체계는 없다는 것이다. 미국에서의 '활동'을 예로 들면, 아무런 비평 없이 영국적 맥락에서도 그것이 똑같이 해석될 수는 없다. 하지만 그렇다고 해서 다문화적 맥락을 포함해서 각 문화적 맥락에 적용되는 과정을 아예 무효로 만들지는 않는다. 우리는 마지막 장에서 이 이슈에 대해 좀 더 살펴볼 것이다. 하지만 비판적 시각을 견지하면 각 국가별로 적합한 활동은 영성과 사회복지가 실천활동을 하는 데 있어 전문적 분야로 요약되어서는 안 된다는 결론에 도달한다. 그 대신 사회복지교육과 실천 분야 전반에 적용되어야 한다.

생각해볼 문제
   1. 여러분이 실천상황에서 사회복지사로서 활동하면서 영성과 종교에 대한 이슈를 다룰 때, 지금까지 받은 교육이나 훈련의 적용 범위는 어디까지인가?
   2. 영성과 종교에 대해 여러분이 받아야 하는 필수 교육은 어떤 것인가?

6. 결론

종교 · 영성 · 사회복지교육과 실천의 관계는 역사적으로 실험적인 것이었다. 그리고 때로는 적대적이었다. 사회복지는 무중력지대에서 발생한 것이 아니라, 정치적·사회적·경제적·철학적 맥락에서 탄생했다. 우리는 이런 다양한 상황에서 비롯되는 일부 영향들을 돌아보았다. 또한 이런 요소들이 사회복지와 종교·영성과의 관계에 미치는 영향도 살펴보았다. 몇몇 현대의 압점(pressure points)을 짚어보면서 우리는 영성에 대한 이해가 커다란 기여를 할 수 있다는 결론에 도달했다. 특히, 우리가 세속적이면서 동시에 종교적인 사회에 살고 있다는 사실이 현대의 사회복지에 제기하는 도전과제에 대한 포드의 연구를 살펴보았다.

이 연구의 한 단면은 정치적 대립에서의 종교의 역할이다. 이는 일부 지역에서 활동하고 있는 사회복지사들이 오랫동안 절실하게 느껴온 매우 중요한 이슈이다(예: 북부 아일랜드와 이스라엘). 더욱이 최근에 테러리스트의 공격성을 갖는 모슬렘의 정체성과 서방세계에서 젊은 모슬렘들이 겪는 불만을 연결 짓는 것은 시급한 질문거리인데, 여기에는 차별·종교적 문화·믿음과 신앙에 관한 이슈들이 복잡하게 얽혀있다. 우리는 이런 주제에 대한 토론이 중요하다는 것은 알고 있지만 분량상 이 책에서는 다루지 못하고 있다. 하지만 영성과 근본주의 종교적 신앙에 대해서는 다루고 있다.

그러나 이 도전과제와 다른 장애물들을 고려하는 맥락에서 우리가 주장하고자 하는 바는, 영성과 종교에 초점을 맞추는 연구·실천이 사회복지에 새로운 기회를 제공할 수 있다는 것이다. 이러한 이슈들이 사회의 구석 저편으로 격하되어서는 안 된다는 인식이 확산되기 시작했는데, 그렇게 될 경우 사회복지에서 이런 이슈를 간과하기 더 쉬워지기 때문이다. 대신 우리는 이 이슈들이 우리가 인간으로 산다는 것의 의미, 우리가 함께 살아갈 수 있는 방법, 우리가 함께 만들어가야 할 사회의 모습 등의 본질에 더 가깝게 다가서게 한다는 것을 목격하기 시작했다. 그러므로 이 책은 사회복지의 정신을 핵심적으로 다루고 있을 뿐만 아니라, 우리로 하여금 우리가 누구인지 우리의 삶에 의미와 목적을 부여하는 것은 무엇인지에 대해 생각해보도록 촉구하고 있다.

우리가 이 장의 시작에서 주장한 것은 이 책이 사회복지실천에 대한 모델로서 영성을 지닌 모든 혹은 최소한 상당수의 사회복지사들을 함께 동참하도록 한다는 것이다. 우리는 이것을 '동료 여행자 모델(Fellow Traveller Model)'이라고 부른다. 어떤 면에서 이 책은 여정에 관한 책이라고 할 수 있다. 우리 개개인의 여정이 이 책에 녹아있다. 정보를 제공하고, 동시에 계속해서 인간으로서의 그리고 사회복지사가 되기로 선택한 우리 자신의 과거 · 현재 · 미래를 돌아보고 있다. 확고한 종교적 배경(때로 신실한 그리스도교 신자라고 일컬어지는)을 가졌건 혹은 개인만의 영적 여정을 택했건 우리는 산속 공기를 들이마시는 것만큼 많은 장애물과 어두운 터널을 통과하게 된다. 우리는 계속해서 세속적 개념의 전시(exposition), 즉 우리가 전 세계의 주요 종교에 속해 있다고 여기는 것들을 포함한 다른 영적 전통을 통해서 영성에 대해 계속해서 많은 것을 배운다. 또한 우리가 주장하면서 묘사해온 다양한 상황에서 일상을 보내고 있는 서비스 이용자, 사회복지를 공부하는 학생 그리고 실천가들로부터 사회복지에 대해 계속해서 많은 것을 배운다.

따라서 우리는 여러분이 독자로서 각자가 지닌 다른 시작점으로부터 각자의 사회복지와 영성의 관계에 대한 여정을 만들어가도록 초대하고 싶다. 우리가 생각하는 혜택은 두 가지로 나뉜다. 이것은 당신이 전통적으로 사회복지의 핵심으로서 인식해왔던 가치들과 기술들을 새롭게 접하거나 혹은 지속적으로 접하도록 돕는 과정이다. 그러나 이러한 가치와 기술들은 모두 전문가(technicist)로서의 대응이나 측정 가능한 결과라는 인상을 주는 치료의 일종이라는 느낌을 너무 자주 느끼게 한다. 마찬가지로 중요하게, 우리 자신으로부터 그리고 우리 주변으로부터 어떻게 영적 자원을 이끌어낼 수 있을지를 이해하는 것은 우리로 하여금 현대의 사회복지가 직면한 새로운 도전과제에 맞설 수 있도록 도와줄 것이다.

참고자료

- Ford, D., "The responsibilities of universities in a religious and secular secular world", Studies in Christian Ethics 17: 1, 2004, pp.22~37.
- Furness, S. and Gilligan, P., Religion, Belief and Social Work: Maing a Difference, Bristol: The Policy Press, 2010.
- Gray, M., "Viewing spirituality in social work through the lens of contemporary social theory", British Journal of Social Work 38, 2006, pp.175~196.
- International Assciation of Schools of Social Work (IASSW) and the International Federation of Social Work(IFSW)(2004), Global Standards for the Education and Training of the Social Work Profession, p.6. Available at http:/www/iassw-aoets.org/en/About_IASSW/GlobalStandards.pdf,accessed 21 May 2009.
- Payne, M., The Origins of Social Work: Continuity and Change, chapters 1~4, Basingstoke: Palgrave Macmillan, 2005.

II

의미, 신비와 사회복지

1. 도입

1장에서 중점을 둔 것은 지난 세기 사회사업이 전문 분야로서 막 등
장하려던 시기에 만연했던 종교에 대한 일부 의심과 적대감이다. 다방
면에서 열심히 싸워 힘들게 쟁취한 승리로서 사회사업을 세속적 학문의
원칙이자 존경받는 전문직으로 확립했기 때문에 다수의 사회복지사들
은 종교라는 영역으로 되돌아가는 것을 매우 조심스럽게 여길 것이다.

만약 영성이 종교의 탈을 쓴 형태로 떠오르게 된다면, 즉각 의심을 받
게 될 것이다. 우리는 1장에서 주요 맥락상의 관점으로 현대의 사회사업
을 살펴보았다. 여기서 찾을 수 있는 함축적 의미는 사회사업이 반드시
종교적 · 영적 부분을 고려해야 한다는 점이다. 하지만 이 두 가지 현상
의 차이점을 구분하기 위해서는 더 많은 활동이 필요하다.

우리는 영성과 종교를 따로 구분 짓기 위한 연구를 시작했다. 하지만
곧 두 개념의 복잡성에 직면하고 말았다. 우리가 발견한 것은 둘 사이에
분명한 차이점이 존재하지만, 의미나 신비와 같은 부분에서 공통적 특

성을 지나고 있다는 점이다. 종교나 영성과 같은 단어를 사용하는 쪽으로 슬며시 빠져버리거나 공동으로 사용될 수 있는 어떤 개념에 의존하기보다는 이런 논란을 따르는 것이 중요하다. 이 장에서는 종교와 영성에 대한 현대적 이해와 표현에 대해 좀 더 논의해볼 것이다.

이것에 대해 좀 더 설명하고자 하는 이유는, 영성에 대한 토론을 현재의 사회복지가 갖고 있고 사회복지의 주된 문제와 연결 짓고자 하는 지속적인 요구가 있기 때문이다. 할러웨이(Holloway, 2007)는 이러한 요구에 대하여 다음과 같이 언급했다.

> 우리가 영적 담론과 사회복지의 다른 담론을 연결 지을 수 없다면, 영성과 사회복지의 주된 활동에 중요한 기여를 하도록 만들기보다는 완전히 소외된 의제(agenda)로 만들어버릴 위험이 있다. —p.277

따라서 이 장에서 지금부터 살펴보고자 하는 것은 두 가지 개념이다. 이는 두 가지 개념의 차이점뿐만 아니라 비슷한 특징도 알아보고자 하는 것이며, 영성에 대한 담론이 사회복지의 주요 비즈니스와 독창적으로 연결될 수 있도록 하기 위함이다. 이 과정에 참여하기 위해 두 가지 주제의 상호연관성을 보여주고, 어떻게 그 연관성들이 사회복지교육과 실천에 관련될 수 있는지를 보여주는 이론적 토대를 소개할 것이다.

2. 종교와 신앙

어떤 면에서 종교와 신앙의 정의는 명확해 보인다. 최소한 그 정의의 시점이 종교에 집중되어 있다면 그럴 것이다. 사람들에게 종교가 어떤 의미냐고 묻는다면, 가장 친근한 종교의 이름을 댈 것이다. 그리스도교, 이슬람교, 유대교, 불교가 재빨리 대답으로 등장할 것이다. 아마도 좀 더 세분화된 답도 있을 것이다(로마가톨릭, 성공회, 감리교, 그리스도교 내의 일부로서 정통파와 오순절교와 관련된 것). 하지만 영국에서는 인구조사 결과 외에 보건부에서 발표한 9대 종교를 알아채는 데 어려움을 겪을 수도 있다(인구조사 결과 외에 다양한 영국의 그리스도교 리스트를 보려면 Brierley, 2000; Brierly & Hiscock, 2008 참조).

미국이나 아시아에서는 그 누구도 수많은 신자를 보유한 수백 개의 종교를 성공적으로 나열할 수 없을 것이다. 다원화된 사회에서 이것은 거의 불가능한 일이다. 너무나 많은 선택안(案)이 사람들 앞에 놓여있다. 분명 과장이기는 하지만, 그럼에도 불구하고 종교의 다양성과 새로운 종교운동이 전 세계에 걸쳐 존재한다는 것을 설명하기란 어려운 일이다. 그냥 종교가 무엇인지에 대한 의미만 생각해보도록 하자. 이는 반드시 도달해야 하는 목표이다.

종종 종교와 영성은 깔끔한 범주처럼 보인다. 그리고 점잖게 풍자하는 『1066년과 그 모든 것들(1066 and All That)』(Sellar & Yeatman, 1930)과 같은 책에서 양극화되기도 한다. 종교는 '나쁜 것'으로 묘사되고, 영성은 '좋은 것'으로 그려진다. 물론 진실은 훨씬 더 복잡하고 미묘하다. 종교와 영성 둘 다 좋은 고귀한 열매를 맺을 가능성을 가지고 있으며, 악용될 소지 또한 존재한다. 둘 다 개인적이며, 공동체적 선언을 보유하고 있다. 둘 다 우리에게 초월의 신비나 신성함을 제시할 수 있다. 중요한 것은 이 둘 모두가 인류의 주된 질문(나는 누구인가? 공동체에서 산다는 의미는 무엇인가? 어떻게 삶의 의미나 목적을 발견할 수 있는가?)에 대한 대답을 제공할 수 있는 그 무엇으로 추구되고 있다는 점이다. 즉, 세계관이라는 측면에서 우리의 삶과 사랑, 노력과 발견하고자 하는 것에 대한 맥락을 제공한다. 사회복지교육자들과 실천가들에게 있어서 이런 개념들은 서로 섞여 있고, 우리의 개인적 관점이나 신념과 관계없이 관심을 기울여야 하는 이유가 충분하다.

동일하게 복잡한 신앙과 소속에 대한 이슈는 이와 긴밀하게 연관되어 있다. 2001년 인구조사에서는 사실상 72%라는 다수의 사람들이 하느님을 믿는다고 응답했으나 이것이 교회가 사람들로 가득찼다는 말은 아니다. 이 현상에 대해서 데이비(Davie, 2004)는 베를린에서 신앙의 개인화와 관련하여 신앙을 갖는 것과 종교공동체에 속하는 것은 엄연히 다른 문제라고 제안했다. 사람들은 어쩌면 그들이 그리스도교인이라고 주장할 수 있다. 하지만 그렇다고 해서 사람들은 같은 믿음을 가진 사람들과 같은 장소에 모여 신을 경배하고 사회행동에 대한 정서적 지지를 할 필요가 있다고 느끼지는 않는다. 헌트(Hunt, 2002)는 20세기 후반인 지난 20년간 유럽에서 실시한 연구로 많은 관심을 받았는데, 그러한 연구를 통해 아래와 같은 결론을 제시했다(Harding, 1985; Cook, 2000).

> 60% 이하의 유럽 사람들이 정기적으로 자신을 종교적인 사람이라고 말하며, 50% 정도는 하느님이 그들의 삶에서 중요하다고 말하고, 50% 정도가 사후세계를 믿는다. —p.21

이런 발견은 루크먼(Luckman, 1990, pp.129~132)에 의해 결론이 내려졌는데, 현대사회가 목격하고 있는 것은 커다란 변화로서 종교의 위치이다. 전지전능한 초월적 존재로부터 삶과 죽음과 같은 다른 세속적인 것으로 옮겨 가고 있으며, 새로운 형태의 세속적인 '작은 초월'을 표현하는 방향으로 가고 있다. 이를테면 자아실현, 자기표현, 개인적 자유 등이 있다. 그러나 이 자료와 함께 브리얼리(Brierley, 2000)에 의하면, 베를린 사람들 중 스스로를 불가지론자 혹은 무신론자라고 계속해서 주장하는 사람은 27% 이하였다(Hunt, 2002, p.21).

이 통계수치와 함께 포웰(Powell)은 한동안 영국왕립 정신과대학에서 영성특수이익집단(spirituality special interest group)을 이끌었는데, 그는 이런 말을 남겼다.

> 일반적으로 90% 이상의 사람들이 하느님이나 절대자를 믿는 것에 비해 심리학자나 정신과 의사들 중에는 오직 30%만이 이런 믿음을 가지고 있다. 여기서 위험한 것은 정신과 의사들이 스스로 일반 사람들을 대변한다고 생각하는 것이다. 전혀 일반적이지 않음에도 불구하고. —Moss(2005, p.92)

할러웨이(Holloway, 2003) 주교(主敎)의 기여로 공론화되고 특히 종교적 신앙의 복잡성을 이슈화한 관점에 따르면, 이는 전혀 가치가 없다. 할러웨이의 유형학(typology)은 특히 그리스도교 신앙을 다루었지만 동일하게 다른 신앙에도 효율적으로 적용될 수 있었다. 그는 네 가지 기준이나 입장이 신앙의 총체적인 면에서 구분될 수 있다고 주장했다. 먼저 한쪽 끝에는 근본주의가 있다. 여기서는 신앙인들이 자신들의 신앙만 옳고 다른 사람들의 종교는 완전히 틀렸으며 이단(異端)이라고 생각한다. 이러한 입장은 진실·겸손·완전하다고 여겨지며, 편협함이나 정치적 극단주의와 식별되지 않을 수도 있다. 그리고 이런 입장이 어떻게 확신에 차게 됐는지가 중요한 문제이지만 그 같은 신념을 가진 이들에게 이것은 묵시론적인 것이며, 이 계시에 대한 믿음을 본인들이 실천하고 있다고 생각한다.

두 번째 견해에서 할러웨이는 쉽게 구분할 수 있도록 문구를 요약해서 밝히고 있다. 그는 자기 자신을 신앙인이라고 묘사하는 것 그리고 적극적으로 종교행위나 종교단체에 참여하며 그 전통을 준수하는 것이 신앙인의 진정한 모습으로 정의될 수 있다고 말했다. 그러나 이유가 어떻든 사람들은 신앙단체의 교의를 완전히 따르거나 그 가르침만을 받아들일 수는 없다. 그들은 스스로를 더 진보적으로 여기거나 근본주의자들의 기대가 불편하다고 느낄 수 있다.

세 번째 견해는 '종교가 없는 종교'이다. 이것은 설명하기 어려운 입장이다. 종교적 문화로 그들을 구분 지을 수는 있지만 개인적으로 어떤 종교에 신앙을 가지고 있다고 생각하지 않는 경우이다. 이와 같은 입장은 추수감사절 행사나 크리스마스에는 동네 교회에 가고 이것이 중요한 지역활동이라고 생각하지만, 어떤 확고한 믿음은 없는 사례이다. 비슷한 경우를 유대인 단체에서도 찾아볼 수 있는데, 이들에게 있어 유대인다움이란 문화적 요소일 뿐 종교의식으로 본인들의 정체성을 결정할 수 없다고 생각한다.

할러웨이의 마지막 견해는 다른 한쪽 끝에 위치한 것으로 '노숙자 휴머니즘(homeless humanism)'이다. 이것은 인간적 믿음을 가진 일부 집단을 의미하는데, 신앙체계로 분류될 소지가 있으나 사실은 그 어떠한 종교적 신념도 거부하고 있는 경우이다. 그리고 어느 곳에 속하거나 같은 생각을 가진 사람들과 모이는 것이 필요하지 않다고 여기는 경우이다.

사례연구: 제임스와 리즈

제임스와 리즈는 각각 불가지론자와 무신론자이다. 이 부부는 9개월 난 딸이 선천적 장애로 사망하고 난 뒤, 사회복지사들이 운영하는 자녀를 잃은 부모들의 모임에 참여하게 됐다. 둘 다 신앙이 없음에도 불구하고 그들은 자신의 경험을 '영혼의 유대', '흐름에 내어 맡긴다' 등의 표현을 사용해서 말했다.

이런 경험은 예상 밖으로 자신의 경험을 극복하고 계속 나아가는 것과 자신의 삶과는 전혀 관련이 없어 보이던 것에 대해 생각하게 만든다. 구태여 말하자면 종교적 태도 같은 것을 들 수 있다(Lloyd, 1996, p.305).

할러웨이의 유형학은 '그리스도 교인들은 ……하며 ……한 행동을 한다. 그리고 모슬렘은 ……를 하지 않는다'라고 생각하던 사회복지교육자들과 실천가들에게 좋은 자극이 될 수 있다. 이를 통해 어떤 개인이 진정으로 믿는 것과 믿지 않는 것을 알 수 있고, 이러한 믿음이 그들의 세계관과 행동에 영향을 주기 때문이다.

지금까지 우리의 논의는 정의(definitions)에 가까운 것은 아니었다. 종교사회학에 살짝 발만 담갔을 뿐인데 이 주제가 얼마나 복잡한지 알게 됐다. 이 주제를 어려워하는 사회복지 관련자들에게 '종교에 대해 어떻게 생각하며, 종교라는 단어의 의미는 무엇인가?'에 대해 질문을 던져야 한다. 종교의 부정적 영향에 대해 분류하기가 쉬운 만큼 세속적인 정치적 운동이나 정신에 대해서도 같은 비난이 가해질 수 있다. 우리는 종교를 지닌 사람들에게 종교의 목적이나 기능이 무엇인지 이해하고자 조금 더 노력할 필요가 있다.

게다가 이것은 일부 사람들이 생각하는 의문보다 직설적이지는 않다. 그럼에도 불구하고 종교와 관련된 이슈의 뿌리에는 근본적으로 절대자의 존재에 대한 질문이 있을 수 있다. 더 포괄적으로 말하면, 종교는 초월, 신성함과 같은 가치를 추구한다. 그리고 이런 단어의 세속적 의미보다 더 깊이 있는 것을 추구한다. 그리고 그리스도교는 특히 개인적 시각을 인간적 측면에서 드러낸다.

종교에 대한 불신은 불교나 샤머니즘에서보다 기독교에서 더 많은 관심의 대상이 된다. 왜냐하면 기독교가 창조적 인간의 영혼을 존중하고 또 우리를 치유하고 관계 안으로 초대하는 절대자를 믿기 때문이다. 소속, 전통과 같은 틀을 갖춘 종교의 기능은 아직도 중요하다. 종교는 함께 기쁨과 슬픔을 나누고 공동의 종교의식에 참여하며, 이를 통해 인류가 수 세대에 걸쳐 고민해온 질문을 다루고 있다. 이것이 바로 절대자에 대한 중심적 이슈이며, 우리의 논의에 있어서 중요한 부분이다. 여기서 비롯되는 질문은 영성이 절대자에 대한 신앙과 반드시 관련이 있어야 하는 것인가 하는 문제이다.

지금까지 종교에 대해 이해하고 있는 부분과 주제의 복잡성에 대해 간단히 탐구해보았다. 종교에 대한 편파적 시각이 종교의 복잡성을 정당화할 수는 없다. 따라서 모든 사회복지 관련 종사자들은 사람들이 다양하게 삶의 목적과 의미를 찾는 것에 대해 이해를 해야만 한다.

3. 세속적 영성

표지판과 같은 문구로 이 주제를 시작하는 것이 적절할 것 같다. 1장의 도입부에서 나왔던 구절을 반복하자면, 라이트(Wright)는 인간의 본성적 영성을 강하게 주장하고 있다.

> 모든 사람은 영적이지만, 모든 사람이 종교적인 것은 아니다.
> —Wright(2005, p.3)

이 말은 영성이 종교적일 수도 있고 세속적일 수도 있다는 것을 다르게 표현한 것에 지나지 않는다. 또한 세속적인 영성, 즉 절대자에 대한 믿음이 없는 영성도 종교적 영성과 똑같은 영향력, 가치 등을 갖는다는 의미이다. 다시 말해 공통된 주제가 있지만, 세속적 영성을 차선의 것으로 여겨서는 안 된다. 오히려 세속적 영성만의 역량과 설득력이 있다고 여겨야 한다.

영성을 종교적 영역으로만 보는 사람에게 이 주장은 상당히 논란의 여지가 있는 것으로 비춰질 수 있다. 이들은 영성이 종교적 틀 안에서 기도·찬양·묵상·금식·신비를 깨닫는 것·자기희생과 같은 것으로 이루어져 있다고 생각한다. 그렇지 않다면 절대자와 신앙인들 사이에서 나오는 가치가 의미를 잃는다고 주장한다.

하지만 세속적 영성에 대한 주장은 종교적 영성에 대해 그 어떠한 흠집도 내지 않는다. 오히려 영성이 더 넓은 범위에서 이해되어야 한다고 주장하고 있다. 그리고 영성이 인간으로서 살아가는 것에 대한 의미와 같이 중요한 이슈에 대해 뭔가 말을 해야 한다는 것이다. 그래서 영성을 인류의 공동적 측면으로 이해할 수 있다. 즉, 우리가 종교적 세계관을 갖고 있는지, 그래서 영성이 특정 종교의 색깔을 띠고 있는지의 여부와는 관계가 없다. 그러므로 영성에 대한 질문은 포괄적이면서 동시에 배타적이다. 완전히 하나의 종교적인 행동과 정신을 가지고 하나의 방향성을 보이든지 아니면 인간 삶의 의미와 같이 누구나 생각해볼 수 있는 포괄적 부분을 다루고 있다.

영성을 종교적 부분에 귀속시키는 것이 종교나 영성을 이슈로 다뤄 주요 교과과정에 반영하길 꺼리는 사회복지교육자들에게 더 편리한 방법일 것이다. 이들은 사회복지교육의 근본이 사회복지의 문화적 적합성이나 가치기반의 접근 등을 통해 이런 이슈를 다루는 데 충분하다고 주장할지 모른다. 하지만 그간 접근의 기록을 살펴보면 이런 주제들은 소외되어왔다. 그리고 종교나 영성과 같은 심오한 주제가 교과과정에 빠져있다는 학생들의 불만을 야기해왔다.

따라서 이번 장에서는, 포괄적 접근을 통해 인간으로서 살아간다는 것의 의미와 같은 중심적인 질문과 이슈를 살펴볼 것이다. 〈그림 2-1〉을 보도록 하자. 'S'는 영성에 대한 포괄적 이해를 의미하며, 그렇다고 해

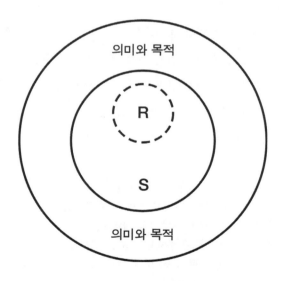

그림 2-1 영성의 포괄적 개념

서 종교적 세계관 'R'에 국한되지는 않는다. 종교적 세계관 주변은 우리가 이미 논의한 이유로 포용적이어야 한다. 영성에는 종교적 측면이 있지만, 세속적 영역이 더 크고 더 포괄적이다. 세속적 영성에 대한 우리의 이해를 넓히기 위해 영성과 관련해서 제기될 수 있는 더욱 포괄적 주제를 첨가할 수 있다. 여기에는 의미·목적·주제 등이 있고, 이러한 것들은 종교적 세계관이 의미가 없는 사람들에게도 적용될 수 있다.

4. 영성과 의미 만들기

'의미'라는 단어를 사용하는 것은 우리의 영성에 대한 논의에 있어 매우 중요한 부분이다. 이것은 그 단어 자체의 의미가 많은 질문을 제기하는 것만 보더라도 그렇다. 독자들은 어쩌면 샤들로(Shardlow, 1998)의 '요리조리 빠져나가는 물고기'라는 비유에 익숙할 것이다. 이 표현은 가치를 의미의 묶음과 같은 표현으로 꼭 집어서 말하기 어렵다는 뜻이다. 심지어 영성을 한마디로 정의하는 것은 더 어려워 보인다. 어쩌면 이것은 당연한데, 영성의 다양한 측면과 60년대 뉴에이지(New Age) 운동의 폭발을 보더라도 그러하다. 아래는 로빈슨의 주장이다(Robinson, 2008).

> 60년대 초반, 영성에서 주장한 여러 가지 다른 운동과 아이디어의 느슨한 묶음이었다. 진정한 열의와 영감이 집중된 곳은 각 개인이 각자의 방법대로 개인의 영성을 개발하고 발전시킬 수 있다는 생각이었다. 이 운동의 주된 주제는 가부장적인 단체나 권위자가 부여한 영성을 바라보는 시각으로부터 독립을 쟁취하는 것이었다. —p.19

각자가 개인의 영적 길을 택할 수 있는 자유를 갖게 됨에 따라(Perry, 1992) 이번 장 초반에서 종교의 확산을 살펴봤던 것처럼, 영성도 종교만큼이나 다양한 표현을 가지고 있다. 이는 전혀 놀라운 것이 아니다. 그런데 영성이 단지 개인의 독특함, 개성을 의미하는 표현일 뿐 그 이상도 그 이하도 아니란 말인가?

칸다(Edward Canda)의 영성에 대한 정의로 되돌아가 보자. 칸다는 미국에서 영성의 개념을 사회복지이론 및 실천으로 불러들인 선구자이다. 아래는 영성의 의미에 관한 칸다의 주장이다.

> 영성이 의미하는 것은 의미부여, 타인, 지구, 환경 등과 도덕적으로 완성된 관계 등 인간이 추구하는 것이다. 영성은 종교적 혹은 비종교적으로 표현될 수 있는 커다란 개념이다. 영성은 개인적인 것이 아니다. 그것은 공유될 수 있으며 사실상 반드시 공유되어야 하는데, 우리의 관계, 타인과의 연결성에 영향을 주기 때문이다. ―Canda(2008, p.27)

여기에서 다양한 주제가 떠오른다. 첫째, 칸다는 영성이 사회복지에서 유용한 개념이며, 또 다른 타인을 돕는 직업에서 중요한 개념이라는 전제하에 영성의 포괄적 이해를 다시 강조하고 있다. 둘째, 영성의 개인적 특성은 공유된 측면을 배제하지 않는다. 칸다에게 있어 연결성과 도덕적으로 완성된 관계는 매우 중요했다. 이 주제에 대해서는 7장에서 영성과 사회정의를 다루면서 다시 심도있게 논의할 것이다. 셋째, 앞서 본 〈그림 2-1〉로 돌아가서 살펴보면, 의미나 목적과 같은 주제는 그것이 종교적이든 세속적이든 영성논의의 핵심에 있다.

사회복지실천에서 의미나 목적과 같은 질문은 항상 함축적이나 가끔은 매우 뚜렷하다. 특히 불경기에 사람들을 돌보고 있을 때 그러하다. "왜 이런 일이 그들에게 일어났을까? 어떻게 이해해야만 하는 것일까?" 와 같은 중요한 질문을 하는 것은 쉽다. 그러나 대답하는 것은 어렵다. 사실 이 질문에 답하는 것은 거의 불가능하다. 그럼에도 불구하고 이런 질문은 우리가 택한 세계관을 보여주는 역할을 한다. 우리에게 깊이 내 재된 욕구는 의미를 찾고, 때로는 우리에게 일어난 일의 목적을 찾는 것 이다. 그리고 이것은 우리가 세상을 읽는 방법을 그대로 반영하고 있다. 그 대답이 부분적이고 완전하지 못할지라도 이 질문들에 답을 찾는 것 은 우리가 선택한 세계관을 더욱 확고히 하거나 재설정하거나 심지어 바꾸도록 만든다.

의미를 찾던 가장 도전적인 개인의 경험을 통해 이런 주제에 대해 탐 구해보자(Holloway, 2007). 개인적 비극에 대한 경험은 우리의 세계관에 (그 것이 종교적이건 세속적이건 간에) 큰 영향을 미친다. 비극이 발생하면 자연스 럽게 우리는 모든 것을 멈추고 우리의 세계관에 비추어 그 일을 생각해 본다. 그리고 바꿀 점이 있는지 바라보게 된다. 종교를 지닌 사람들을 예로 들면, 비극적 사건으로 인해 그들의 믿음은 산산조각 날 수 있다. 반면에 강한 불가지론적 신념을 가졌던 사람은 개종을 할 수도 있다. 이 모든 상황에서 비극적인 사건이 사람들로 하여금 그들이 가졌던 신념을 되돌아보도록 하는 것이다. 왜냐하면 비극은 세상을 다르게 보도록 만 들기 때문이다.

이 주제를 신앙적 관점에서 자세하게 탐구해보는 것은 큰 가치가 있 다. 이를 통해 그 복잡성을 좀 더 잘 이해할 수 있기 때문이다. 몇몇 신앙 단체는 개인적 비극을 신의 뜻으로 여긴다. 비극을 신의 직접적 활동의 결과 혹은 의도라고 보기도 한다. 우리가 이러한 견해에 동의하거나 이해할 수 없을지라도 하느님은 하느님일 뿐, 우리 인간이 이런 일을 완전히 이해할 수 없다. 신앙공동체에 속한 사람은 이 주장을 있는 그대로 신학적인 것으로 받아들여 이미 가진 신앙을 강화할지 여부를 선택할 수 있다.

또 다른 대응은 신학적 이해는 고사하고 신에 대한 이해가 개인적인 도덕적 신념에 반하는 의도된 행동에 영향을 줄 수도 있다는 것이다. 따라서 아마도 할러웨이의 '손쉬운 구분'의 정신에 따라 절대적 존재에 대한 그들 스스로의 이해를 바꿀 수도 있으며, 개인의 믿음을 비극적 경험을 통해 새롭게 바꿀 수도 있다.

마지막으로 사람들에게 일어난 사건을 감안할 때, 절대적 존재에 대한 그 어떠한 믿음도 비정상적인 것이라고 생각할 수 있고 예전의 신념을 다른 것으로 바꾸어 버릴 수 있을 것이다. 이렇게 된 경우에 사람들은 세상을 전혀 다른 시각으로 바라보게 된다.

종교적 혹은 세속적 세계관에 대한 진실공방을 하자는 것이 아니다. 오히려 사람들이 각자의 입장에서 택한 세계관이 있음을 보여주고자 하는 것이다. 우리는 각자의 신념에 따르든 가풍(家風)을 따르든 일상에서 만족감을 느끼는 각자가 선택한 세계관이 있다. 이 세계관은 우리가 누구이며 어떻게 세계를 바라보고 우리가 추구하는 것에 어떻게 기여해야 하는지 알려준다. 우리의 세계관은 우리의 의미 추구와 관련해서 모건(Morgan, 1993)이 던지는 질문에 대한 답을 준다.

> 본질상 이성적으로 보이지 않는 세계를 논리적으로 해석할 수 있는가? —p.6

이러한 측면에서 〈그림 2-1〉을 둘러싼 주제의 의미와 목적은 맥락을 제공함과 동시에 영성의 개념을 포괄한다고 할 수 있다.

5. 정의(定義)를 찾아서

우리는 이미 영성의 의미를 찾기 위해 칸다의 도전과제에 대한 접근을 살펴보는 것을 포함하여 함께 탐구해왔다. 또 다른 접근 방법을 살펴보기에 앞서 한 가지 주의 사항을 짚고 넘어가는 것이 좋겠다. 한 개념에 대해 정의를 내리는 것은 우리가 탐구하고자 하는 대상의 범위를 인식하는 데 중요한 역할을 한다. 또한 논의에 포함되는 주제와 그렇지 않은 것을 알려준다. 그러나 일부 우리 인간적 경험은 그 범위를 한정하기 어렵다. 이를테면 진리 · 열정 · 사랑 · 아름다움 · 신비 · 경외 · 창조성 · 정의(正義)는 모두 중요한 주제이고 이 주제들에 대해 말할 때 우리가 무엇을 말하고 있는지 분명히 알고 있다. 그러나 이는 정확한 정의를 내리기는 어려운 주제들이다. 영성 또한 마찬가지이다. 최근 많은 인기를 끌고 있으나 모두가 동의할 만한 정의를 찾기란 어렵다. 버크(Burke, 2007)가 말하듯 우리 모두가 동의할 수 있는 정의는 없지만 다양한 정의를 공유할 수는 있다.

영성은 광범위한 개념으로 종교를 포괄하지만, 종교와 동일하다고 볼 수는 없다. 영성은 세속적 영향력을 가지고 있다. 따라서 비트겐슈타인(Wittgenstein)에 이어 콜먼(Coleman, 2006)도 제안하듯 영성을 여러 가지 개념의 조합으로 간주할 수 있을 것이다. 한 가지 범주에 영성을 억지로 끼워 맞추는 것이 아니라 몇 가지 핵심적 주제에 집중하는 것이다. 사회복지는 사람들을 전인적으로 다루고 있으며, 인간의 영혼에 대해 알고 있다고 주장한다. 이런 면에서 사회복지는 음악이나 미술 등 예술과 상당히 깊은 관련이 있다. 우리는 사랑과 증오, 열정과 힘, 추구와 변화, 의미와 목적 등 여러 가지 중요한 주제가 삶의 한가운데 자리 잡고 있는 사람들과 함께 일하고 있다. 따라서 우리는 다양한 주제의 묶음이 영성이라고 주장하는 바이다.

영성에 대한 너무나 많은 정의를 탐구하는 것은 비효율적이고 지루하기 짝이 없는 작업이다. 그럼에도 불구하고 때로는 핵심 주제의 묶음을 구별하기 위해 몇 가지 정의를 살펴보는 것은 매우 유용하다. 우리는 이미 광범위한 정의를 내린 칸다(Canda, 2008, p.27)의 연구를 살펴보았다. 하지만 모스(Moss, 2005)는 좀 더 간단한 정의를 내리고 있다.

영성은 우리가 선택한 세계관을 표현하는 것이다.

여기에 인간의 행동에 대한 강조가 있다. 인간이 무엇을 하며, 세상을 어떻게 바라보고 어떻게 행동하는지에 따른 결과가 무엇인지를 보여준다. 이 정의는 매우 솔직한 접근 방법을 보여주는데, 현대 사회복지실천과 실천현장의 핵심인 개입기술의 평가에 반영되고 있다. 그리고 사회복지실천에 질문을 던지고 있다. "어떤 한 개인이 어떤 방법으로 행동을 할 경우 그 사람이 가진 세계관은 무엇일까? 그리고 여기에서 읽을 수 있는 그 사람의 영성은 무엇일까?"

비슷한 맥락에서 파텔(Patal, 1998)은 영성에 대해 이렇게 말했다.

사람은 개인적 의미와 서로를 채워줄 수 있는 사람들 사이의 관계,

사람과 자연, 종교인과 신의 관계를 추구한다. —p.11

또한 할러웨이(Holloway, 2007)도 아래와 같이 언급했다.

> 의미와 목적을 찾고, 가치를 재설정하며, 개인적인 성장과 성숙을 다
> 룬다는 면에서 영성과 사회복지는 구분될 수 없다. —p.274

생각해볼 문제
1. 의미와 목적에 관련된 이슈가 사회복지실천에서 얼마나 중요한가?

사회복지는 개인의 추구와 욕구로서의 의미와 목적을 보아왔다. 한
편, 다른 직업은 목적과 의미에 대한 의문을 더 넓은 범위에서 가져왔다.
맥셰리(McSherry, 2006)는 머리와 젠트너(Murray & Zentner, 1989)가 영성에 대
해 한 말을 간호적 측면에서 인용하고 있다.

> 영성은 종교의 한 부분 그 이상이다. 영감·존경·경외·의미와 목적
> 을 신을 믿지 않는 사람에게도 불어 넣는다. 영적 측면은 세계와 조
> 화를 이루고, 영원한 것에 대한 답을 찾으며, 정서적·신체적 고통
> 혹은 죽음과 직면해 집중하게 되는 것이다.

메이어즈와 존스턴(Mayers & Johnston, 2008)은 보건돌봄의 입장에서 몇
몇 영성의 정의에 대한 의견을 제시했다. 현장에서 영적 돌봄을 제공하
고자 했을 때, 영성에 대한 합의가 없으면 도움이 되지 않는다. 그들은
신을 믿는 것과 관련이 있을 수도 있고 없을 수도 있는 삶의 의미나 목적
을 찾는 데 지나치게 집중한다. 스톨(Stoll, 1989)은 영성의 수직적·수평
적 요소를 구분했다.

수직적 요소는 개인의 더 높은 힘과의 관계를 포함한다. 한편, 수평적 관계는 자기 자신, 타인 그리고 환경과의 관계이다.

수직적·수평적 요소의 구분은 중요한데, 특히 영성의 종교적·세속적 접근에 대해 다룰 때 도움이 된다. 이 장 후반부의 도표(그림2-3)에서 이런 부분을 좀 더 명확하게 볼 수 있을 것이다.

마지막으로 제시하고자 하는 것은 로빈슨(Robinson, 2008)의 예인데, 세 가지 주제가 담긴 영성에 대한 정의를 담고 있다.

① 다른 대상(자신·타인·단체·환경·신)에 대한 인식과 평가 개발.
② 다른 대상에 대한 반응역량 개발. 여기에는 영성을 실제로 적용시키고 구체화하며 다른 대상과의 관계를 지속하는 것이 포함된다.
③ 다른 대상에 대한 이해와 평가, 반응을 기반으로 완전한 삶의 의미를 개발(p.36).

여기서 강조하고자 하는 것은 영성에 대한 적극적 접근이다. 이것은 통계적 혹은 고정된 개념이 아니다. 오히려 모든 연령대의 사람으로서 우리가 참여하는 활동과 같다. 그리고 그 활동을 통해 중요한 역량과 직관을 개발하고자 하는 것이다. '영성'의 어근이라고 할 수 있는 '영혼(spirit)'이라는 단어를 보면, 추구하고 찾고자 하는 관점이 포함되어 있다. 마찬가지로 영성에는 그동안 우리가 조금씩 탐구해온 정의를 내리기 위한 요소들이 포함되어 있다.

정의라는 주제를 마무리하기 전에 세 가지 추가적 요점을 살펴보자. 첫째, 우리 모두는 확실하고 포괄적인 정의가 필요하다고 느끼는 지점을 스스로를 위해 선택할 필요가 있다. 영성에 어떤 고정된 정의를 적용하려는 시도는 항상 실패할 수도 있는데, 영성이 인간의 노력 가운데 점유한 영역 때문이다. 우리가 점차 혹은 갑작스레 다른 시각을 갖기 위해서는 안내 표지판이 있는 편이 훨씬 큰 도움이 된다. 둘째, 영성의 범위를 넓혀 자연과의 관계까지 확대하려는 정의는 최근 들어 사회복지 분야에서 심도있게 탐구되고 있다. 이 중요한 개발에 대해서는 차후에 좀 더 논의하도록 하겠다. 셋째, 영성의 부정적 측면을 다루고 있지 않은 정의도 있다. 그러므로 이 중요한 입장에 대해 우리가 다시 한번 살펴보아야 한다.

생각해볼 문제

1. 사회복지실천에 대한 어떤 신선한 접근 방법들이 영적으로 우리에게 '연결로가 되는 단어(gateway word)'인가?

6. 영성의 어두운 측면

1장에서 포드(Ford, 2004)의 관찰은 종교적으로나 세속적으로 복잡한 오늘날의 사회가 사회복지교육과 실천에 있어서 중요한 맥락을 제공한다고 주장한 바 있다. 이제 우리는 종교와 영성이 모두 복잡한 현상이며, 좋고 나쁜 힘을 모두 보유하고 있고, 사람들의 삶에 긍정적 혹은 부정적 영향을 미쳐왔다는 연구의 논의를 발전시킬 필요가 있다. 다수의 종교 지도자들은 과거에도 그렇고 현재에도 그들의 내적 갈등과 깨달음의 시점을 묘사함으로써 이것을 증명해 보이고자 했다. 종교적 · 영적 추진력은 창조적이고 관대하고 대단하지만, 동시에 파괴적이고 억압적이며 끔찍하다. 이들은 지금까지 꽃피운 음악과 예술의 선구자였으며 인도주의적 구호활동을 해왔지만, 동시에 끔찍한 폭력·전쟁·국제분쟁의 뿌리가 되어왔다. 어원적으로 영성이라는 단어는 '숨(breath)'이라는 의미를 가진 라틴어 *Spiritus*에서 기원했고 비슷한 방법으로 히브리어 *ru'ach*에서 비롯됐다(Cook, 2004; Gilbert, 2007; Robinson, 2008). 그러나 숨·바람·영혼 등은 좋은 것임이 분명하지만, 동시에 파괴적이다. 게다가 로빈슨이 지적하듯 뉴에이지 운동과 관련되어 있다.

> 모든 형태의 영성이 받아들여진다면, 특정 영성의 가치나 주장하는 바를 평가할 공통적 평가수단이 없을 것이다. —p.20

사회복지사의 입장에서 우리는 이 복잡성을 맥락화하기 위한 틀이 필요하다. 또한 사회복지의 가치기반에 근거하여 이 이슈들을 다룰 필요가 있으며, 여기에는 반차별·반억압적 실천에 대한 강한 의지가 수반되어야 한다. 사회복지의 기반은 다양성을 기뻐하고, 끊임없이 도전하며, 억압적 체제와 행동에 반대하는 것이다. 사회복지는 항상 더 나은 방향으로 나아가고자 함과 동시에 상처주고 해치려는 태도를 가진 인간 본성의 역량을 진지하게 생각해왔다. 그럼에도 불구하고 우리는 직업적 차원에서 우리가 인간은 본래 선하다는 인간의 본성을 믿는지에 대해 뚜렷한 입장을 가지고 있지 않을 수도 있다. 우리의 교육과정(curriculum)은 우리 내부에서 일어나고 있는 악마와 천사의 대립에 대해서 말하고 있지만, 여러 세계관을 이해할 수 있도록 도움을 주지는 못하고 있다.

우리는 억압과 차별이 문화적·사회적 차원에서 그리고 개인적 차원에서 일어날 수 있고 또 일어나고 있다는 것을 잘 인지하고 있다. 톰슨 (Thompson, 2006)의 개인적 · 문화적 · 구조적 분석은 특히 억압의 복잡성과 그 영향을 강조하는 데 있어서 매우 도움이 된다. 이는 한 가지 틀로써 모든 수준에서 긍정적 결과가 나올 수 있는 방법을 강조하는 데 사용할 수 있다. 특히 그의 분석은 이 논의에 적합한데, 종교와 영성이 개인적 · 문화적 · 사회적 차원에서 긍정적 힘이 될 수도 있지만 동시에 부정적이고 파괴적인 영향을 줄 수도 있다는 것을 강조하기 때문이다.

철학자 · 신학자 · 심리학자는 선과 악의 이슈를 이해해왔고 이 개념들이 우리가 가진 세계관에 대해 의미하는 바를 연구해왔다. 타인을 돕는 직무 분야인 사회복지는 사람들이 자신과 타인에게 야기하는 여러 파괴적 행동을 목격해왔다. 하지만 우리는 이것을 악이라고 부르는 데는 주저했다. 왜냐하면 부분적으로 다른 사람의 신념 · 삶의 방식 · 행동을 비난할 때, 이것은 가치판단으로 작용할 수 있고 주의해야 하기 때문이다. 그러나 이미 명확히 밝혔듯, 사회복지는 도덕적으로 중립적인 활동이 아니다. 실제로 어떤 사람들은 사회복지적 시각으로 볼 때 비난받아 마땅한 행동 방식과 태도를 가지고 있다.

요약하면, 영성의 어두운 면에는 세 가지 시점(angles)이 있다. 여기에는 사회복지의 목적에 따른 구분이 중요하다. 첫째, 모든 종교와 영적 표현이 선하지는 않다는 것이다. 바그너의 음악에서 표출된 악마주의나 나치주의는 우리가 이 범주로 분류해야 하는 두 가지 예이다. 둘째, 종교적 집착은 의도했건 의도하지 않았건 간에 개인, 단체 그리고 사회에 억압적이고 파괴적인 결과를 야기할 수 있다. 여성을 비하하는 종교적 가르침은 여성의 가치 자체를 비하할 수 있으며, 결과적으로 남성이 종교를 빌미로 여성에게 무자비한 폭력을 행사하도록 방조할 수 있다. 전자는 의도된 결과이며 후자는 의도하지 않은 가르침으로 파생된 사례이다. 셋째, 모든 영적 여정에는 빛과 어둠에 대한 체험이 있다. 위로받지 못한 영혼의 고통은 상당할 수 있고 다른 많은 문제를 야기할 수 있다.

한 사회복지사가 직면할 수 있는 첫 번째 범주의 예로는, 영적 표현이나 실천이 선한 것과 거리가 멀 수도 있다는 것이다. 이 부분은 아동을 대하는 데 있어서 사회복지사가 낯설고 좋지 못한 문화를 구분할 수 있어야 한다는 점과 연관된다. 왜냐하면 그들의 세계관과 다른 시각을 가진 사람이 보기에는 약자를 위험에 빠트리는 것으로 보일 수 있기 때문이다.

사례연구: 지나

지나(Gina)는 사회복지를 전공하는 학생으로 아동 및 가족팀을 담당하고 있었다. 하루는 선배와 한 가정을 방문하게 됐다. 집에는 두 아이가 토끼와 놀고 있었는데, 벽에는 온통 악마를 숭배하는 그림이 걸려있었다. 아이들의 엄마는 그 그림이 아무런 의미가 없다고 말했으나 지나는 무척 걱정이 됐다. 하지만 선배는 아이들이 잘 자라고 있는 이상 사회복지사로서 걱정할 요소가 없다고 말했다. 그러나 형인 아이가 학교에서 사탄의 이미지를 그렸는데, 이에 대해 교사가 묻자 아이는 아버지의 친구들이 집에 오는 것이 싫다고 대답했다.

다음 사례는 또 다른 이슈이다. 종교에 속한 사람들이 종교의 가르침에 따라 자신의 아이를 가치 없게 여기며, 아동의 기본권을 무시하고 있다. 여기서는 종교적 신앙이 왜곡되어 다른 인간에 대한 억압적 요소로 작용하는 것을 볼 수 있다.

사례연구: 이쉬파크

이쉬파크(Ishfaq)는 경험이 많은 사회복지사로서 도심팀에서 일하고 있었다. 그는 새롭게 담당한 가족 때문에 몹시 당황했다. 그들은 아주 종교적인 사람들로, 부부와 아이들 모두가 신의 저주를 받았다고 생각하고 있었다. 아이에게 장애가 있었기 때문이었다. 사실 이런 훈육 태도를 미신적 무지라고 여겼기 때문에 이쉬파크 스스로가 떨쳐 버리려고 노력했던 부분이었다.

세 번째 범주, 즉 해소되지 않은 영혼의 고통은 사회복지실천 현장에서 광범위하게 나타나는 논란거리다. 따라서 이 부분에 대해서는 앞으로 좀 더 다루도록 하겠다. 앞서 살펴본 두 가지 사례는 종교와 영성 그리고 사회복지의 연관성을 이해하는 것이 얼마나 복잡한 일인지를 잘 보여준다. 우리는 반드시 영성 그 자체가 가치중립적이지 않을 수 있다는 가능성을 열어두어야 한다. 그리고 종교와 마찬가지로 영성의 영향은 항상 긍정적이지 않으며, 심지어 파괴적일 수 있다는 것을 염두에 두어야 한다. 즉 사회복지 실천활동에 영적 · 종교적 관점을 포함시키려고 할 때, 모든 인간의 행동과 그 복잡성을 고려해야만 한다.

생각해볼 문제

1. 여러분의 사회복지실천에서 영성의 어두운 측면을 어떻게 이해하고 받아들일 것인가?

7. 사회복지실천 개념에 대한 틀

어쩌면 문제를 항상 중심에 두는 사회복지의 성격과 삶의 주변에서 영성의 창조적 측면이나 더 나은 방향으로 이끌 수 있는 가능성을 바라보는 것만큼이나, 영성의 어두운 면을 둘러싼 개념이나 모델의 중요성 역시 강조되어야 한다.

다음의 〈그림 2-2〉는 〈그림 2-1〉을 발전시킨 것이다. 두 가지 중요한 요소가 첨가됐다. 첫째, 이 도표는 신비와 경외라는 단어들을 종교적으로 해석하건 그렇지 않건 간에 우리가 삶에서 심심치 않게 경험하는 두 가지 포괄적 주제를 소개한다. 이 시점에서 영성에 대한 논의에 아동과 청년들을 포함하고 있다는 것이 중요하다. 영성은 18세가 되어 어른에 이르는 측면의 것이 아니다. 영성은 우리의 인간성일 뿐 나이와는 무관하다. 이 중요한 부분은 영국 청소년을 위한 국가직업기준(NYA, 2005)에서 강조된 것이며, 그 내용은 아래와 같다.

> 청년들과의 작업은 한 인간의 성숙을 다루고 있으며, 사회적·영적·정서적·신체적·정신적 부분을 포괄한다. ─p.57

하이드(Hyde, 2008)도 비슷한 발언을 했다.

> 아동들은 자연적 철학자로서 삶의 커다란 존재론적 질문에 대해 궁금해 하곤 한다.

하이드는 의문을 갖는 것이 영적 삶의 기반이 된다고 주장한다. 영적 삶은 경외나 신비와 같은 개념과 긴밀한 연관이 있으며, 우리의 틀 안에

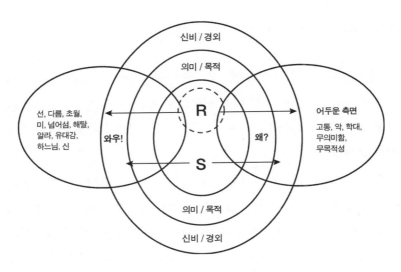

그림 2-2 영성과 사회복지에 대한 의미의 요점

서 논의하는 주제이기도 하다. 실제로 아동의 영성을 다루는 전문가들은 아동들이 경외와 놀라움에 더 잘 조화될 수 있다고 주장한다. 따라서 아동과 청년들은 성인과 마찬가지로 우리의 이론적 틀 안에 속해있으며, 우리의 논의의 대상이자 예이다. 3장과 5장에서 영적 발달에 대한 모델을 구축하게 될 것인데, 연대기적 나이와 성숙도(이 둘은 완전히 동일한 범주에 속한다고 볼 수 없다)와 연관이 깊다.

〈그림 2-2〉의 두 번째 내용은 영성이 중요한 사회복지의 주제들과 연관을 가지기 시작하는 것을 보여준다. 이 그림은 이 장에서 이미 다룬 내용을 그대로 반영하고 있다. 종교와 영성 모두 좋고 또 나쁜 결과를 낳을 가능성을 가지고 있으나 마찬가지로 중요한 것은 여러 가지 중립적인 부분들이 있다는 것이다.

세계관에 대한 의미부여가 강조되고 영성이 고려되기 시작하면서 그 영성이 세속적인 것인지 종교적인 것인지는 중요하지 않게 됐다. 두 영성 모두 우리가 지금까지 주장해온 바와 마찬가지로 선한 혹은 악한 결과를 낳을 가능성이 있다. 또한 경외나 신비에 답하고자 하는 강한 역량을 가지고 있다. 오직 다른 점은 종교적 영성이 신비, 경외 그리고 초월의 범위를 절대자에 응답하는 방향으로 향하게 하려고 한다는 점이다.

〈그림 2-2〉는 중요한 주제들의 관계와 상호 연관성을 잘 보여준다. 또한 영성이 인간의 중요한 주제들과 어떻게 긍정적 혹은 부정적으로 연관될 수 있는지를 보여주며, 틀을 만들 수 있도록 도와준다. 그림에서 이 주제들은 각각 긍정적인 그리고 부정적인 그룹으로 나누어져 있다. 그러나 의미 없는 일들을 이해하려는 '왜(Why)'라는 질문은 자동적으로 좋은 결과를 낳는 반듯한 세계관을 만들려는 우리의 시도를 저해한다. 반대로, 다른 개념의 묶음은 가끔씩 우리가 놀라움과 아름다움, 그리고 존 베리(John Barry)가 '저 너머에 있는 것들'이라고 불렀던 의미를 만들려는 근본적 시도를 시작하는 순간들을 경험한다는 것을 우리에게 알려준다. 이런 반응이 〈그림 2-2〉에 놀람의 형태로 내재되어 있다. '와(Wow)!'('왜'와 '와')라는 강한 반응 사이에는 모든 일상적 삶을 살기 위한 요소들(돈을 벌고 집세를 내는 등)이 포함되어 있다. 엘리엇(T. S Eliot, 1944)은 우리가 인간이기 때문에 현실을 잘 받아들일 수 없다고 주장했는데, 어쩌면 그가 옳을지도 모른다. 그럼에도 불구하고 영성은 이런 극단적 부분들을 다루는 데 필요하며, 최소한 이런 요소를 그 영역에 포함할 수 있도록 한다.

이러한 도표의 단점은 인간 삶의 복잡 미묘한 면을 다 포함할 수 없다는 것이다. 또한 사회복지가 자주 직면하는 딜레마도 이미지화할 수 없다. 사회복지사들이 담당하게 되는 상황은 '이것 아니면 저것(either-or)'이라고 할 수 없는, '좋은 것'과 '그저 그렇거나 아주 나쁜 것'의 조합인 복잡

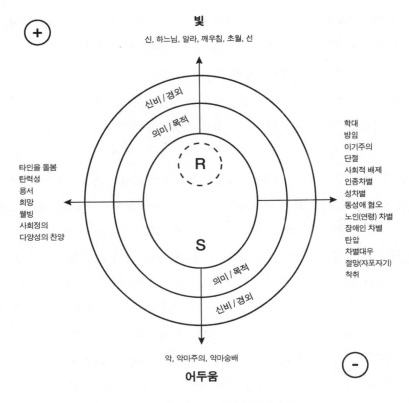

신, 하느님, 알라, 깨우침, 초월, 선

빛

신비 / 경외

의미 / 목적

R

학대
방임
이기주의
단절
사회적 배제
인종차별
성차별
동성애 혐오
노인(연령) 차별
장애인 차별
탄압
차별대우
절망(자포자기)
착취

타인을 돌봄
탄력성
용서
희망
웰빙
사회정의
다양성의 찬양

S

의미 / 목적

신비 / 경외

악, 악마주의, 악마숭배

어두움

그림 2-3 영성과 사회복지 개념화의 틀

한 것이다. 그럼에도 불구하고 〈그림 2-3〉에서 보게 될 것은 영성과 사회복지의 중요한 주제 사이의 특정한 연관성이다.

만약 우리가 개인적 수준으로 한정한다면 그림의 왼쪽은 성공적 삶을 살기 위한 인간의 특징을 모아 놓은 것으로, 사회복지의 가치기반의 중심에 있는 요소들이다. 이것은 영성과 종교가 사람들로부터 최상의 것을 이끌어낼 수 있다는 것을 보여준다. 반대로 오른쪽은 파괴적이고 폭력적인 인간의 본성을 보여주고 있다. 사회복지사로서 늘 보아오던 부분이다. 그리고 우리가 논의했던 것과 마찬가지로 영성과 종교는 이 부분에 좋지 못한 영향을 줄 수 있다.

마찬가지로 의미와 목적을 찾는 것은 이기적인 것과 그렇지 않은 것으로 해석될 수 있다. 우리는 우리의 욕구를 타인의 것보다 우선시 할 수 있다. 최고가 되기 위해 다른 사람의 권리를 깔아뭉갤 수 있다. 반면에 오히려 의미와 목적을 타인을 돌보는 데서 찾을 수도 있다. 이 모든 것은 우리가 선택한 세계관과 영성에 달려있다. 즉, 자신과 타인을 바라보는 시각, 그들을 향한 행동 등에 영향을 끼치는 것이다. 영성을 이해하기 위한 틀은 우리의 개인적 생활태도를 알려줄 뿐만 아니라 사회복지사로서 가치와 실천의 중심에도 반영되어 있다. 세계관이 매우 중요한 이유가 바로 이것이다. 세계관은 많은 것을 결정짓는다. 우리가 개인으로서 그리고 사회복지사로서 세상을 바라보는 시각은 우리의 일에 큰 영향을 미친다. 모스(Moss, 2005)는 영성이 우리가 선택한 세계관에 대해 설명해 준다고 주장한다.

우리가 하는 일보다 영성에 더 영향을 주는, 이를테면 경외, 경탄, 신비 같은 것들이 분명히 있다. 우리는 우리가 하는 행동에 따라 자신과 타인에게 그리고 절대자에게 판단을 받는다. 그러나 경외나 신비도 우리가 하는 행동에 긍정적이며, 강한 영향을 줄 수 있다. 우리는 우리의 삶을 구획화(compartmentalize)해서 수용할 수 있으나 이것 역시 긍정적 또는 부정적 영향을 줄 수 있다. 주어진 일에 완전히 집중할 수 있는 것은 긍정적 요소이며 때로 정말 필요한 부분이지만, 한편으로 이러한 요소가 일상생활을 하는 사람들에게 학대나 강압이 될 수도 있다. 따라서 분열의 어두움은 전체성(wholeness)이 부족하고 관련성이 적다는 점이다.

도표가 분명하게 보여주는 것(긍정-부정, 빛-어둠, 선-악)은 삶이 그렇게 간단하지 않다는 것이다. 그러나 동시에 강조하고 있는 것은 사회복지가 더 광범위하고 힘든 어려움을 개인적·단체적·사회적 차원에서 경험하고 있다는 것이다. 공동체에서 활동하면서 마주하게 되는 여러 주의(isms), 즉 인종주의, 성차별주의는 매우 파괴적이다. 사회복지는 그동안 차별받고 소외된 사람들을 위해서 더 나은 사회를 만들기 위해 반억압·반차별 활동을 해왔다. 이런 노력이 세속적 영성 혹은 종교적 영성 어디에서 비롯됐건 간에 영향력은 같다. 사람들은 여러 단체에서 함께 활동하길 원하며, 정치적 활동을 통해 세상을 더 정의로운 곳으로 만들고자 한다. 이를 통해 여러 가지 차별적 요소나 조각나고 단절된 사회에서 약자들을 보호하고자 한다.

우리가 사용하는 용어를 쓰지 않고 이런 상황을 사회복지적 시각으로 논하는 것은 어려운 일이다. 초기부터 사회복지의 중심에 있던 매우 중요한 이슈들이기 때문이며, 제대로 다루지 못하면 우리뿐만 아니라 사회를 위험하게 할 수도 있기 때문이다. 이 분야의 전문가로서 억압에 맞서 투신해온 것은 사회복지사들뿐만이 아니다. 우리에게는 많은 동맹군이 있다. 그리고 이것이 의미하는 바는 이 이슈가 정말 중요하다는 것이다. 인종주의나 차별주의는 우리가 맞서지 않는 한 우리가 사는 사회를 지배할 것이다. 이 장은 삶을 개선하고 다양성을 기뻐하며 반차별을 지향하는 사회복지 같은 전문 분야가 자랑스럽게도 세속적·종교적 정신을 가지고 있음을 보여주고 있다. 사회복지의 목적은 사회를 더 나은 곳으로 만드는 것이다. 이러한 탐구의 일부는 매우 영적이다. 7장에서는 사회정의를 위해 필수적인 요소로서 영성을 다룰 것이다. 세속적, 영적 혹은 종교적 시각으로 바라보아도 이 패러다임에는 열정이 필요하다. 만약 사회복지사들이 열정을 잃는다면, 우리는 심장이 없는 정부의 행정기관으로 전락하고 말 것이다.

8. 결론

이 장에서 우리는 현대문화에서 널리 인식되고 있지만 정의를 내리기 위해 고심 중인 영적 현상에 대한 개념을 다루었고, 영성과 종교와의 관계도 탐구해보았다. 그 과정에서 종교적 신앙이나 종교행위가 너무나 다양하기 때문에 개념이나 현상으로 이해하는 것이 정의를 내리는 것보다 옳다는 결론에 도달했다. 우리는 영성이 종교를 포함하는 광범위한 개념이라고 생각한다. 또한 영성이 보편적 개념이라고 기술될 때, 강력한 세속적 호소가 가능하다고 여긴다.

우리는 영성에 대해 완벽한 정의를 내리는 것이 영성을 이해하는 데 그리고 영성이 연결고리가 되는 여러 개념을 경험하는 데 있어 오히려 비효율적이라고 생각한다. 차라리 정의에 대한 동의를 찾는 것은 사회복지실천에 대한 틀(framework)의 개념을 찾는 것이다. 사회복지실천은 다양한 믿음과 영성을 수용하며, 영성의 주된 요소와 사회복지의 주된 고민을 연결한다. 우리의 탐구는 광범위한 틀을 포괄한다. 영성이 긍정적이며 부정적인 면을 모두 지녔다는 것을 인정하며, 우리 분야의 교육과 실천에 대한 개괄을 제공하고 또한 이 작업은 우리의 이론과 실천을 평가하는 잣대 구실을 한다.

우리의 요점에 대해 좀 더 덧붙이자면, 이 장에서는 의미부여에 많은 중점을 두었다. 그러나 영성도 종교도 의미부여를 완벽하게 할 수는 없었다. 세속적·종교적 차원에 대한 것도 우리는 그 차원을 넘어서 이야기했다. 우리가 삶을 종교적이든 혹은 세속적이든 간에 그 어떤 시각에서 바라보고 접근한다고 해도 신비나 경외, 초월은 의미있는 단어이다. 버크(Burke, 2007)는 칼 라너(Karl Rahner)라는 가톨릭 신학자의 말을 인용했다.

> 하느님이 잊어버리신 단어가 있다면 그리고 우리가 종교라고 부르는 현실의 것들이 있다면, 그것은 완전히 사라지고 있다. 인간의 삶에서 초월적이고 고유한 것은 아직도 우리가 조절할 수 없는 신비를 향해 다가가고 있다는 점이다. —p.5

이 글을 통해 영성이라는 단어에는 도전, 좌절 그리고 풍부함이 담겨 있다는 것을 볼 수 있다. 우리에게 항상 다가갈 수 없는, 그럼에도 불구하고 내적 아픔으로 인해 아주 일부만 목격한 더 많은 초월적인 것이 있다는 것을 확인시켜준다. 아직 우리의 논의에는 등장하지 않았지만 일부 사람들은 이것을 '영적 욕구'라고 부르기도 한다. 이제 3장으로 넘어가보자.

참고자료

- Gilbert, P., Guidelines on Spirituality for Staff in Acute Care Service, Staffordshire University / Care Services Improvement Partnership/National Institute for Mental Health in England, 2008.
- McSherry, W., Making Sense of Spirituality in Nursing and Healthcare Practice: An Interactive Approach 2nd edn, London: Jessica Kingsley, 2006.
- Thompson, N., Anti-discreiminatory Practice 4th edn, Basingstoke: Palgrave Macmillan, 2006.

Ⅲ
영적 욕구

1. 도입

지금까지 우리는 영성의 차원에 대해서 광범위하게 알아보았다. 그리고 긍정적인 면과 부정적인 면을 함께 살펴보았다. 그러나 사회복지는 근본적으로 문제와 욕구를 다루고 있다. 사실 욕구야말로 사회복지의 핵심이라고 할 수 있다. 문제를 사정하는 능력과 사정한 내용에 개입하는 것이 사회복지를 전문 분야로 구분 짓는 첫 번째 이정표이다. 현대의 사회복지실천은 지식·기술을 중요시하는데, 이는 욕구사정을 담당하기 위해 필요한 부분이다. 사회복지사와 서비스 이용자의 관계에도 욕구사정이 적용된다. 그리고 욕구에 따른 적절한 서비스를 연결시킬 때 개입이 이루어진다.

여기서 문제는 어떻게 욕구에 기인한 사정을 실시하느냐와 항상 제공 가능한 서비스와 재원이 한정되어 있다는 점이다. 부족한 관심도 욕구에 속하는 요소이다. 그리고 사회복지에 있어 만남의 욕구가 중요한 면을 차지하는 이유이다. 아마도 이러한 이유로, 사회복지는 영적 욕구와 사회복지 사정과의 관련성에 대해서 고려하지 않았다(Holloway, 2007).

그러나 사회복지는 최소한 전인적 사정(holistic assessment)의 의견에 대한 최소한의 립서비스를 표시했다. 전인적 평가는 심리사회적 전통을 가지고 있으며, 전인적이라는 암시를 하고 있다. 완화치료 돌봄 분야에서만 전인적 돌봄이 영적 돌봄과 비슷하게 인식되고 있다. 심지어 이 분야에서조차 영적 욕구라는 단어는 명확하게 사용되지 않았으며, 이 단어의 의미나 필요를 파악하는 부분에 대한 동의도 없었다(Satterly, 2001). 그럼에도 불구하고 사회복지사들은 임종기에 있는 사람들이나 유족들을 위해 일하기 때문에 다수가 서비스 이용자들에게 영적 욕구가 있다는 것을 인지한다(Lloyd, 1997; Furman, 2004).

하지만 전 세계에 걸쳐 우리의 활동에는 혼란과 대립이 존재한다. 북유럽의 세속적 전문가들은 종교적으로 민감한 부분을 건드리지 않기 위해 영성을 주제로 부각하지 않도록 주의를 기울이고 있다. 때로는 종교에 대한 적대감이 계속되기도 하고, 영성을 현대적 가면을 쓴 종교로 보는 의심도 있다.

한편, 아프리카나 인도의 저술가들은 영성을 그들 문화의 일부로 수용하기 때문에 활동에도 적용한다(Sacco, 1994). 뉴질랜드와 호주에서 신앙의 영향과 원주민의 활동은 서구의 세속적 시각과 동시에 존재한다(Nash & Stewart, 2002). 따라서 만일 사회복지사가 영적 욕구를 알아챘으나 언제, 어떻게 영적 요소를 고려해야 할지 모를 경우에는 어찌해야 하는지 생각해볼 필요가 있다. 문제의 일부는 우리가 가진 이론적 평가활동에 있을 수도 있다. 욕구가 생겼다고 가정하면 그것이 무엇인지, 우리에게 무엇이 요구되고 있으며, 어떤 양상을 보이는지, 주의를 기울이는 아주 잠깐 동안 개인적 전문가로서 우리가 깊은 인간의 욕구에 반응할 수 있을지 살펴보아야 한다. 따라서 이번 장에서는 영적 욕구와 영적 고통에 대해 생각해볼 것이다. 먼저 욕구의 개념에 대해 알아본 후 사회복지와의 관계 및 일상적 사회복지실천과의 연관성을 탐색할 것이다.

2. 사회복지와 욕구의 개념

많은 사회복지사들이 효과적인 사회복지를 평가할 때 가장 중요하게 생각하는 것으로 욕구 파악하기를 꼽는 데 주저하지 않을 것임에도 불구하고, 소수만이 욕구에 주의를 기울인다. 이것은 욕구기반의 사정에서도 마찬가지이다. 인간의 욕구를 설명할 때, 일반적으로 매슬로우(Maslow)의 욕구위계와 연결을 짓는 학자들이 있고, 브래드쇼의 욕구분류(Bradshawe, 1972), 그리고 도얄과 고프(Doyal & Gough, 1991)가 제시한 욕구 사정을 위해서 사전에 범주를 세워 주제를 다루는 일관된 방법 등을 드는 학자들이 있다.

넓게 보면 사회복지이론에서 욕구에 관심을 기울이는 것은 문제와의 관계라는 입장에서 보았을 때와 재원이라는 입장에서 보았을 때이다. 초기 논문에서는 서비스 이용자의 욕구 자체가 문제로 표현되는 경향이 있었다(Butrym, 1976; Howe, 1987). 최근에 와서야 충족되지 않은 욕구를 문제로 보기 시작했다(Thompson, 2005; Coulshed & Orme, 2006). 페인(payne, 2005)은 사회복지사들이 얼마나 쉽게 사회복지의 욕구에 대한 사정을 서비스 배급으로 만들어버리는지에 대해 주목했다. 따라서 여기서 논제가 되는 것은 만남의 욕구에 대응하는 유형과 수준면의 욕구기반 사정이 사실상 서비스기반 평가인 것인가 하는 문제이다. 뜨겁게 논의되고 있는 부분은 욕구와 관련해서 전인적 사정에 대한 시각을 잃고 있는지, 또 이에 따라 기계적 대응만 하는가 하는 문제이다(Llioyd & Taylor, 1995; Lymbery, 2001).

브래드쇼(Bradshawe)의 분류는 서비스 전달을 생각하는 데 가장 큰 영향을 주었다. 그는 규범적 욕구를 전문가에 의해 정의된 것으로 보았다. 느껴진 욕구(felt need)는 서비스 대상자들이 느끼고, 개인이 원하는 욕구에 바탕을 둔다. 그다음 비교적 욕구(comparative need)는 다른 사람의 상황을 상대적으로 비교함으로써 욕구를 규정하는 것이다. 이런 방식으로 욕구를 설명하고 분류하는 것은 우리가 본능적으로 느끼는 '영적 욕구'에는 적용하기 어렵다. 또한 포괄적 사정개념에도 적용되기 어렵다.

로이드와 테일러(Lloyd & Taylor, 1995)는 사회복지실천 과정에서 수반되는 사정기술의 발생 단계를 분석했다. 그들은 이것을 사회복지 전문성의 원동력으로 보았다. 사회복지 사정은 언젠가 이 분야에 중대한 영향을 미치는 것을 반영하게 될 것이다. 사회복지에서 사정에 대한 현재의 주된 강조점은 욕구사정이 수요자 중심의, 서비스 이용자와 사회복지사가 함께 정의한 욕구를 기반으로 한 것이어야 한다는 점이다. 이런 맥락에서 사회복지가 영적 욕구의 중요성을 인식하고 사정을 하는 데 있어 관련된 점을 인식하도록 하기 위해서, 사회복지 서비스 이용자의 배경과 삶이 영적 욕구와 관련이 있음을 알아야 한다. 더욱이 이런 부분을 서비스 이용자가 명확하게 해야 한다. 영적 부분을 공격받고 있는 정신보건 서비스 이용자의 목소리는 모든 사정에 반드시 반영되어야 한다(Nicholls, 2007).

1) 영적 욕구

2장에서 제기된 질문으로 다시 돌아왔다. 과연 영적 욕구란 무엇인가? 사회복지 측면에서 그 문제점이 어떻게 드러나는가? 영적 욕구를 알아차리는 데 있는 문제점 중에 하나는 '종교적인 면과 연관이 있는 영성의 범위를 어디까지 정하느냐' 하는 문제이다. 어떤 사람들은 사실상 정서적이며 심리학적인 차원에 대한 구분이 없다. 즉 '영적 욕구'를 이해하는 범위는 개인마다 매우 다르다.

페일리는 영성의 개념이 모든 것을 포괄할 수 있다고 주장한다. 그러나 일반적으로 의미를 찾고 삶에서 어떤 상황이나 관계 안에서 평화와 화해를 경험하는 것 등이 모두 영적 범주에 들어가며, 사회복지에도 매우 친근한 주제라고 본다(Paley, 2008). 연구자들은 이 이슈를 정의하고자 응답자들에게 그들이 생각하는 영적 이슈나 욕구가 무엇인지 질문한다. 예를 들어 로이드(Lloyd, 1997)는 말기환자나 유가족을 대상으로 한 연구에서 "경험이 삶과 죽음에 대한 생각을 바꾼 적이 있습니까?", "지금 여러분에게 중요한 것은 무엇입니까?"와 같은 광범위한 주제에 관해서 질문을 했다. 이런 주제가 영적 혹은 종교적 범주에 포함된 것인지는 응답자의 몫이었다. 비슷하게 로스도 병원 단위의 사정에서 노인들의 영적 문제들과 욕구에 대해 탐구했다(Ross, 1997, p.712). 그가 한 질문은 "사람들은 영성에 대해 다른 생각을 가진 것처럼 보이는데, 영적인 것에 대해서 어떻게 생각합니까?" 등이었다(p.711). 로스는 응답자들의 영적 욕구를 다섯 부류로 구분했다(p.712).

① 종교적 욕구, 교회에 나가거나 기도하기

② 삶의 의미 발견하기

③ 사랑/소속의 욕구

④ 죽음 및 임종과 관련된 욕구

⑤ 도덕적 욕구, 예를 들면 옳은 일을 하는 것, 책임을 완수하는 것 등

이 목록을 살펴보면, 첫 번째만 직접적으로 종교와 관련이 있고 사회복지 사정항목 중 꼭 집어서 다룰 수 있는 부분이다. 그러나 종교와 무관하게 사회복지사들은 나머지를 영적인 것으로 보지 않을 것이다. 그러나 서비스 이용자들은 그렇게 생각하지 않는다.

생각해볼 문제

1. 여러분이 사용하는 사정도구나 접근 방법이 문제를 해결하는 데 적절하지 않았던 상황이 있는가?
2. 그 욕구들이 영적인 것이라고 볼 수 있는가? 2장으로 돌아가 조앤(Joan)의 평가를 다시 생각해보자.

2) 영적 고통

사회복지실천에서 우리가 삶의 날카로운 부분을 다루고 있다는 것을 발견하는 데는 오랜 시간이 걸리지 않았다. 영적 차원에서 우리는 영적 고통을 보게 된 것이다. 영적 고통(spiritual pain)이라는 단어나 영적 디스트레스(distress)라는 표현은 타인을 돕는 직업군에서 영성이라는 개념보다 오랫동안 사용됐다. 레저는 간호학에서 간호사들이 매우 드물게 영적 고통을 겪고 있는 환자를 만나게 된다고 말하고 있다(Ledger, 2005). 놀랍게도 이 적은 수의 사례가 영적 고통을 정의해왔다. 새터리(Satterly, 2001)는 종교

인들이 종교적 고통과 영적 고통을 교차해서 사용하며 이 둘을 구분하려는 시도를 하고 있지 않다고 말한다. 버턴의 영적 고통에 대한 기원·성격·관리에 대한 논의는 예외이다.

> 영적 고통은 의식의 깊은 수준에 자리한 고통으로 묘사할 수 있다. 여러 가지 증상을 보이는데, 지속적인 고통·영적 지지체계로부터의 철회나 고립·친구나 가족과의 불화·불안과 공포·불신·자기혐오·무망감(hopelessness)·패배감·무관용·좌절 등이 있다. —Burton(2004, p.4)

사회복지가 자주 직면하는 이러한 문제와 이슈에 대한 성격을 고려할 때, 사회복지가 영적 돌봄보다 영적 고통과 디스트레스에 좀 더 많은 관심을 기울여야 한다고 생각할 수도 있지만 이에 대한 문헌이 부족하다. 그러나 완화 돌봄 측면에서 하이제무어(Heyse-Moore, 1996)는 돌봄 제공자가 두 가지에 초점을 둔 비전을 지녀야 한다고 주장했다. 증상을 있는 그대로 봄과 동시에 그것이 지닌 함축적 의미를 읽어야 한다는 것이다. 이것은 영적 고통을 분간하기 위한 것이다. 그리고 고통이 더 깊은 곳에 자리 잡고 있다면, 그것은 극심한 정서적 고통이라기보다는 영적인 것이다. 그리고 이것을 분별하기 위해서는 영적 고통이 영적 그리고 실존적 이유로부터 발생한다는 것을 알아야 한다. 이 세 가지 요소는 특히 사회복지와 연관이 깊다.

① 소외, 내적 자아의 갈등 및 부조화
② '영혼의 어두운 밤'(May, 2004; 십자가의 성聖 요한의 글 참조) 또는
　'영혼의 신음'(구약성서 시편 37·38)
③ 믿음의 상실(Holloway, 2007)

먼저 첫 번째를 살펴보면, 여러 학자들이 영적 고통을 이러한 측면에서 바라보고 있다. 목회적 방문차원에서 호스피스 환자와 접촉했던 새터리(Satterly, 2001)는 '종교적 고통'과 '영적 고통'이라는 용어의 개념을 이해하고자 탐구했다. 그는 영적 고통이 자신의 삶의 근원(하느님)이라고 생각하는 존재와의 관계에서 겪는 어려움에서 비롯된다고 결론지었다(Satterly, 2001, p.34). 근원이라는 단어의 정의는 그 사람이 신을 믿든 무신론자이든 그 사람의 본질이라고 이해할 수 있다. 스칼라와 맥코이(Skalla & McCoy, 2006) 또한 개인의 중심적 믿음과 그들의 개인적 경험 사이에 충돌이 생길 경우 영적 디스트레스가 생긴다고 주장한다(p.745).

소외 및 내적 갈등과 부조화는 사회복지사들이 실천현장에 있을 때 반드시 인지해야만 한다. 특히 정신보건이나 문제가 많은 청년들을 대상으로 일할 때일수록 더 그러하다. 넓게 보면 사회경제적 빈곤, 장기간에 걸친 학대, 인종주의나 다른 차별에 지속적으로 노출된 경험은 고립과 고통을 유발할 수 있다. 그리고 그러한 경험을 한 개인의 존재 자체에 고통을 줄 수 있다. 정신의학적 관점에서 파커(Parker, 2004)는 이런 종류의 고통이 종교인이나 비종교인 모두에게 엄청난 것일 수도 있다고 주장한다.

아티그(Attig, 2001)는 영적 고통이 엄청난 고통 혹은 역경을 이겨내고자 하는 동기를 상실하게 하는 원인이자 결과라고 주장한다. 사회복지사들은 사람들이 과연 극복할 수 있을지 의심하거나 내적 충돌을 유발하는 장기요양(long-term care)과 만성질환을 대처하는 데 익숙하다. '정신을 지탱하는 것'은 사회복지사가 줄 수 있는 다른 지지만큼이나 중요하다(Lloyd, 2002). 5장에서는 사람들이 엄청난 고통을 이겨나가도록 만드는 초월과 변형 안에 있는 잠재력에 대해 살펴볼 것이다.

사례: 리로이①

리로이는 10살 난 소년으로, 아프리카계 케리비안 가족의 다섯 자녀 가운데 네 번째 아이다. 리로이와 그의 동생 로비는 위의 형제들과 10살 이상 터울이 났다. 리로이가 3살 때, 어머니가 가족을 떠났다. 두 아이는 위탁가정으로 보내졌지만 로비는 곧 가족의 품으로 돌아갔다. 15살인 누나 샤론이 로비를 돌봤으나 샤론을 비롯해 그들의 아버지는 리로이마저 돌볼 여력이 없었다. 리로이가 행동장애를 보이기 시작하자 사회복지사는 아이를 더 나은 환경으로 보내야 한다는 것을 깨달았다. 가족과의 접촉은 더 줄었고 리로이는 왜 가족들이 자기만 무시하는지 이해할 수 없었다. 리로이는 오히려 위탁가정을 더 좋아했다. 그리고 자신이 세상과 단절됐다는 느낌을 가끔씩 받았다. 자신의 느낌을 사회복지사에게 설명할 수 없고 삶의 의미를 찾을 수 없을 때, 리로이는 뭔가를 부수고 싶은 마음이 들었다. 어느 날 리로이는 집에 불을 질렀다. 그리고 이튿날 아동사정단위(assessment unit)의 임시시설로 보내졌다.

두 번째 범주인 '영혼의 어두운 밤'은 영적·종교적 위기와 특히 관련이 깊다. 사회복지 서비스 이용자가 이런 종류의 영적 고통을 호소할 경우, 아주 복잡한 사안과 문제들을 다루고 있을 확률이 크다. 예를 들어 성적 학대나 폭력의 피해자나 가해자가 종교인인 경우가 있다. 이런 경우 사회복지사가 반드시 개입하는 편이 좋다. 우리는 5장에서 영적 돌봄 모델을 살펴볼 것이고 이것을 '동료 여행자 모델(fellow traveller model)'이라고 부를 것이다.

케이트 매과이어(Kate Maguire)는 심리치료사인데, 고문 생존자를 돌본 경험이 있다. 그는 이때 겪은 '영혼의 어두운 밤(dark night of the soul)'에 대한 어떤 훈련도 받지 못했다고 말했다(Maguire, 2001). 그 일은 그녀가 본인 자신을 마주하도록 만들었고, 그 결과 그녀의 영성을 발견할 수 있었다.

그 과정은 2장에서 다룬 신비나 아름다움과는 거리가 멀고 어둡고 고통스러운 일이었다. 사실 '영혼의 어두운 밤'의 중요한 측면은 가식과 자아를 없애고 새로운 자신을 발견하는 것이다. 영적 그리고 개인적 성장을 위해서는 어두운 시기의 경험을 잘 이겨내는 것이 중요하다.

> 빛 속의 빛은 보이지 않으나 어둠 속의 빛은 빛나고 희망을 준다.
> —Indian guru quoted in Maguire(2001, p.136)

비슷한 생각을 그리스도교 신학자인 한스 큉(Hans Kung)도 다음과 같이 표현했다.

> 고통·반대·적개심 등을 그냥 지나치면 부활신앙을 얻을 수 없다. 이 모든 것을 거쳐야만 한다. 십자가는 부활의 빛으로만 이겨낼 수 있다. 하지만 부활은 십자가의 그늘을 통해 얻을 수 있다. —Kung(1984, p.147)

우리가 앞서 여러 번 주장했듯이, 사회복지는 그 안에서 직면하는 어둠을 다룰 수 있는 방법을 찾아야만 한다. 위험을 무릅쓰지 않으면 사회복지사들이 보존하고자 했던 사회복지의 중심 가치와 접근 방법은 환상이 되고 말 것이다.

세 번째 범주(믿음의 상실)는 '영혼의 어두운 밤'에 속한다고 볼 수도 있을 것이다. 하지만 그 자체로 볼 필요가 있다. 사회복지사가 신앙이 없다면 이것이 서비스 이용자의 웰빙에 미치는 영향과 중요성을 그냥 지나칠 수 있기 때문이다. 그러나 세속적 측면에서도 믿었던 이데올로기의 상실이 있을 수 있다. 믿음을 상실하는 것은 그 사람의 존재감에 커다란 충격을 준다. 그리고 다른 문제들도 커다란 문제의 부수적인 부분으로 발생한다고 여기게 된다.

사례연구: 재키

　광부였던 재키의 남편 데이브는 아주 어려운 상황에서 자살을 했다. 장기간 지속된 파업과 본인이 일하던 탄광의 폐쇄로 우울증에 시달리던 그는 아내가 보는 앞에서 몸에 기름을 붓고 불을 붙였다. 재키는 남편을 잃었다는 공포와 그를 구할 수 없었다는 자책감, 모든 것을 포기해버린 남편에 대한 분노, 자신에 대한 거부감을 견뎌야만 했다. 그녀는 그 누구에게도 지지를 받지 못한 채 가족을 꾸려나가며, 감정도 추슬러야만 했다. 그녀는 3년째 가족상실 상담을 받고 있고, 자신의 문제의 근원이었던 잃어버린 가톨릭신앙으로 계속해서 다시 돌아가고 있다. 그녀는 "예전의 나로 돌아갈 수는 없지만, 지금의 나를 추스를 수 있는 방법을 알고 있습니다"라고 말했다(Lloyd, 1995, p.18).

　다른 학자들은 영적 고통을 '의미를 상실한 듯한 고독한 느낌'이라고 정의했다(Saunders, 1998). 그리고 삶에 의미를 전혀 부여할 수 없는 것은 고통받는 사람을 고뇌하게 만든다고 정의하고 있다(Burnard, 1987). 이런 표현들은 현대의 학자들이 '실존적 고통'이라고 묘사하는 것과 관련이 있다. 예로 하이제무어(Heyse-Moore, 1996)는 '실존적 고통'을 완전한 고독, 완전한 무의미라고 불렀다. 파커(Parker, 2004)는 '실존적 디스트레스'의 주요한 현상을 희망 상실·무기력·자기 통제감 상실·무의미로 묘사했다. 해소되지 못한 영적 고통은 특히 자신이 겪고 있는 영적 고통에 맞설 수 있는 영적 신앙이 없는 사람에게 삶의 구조(framework)나 존재의 근원에 엄청난 절망을 줄 수 있다(Holloway, 2007).

사회복지사들은 특히 실존적 절망을 알아차리는 것이 중요하다. 선진국에서 청년들(17~25세) 특히 남성의 자살률이 매우 높다. 약물 과다복용까지 합치면, 지난 10년간 영국 젊은 층의 사망원인 중 자살이 1위이다(Shaw, 2008).

사례: 리로이②

리로이는 돌봄시설을 떠났고 사회복지를 전공하는 젊은 흑인학생의 도움을 받았으나, 그 도움이 오래 지속되지 못했다. 18세가 되어 스스로 자립해야 했던 리로이는 가는 곳마다 해고되기 일쑤였고, 밥을 먹지 못하는 날도 많았다. 그는 생모와 같이 살기 원했으나 거절당했다. 리로이는 나쁜 무리들과 어울리기 시작했고 마약을 사기 위해 도둑질을 했다. 19세가 된 리로이는 강도혐의를 받고 있으며 감옥에 갈 위기에 처했으나 자신에게 무슨 일이 생기든 별로 신경을 쓰지 않는다. 인생이 펼쳐지기도 전에 끝났다고 생각하며, 언제 어디서나 고독감을 느끼고 있다. 친구들은 약물을 과다복용하지 않도록 조심하라고 말하지만, 그는 그것이 이미 끝난 인생에서 가장 쉽게 벗어나는 방법이라고 생각한다.

다른 연령대의 사람들 중에 자살률이 높은 것은 노인층이다. 자살에는 우울증 · 알코올 중독 · 자신이 쓸모없다는 느낌 · 사회와 단절된 느낌 · 가족으로부터 존중받지 못한다는 느낌이 불치병보다 크게 작용한다(Kissane & McLaren, 2006). 최근 영국의 건강관리 서비스 조사에서 발견한 것은 65세 이상 인구의 자살 시도 중 25%가 실제 죽음으로 이어진다는 것이다. 영적 절망은 갑작스러운 혹은 다시 시작된 교회활동과 함께 노인이 관련 이슈에 대해 고통을 받고 있고 자살할 위기에 처해 있다는 것

을 보여준다(Beeston, 2006). 사회복지사는 주로 소외된 노인과 함께 일하기 때문에 영적 고통과 절망이 그들의 충족되지 못한 욕구에 깊게 관련됐을 가능성을 항상 고려해야 한다.

생각해볼 문제

1. 절망이란 무엇인가?
2. 만약 서비스 이용자가 절망에 빠진 것처럼 보인다면 어떻게 하겠는가?

3. 영적 욕구와 영적 디스트레스에 대한 사정

우리가 지금까지 다룬 논의를 기반으로 할 때 내릴 수 있는 결론은, 영적 차원이 사회복지사의 사정에 포함되어야 한다는 점이다. 그러나 영적 사정을 어떻게 하느냐는 복잡한 문제이며, 매우 다른 접근 방법과 모델 등을 적용할 수 있다. 영성에 대한 주제가 사회복지사의 연구에서 추구되어온 미국을 제외하면, 대부분의 도구는 다른 전문직업군에서 온 것이다.

타인을 돕는 직업에 대한 연구에서 영성사정은 주로 네 가지 접근 방법이 취해진다.

첫째, 일반적 접근 방법으로, 서비스 이용자의 문제가 갖는 영적 본질의 가능성을 포함하여 서비스 이용자의 삶에서 영적 측면에 대한 인식의 중요성을 강조하는 것이다.

둘째, 체계적 방법으로 영성의 중요성에 대한 정도를 측정하는 것이다. 여기에는 서비스 이용자가 갖는 영적 욕구의 중요성과 개인적 대처

방법을 다루기 위한 영적 자원 등이 포함된다.

셋째, 개인의 영적 생활을 조명하고 인생을 아우르는 이야기 전반의 맥락을 개발하는 것으로, 전기적(biographical) 접근이다.

넷째, 전인적 접근이다. 서비스 이용자의 상황은 가족처럼 서로 영향을 주거나 중복적 영역이 있지만 분리해서 사정해야 한다. 영적 욕구에 대한 강조의 정도는 서비스 이용자의 상황마다 다르며, 특히 영적 고통에는 다양한 방법으로 접근해야 한다.

1) 영성 인식하기

이러한 접근 방법은 영성 및 종교적 이슈가 언제, 어디서, 어떻게 일상생활 안에서 개인에게 중요해지는지 발견하는 것을 주된 목적으로 하고 있다. 이는 다양한 가능성을 열어 놓은 접근 방법으로, 서비스 이용자가 영적이며 종교적 욕구 혹은 자원을 인식하도록 하는 것이다. 이는 서비스 이용자가 필요하다고 느끼고 있지만 자신의 '영적 상태'가 자세하게 사정에 반영되고 있지 않은 경우, 사회복지사가 영적 혹은 종교적 욕구를 인식하는 것을 필요로 한다. 사회복지사는 어쩌면 특정한 영적 서비스를 서비스 이용자에게 제시하고, 그들의 동의하에 종교적인 혹은 다른 분야의 전문가가 그 같은 도움을 줄 수 있도록 요청할 것이다.

영적 욕구의 출발점이 될 수 있는 사정도구는 HOPE 질문을 좀 더 총체적으로 논의함으로써 가능하다. HOPE는 가정 주치의들로 하여금 일상적인 영적 욕구를 알아차리도록 하기 위해 미국에서 고안됐다. HOPE 개발자들은 HOPE가 연구 도구로 완전히 검증된 것은 아니지만 임상실천에 많이 적용되고 있다고 말한다(Anandarajah & Hight, 2001). 그들은 "사정도구 HOPE가 다른 지지체계의 논의를 위해 자연스러운 보충의 역할을 하지만(p.85), 환자가 주도하지 않는 경우 영성과 종교에 초점을 두지 않는다"고 말한다. HOPE와 같은 사정의 목적은 영성이 특정 환자에게 있어 중요한지, 영적 요소가 치료를 촉진하는지 혹은 방해하는지 등을 알아보는 것이다. 개발자들은 이 접근 방법이 종교로부터 외면을 당했거나, 전통적이지 않은 종교 경험이 있는 사람들과 의미있는 논의를 가능하게 한다고 주장한다. 잠재적으로 HOPE와 같은 사정도구는 사회복지실천의 맥락에서 받아들일 수 있는 것이어야 한다. 사회복지실천이 타인에게 도움을 제공하는 세속적인 전문영역으로 종사자들에게 일반적 혹은 특별한 상황에서 전인적인 사정을 할 수 있는 기술을 전달하고자 하기 때문에, 그 시작점은 욕구와 관련된 문제이다.

HOPE의 질문은 4가지 영역으로 나뉘는데, 연상 기호(mnemonic)로 표시한다.

H: 희망 · 의미 · 위안 · 강점 · 평화 · 사랑 · 연결의 근원
O: 조직화된 종교
P: 개인적 영성과 실천
E: 의료적 돌봄에 대한 영향과 임종 관련 이슈

희망 · 의미 · 위안 · 강점 · 평화 · 사랑 · 연결의 근원은 인간의 중심적인 영적 자원이라고 할 수 있다. 조직을 갖춘 종교에 대한 질문과 개인적 영성 및 영성활동에 대한 질문이 만약 초기 논의에서 지나치게 확장된다면, 서비스 이용자의 웰빙에 악영향을 주고 문제해결에 방해가 될 수 있을 것이다.

'어떤 사람들에게는 자신의 종교나 영적 믿음행위가 인생의 어려운 시기에 위안과 힘을 준다. 여러분의 경우에도 같은가?'와 같은 일반적인 물음으로 이 주제를 꺼내는 것은 위협적이지 않은 방법이다(Anandarajah & Hight, 2001, p.86). 마지막 두 가지 질문은 서비스 이용자의 영적 믿음과 영성활동이 주는 돌봄의 영향, 그 내재된 의미에 초점을 맞추고 있다. 사회복지실천의 맥락에서 이런 특정 방법을 적용하는 것은 환경이나 이용자 집단에 따라 달라진다.

예를 들면, 노인을 위한 돌봄 계획 선택안은 서비스 이용자에게 이익이 되는 실천을 활성화하는 개인기도, 교회출석 등 높은 수준의 지지를 포함하고 있어야 한다. 동시에 반발을 살 수 있는 사회복지사 중심의 환경—카드 게임, 빙고 등은 피해야 한다. 결혼의 신성함을 믿는 사람이 이혼을 겪는 경우, 상담자는 관계의 단절이 야기할 수 있는 심리적 영향만큼 심각하거나 그보다 더한 영적 위기가 이혼으로부터 비롯될 수 있다는 것을 알고 주된 관심을 쏟아야 한다. 근본주의적 종교 배경을 지닌 청년이 범죄를 저지를 경우 이 청년은 벌을 받길 원할 수도 있다(여기에는 신의 용서를 구하는 것이 포함되어 있다). 그리고 그들은 잘못된 행동을 탐색하기 위한 인지행동치료 집단에 참여하는 것을 거부할 수도 있다.

루스 스톨(Ruth Stoll)은 영적 사정도구를 개발하는 데 선구적인 연구를 수행해왔다. 스톨은 네 가지 부문에 중점을 둔 템플릿(template, 보기판)을 사용한 질문을 개발했다.

① 하느님 또는 신(Deity)에 대한 개념
② 희망과 강점의 근원
③ 종교적 실천

④ 영적 욕구와 건강의 관계(Stoll, 1979)

스톨은 서비스 이용자와 접촉할 수 있을 때마다 충분한 영적 사정을 정기적으로 시행해야 한다고 주장한다. 이런 면에서 그의 연구는 이 책에서 설명하는 일반적 접근에 완전히 적용된다고 볼 수 없다. 이슈는 종교와 영성에 대한 포괄적 질문이 적절한지의 여부이다. 모어(Mohr, 2006)는 간호사가 모든 환자를 대상으로 영적 내력(spiritual history)을 살펴보는 것이 부적절하다고 주장한다. 하지만 이 분야의 전문가가 말기환자를 대상으로 그들에게 현재(혹은 과거)에 종교가 중요한지, 종교적 이슈에 대해 누군가와 나누고 싶은지 등을 묻는 것은 적절하다고 보았다. 자신의 죽음에 직면하고 있다는 것은 실존적 도전임이 분명하므로 영적 욕구나 고통에 대한 주제를 꺼낼 수 있는 것은 적합하다(Thompson, 2007). 그러나 사회복지의 정신에서 볼 때, 일반적인 질문에 대한 대응으로 서비스 이용자가 대화를 이 방향으로 이끈 경우에만 사회복지사가 이 문제를 꺼낼 수 있다고 여길 수도 있다. 이것이 현대의 정신에 더 부합하는 것처럼 보인다 하더라도 사회복지의 중재가 필요한 상황에서 욕구를 일상적으로 광범위하게 사정하는 것은 의미가 없다. 그러나 '포괄적' 사정은 일반적으로 영적 욕구를 포함하지 않는다.

2) 영성 측정

여기에서 사용된 접근 방법은 개인의 영적/종교적 특징을 측정하는 것이다. 이것은 종교심리학이나 종교의 심리통계 평가로부터 많은 영향을 받았는데, 다양한 영성척도와 사정방법을 낳았다. 이 대부분이 양적 평가지만 질적 도구 역시 존재하고 있다. 전문적 원칙 중에서 간호 분야가 실천에서의 발전뿐만 아니라 효용성 면에서도 가장 선두적이다. 반면, 사회복지는 양적 접근을 사용하는 것을 허용하지 않는다.

예로, 노콘과 쿠레시(Nocon & Qureshi, 1996)는 영국정부와 서비스 매니저들이 90년대 지역사회 돌봄 변화 도입의 평가 면에서 질적 측정방법과 실적 평가지표를 선호한 반면, 현장에서 활동하는 사회복지사들과 서비스 이용자들은 질적 정보를 우선시했다고 주장한다. 그러나 영국의 사회복지는 양적 측정과 평가 쪽으로 많이 치우쳐있다. 맥셰리와 로스(McSherry & Ross, 2002)는 보건서비스에서 활용되는 영적 사정도구의 범위를 살펴보았다. 이 도구를 범주화해 직접질문, 지표기반 검사 및 감사(audit)와 가치명료화 등으로 분류했다. 감사도구(audit tools)는 영적 돌봄이 보건 돌봄 기관에서 제공될 수 있는지, 그 범위를 확정하는 데 중점을 두었다. 이 부분에 대한 것은 여기서는 다루지 않는다. 그러나 다른 세 가지 접근 방법은 개인을 위한 영적 사정을 실시하기 위한 도구를 제공한다. 두 개의 범주, 서비스 이용자의 영성과 영적 욕구를 수량화하는 방법에서 특히 많이 활용되고 있는 것은 지표기반과 가치명료화이다.

지표기반 모델(indicator-based models)은 특히 심도있는 영적 고통을 포함하는 영적 욕구에 초점을 맞추도록 만들어졌다. 맥셰리와 로스의 제안은 심리사회적 그리고 영적 지표 사이에 상당한 겹침과 혼란이 있다. 시작점과 일반적 접근, 즉 서비스 이용자의 삶에서 영성의 중요성과 영향에 대한 인식이 상당히 유사하다는 점이다. 그러나 사정 실천 면에서 큰 차이를 보인다. 욕구나 고통의 특징이나 원인을 탐구하기보다는 정도를 수량화하려고 하기 때문이다. 게다가 서비스 이용자가 일반적 평가로 제기하는 부분만 다루는 것이 아니라 모든 질문에 답하는 형태로

되어 있다.

가치명료화 도구(value clarification tools) 역시 개인의 영적 상태를 수량화하려는 의도를 가지고 있다. 주로 응답자가 특정 '항목'이나 표현에 대해 찬성하거나 반대하는 정도를 표시하도록 한 리커트 척도(Likert scales)[1]를 사용한다. 맥셰리와 로스는 엘리슨(Ellison, 1983)의 영적 웰빙척도(ESWS)가 리커트 척도에 기반을 둔 질문을 전반적 웰빙을 점수화하는 방법으로 발전시켰다고 주장한다.

질문을 기반으로 한 사정척도의 문제점 중 한 가지는 실제 현장에서 서비스 이용자에게 적용되기 위한 것이라기보다는 연구수행을 위한 도구라는 점이다. 나라야나사미(Narayanasamy, 1999)는 간호사가 주어진 상황에서 영적 돌봄을 필요로 하는 긴급한 욕구를 파악할 수 있도록 하는 틀을 개발했다. 영성과 영적 돌봄 교육 및 훈련 행동 모델(Actioning Spirituality and Spiritual care Education and Training: ASSET)은 다음의 욕구를 사정하는 질문을 통해 '영적 사정 지침'을 제시한다.

- 의미와 목적
- 강점과 희망의 근원
- 사랑과 유대관계
- 자존감
- 공포와 불안

---

1   리커트 척도는 특정 대상에 대한 개인의 태도 · 생각 · 감정 등을 측정하는 데 사용되는 척도로, 응답자는 일련의 문항들에 대해 '강한 찬성, 찬성, 중간, 반대, 강한 반대' 등의 다섯 가지 눈금 중 하나에 자신의 견해를 표시하게 되고, 이 결과 얻은 반응값들을 모든 문항에 대해서 합친 총점 혹은 그것을 문항 수로 나누어 얻은 평균값을 특정 대상에 대한 개인의 태도 점수로 보는 것이다.

- 분노
- 영적 신앙과 건강과의 관련성

나라야나사미는 영적 웰빙에 대한 전반적 사정보다는 채워지지 못했거나 문제가 되고 있는 욕구에 초점을 맞춤으로써 간호돌봄에서 문제기반의 접근을 취하는 데 선구적 역할을 했다. 그러나 그의 틀(framework)에 포함된 심리사회적 욕구와 영적 욕구 사이에 완전히 겹치는 부분에 대하여 추측이 이루어질 수 있는지 여부가 의문으로 남는다.

1, 2장에서 살펴본 영성의 포괄적 정의를 일부 만족시킬 수 있다 하더라도 일부는 또 다른 주장을 펼 수 있다. 다시 말하면, 영적 욕구에 대한 사정은 정형화된 심리사회적 시정을 아우르는 것보다 더 많은 것을 포함해야 한다는 것이다(Holloway, 2007). 간호학의 영적 사정 및 영적 돌봄 연구 문헌에서 레저(Ledger, 2005)는 특정 종교적 욕구와 강점의 유지·생명의 근원·더 높은 목적 등을 포함하는 우주에 대한 경외·외경(畏敬)·믿음 등에 대한 차원에도 더 세심한 관심을 기울였다. 레저는 버크하트(Burkhardt, 1989)의 사정도구를 인용했다. 이 도구는 삶의 의미와 목적에 대해 생각하는 등 비슷한 시작점을 보이면서도 심리사회적·영적 욕구를 융합하려고 한다. 또한 영적·종교적 차원의 책임과 그렇지 않은 차원의 책임을 구분 짓는다. 비슷한 접근 방법을 미국 브라운 대학교 연구진도 실시했다. 그들은 '영적 식별 목록'을 다음과 같이 제시하고 있다.

- 그 사람의 삶에 목적이 있는가?
- 그 목적이 그들의 고통을 초월할 수 있는가?
- 평화로운 상태인가?

- 희망을 주는가 아니면 절망을 주는가?
- 자신의 가치를 풍요롭게 하는 것은 무엇인가?
- 신앙이 어려움에 대처하는 데 도움을 주는가?

이 이슈들에 대한 접근은 개인이 그들의 삶에서 영성이 큰 의미를 주는지 그렇지 않은지를 보여준다. 만약 영성이 있다면, 각각의 대답은 더 완벽한 영성사정으로부터 그들이 이득을 얻을 수 있을지 여부를 보여줄 것이다.[2]

요약하면, 영성을 사정하는 접근 방법 중 측정은 여러 가지 목록의 항목과 지표를 사용하고 점수를 내기도 한다. 한 흥미로운 질적 연구는 영적 고결함과 영적 고통의 지표를 평가했다. 환자의 자기 이야기(self-narratives)를 통해 여러 가지 긴 목록의 아이템은 각각의 경우에 있어 한 가지 특정한 표현으로 요약된다(Narayanasamy, 2004). 사람들이 더 이상 자기 자신이 아니기 때문에 자신의 상황을 이해할 수 없고, 어떻게 앞으로 나아가야 할지 모르겠다고 불평하는 것은 영적 고통을 보여준다. 그리고 이것은 우리가 앞서 논의했던 실존적 정의를 다시 끌어낸다. 한편, 영적 고결함은 자신이 누구인지 확실하게 인식하고 있으며, 다른 사람을 도울 수 있다고 확신하는 사람들에게서 발견할 수 있다.

사례연구1: 멜린다—영적 디스트레스

멜린다는 한부모인데, 그녀의 외동딸 에밀리는 맹장 수술을 받는 도중에 사

2　출처: www.chcr.brown.edu/pcoc/spirit

망했다. 멜린다는 합병증에서 답을 찾으려고 했으나 점차 실존적인 것에 매달리기 시작했다. 그녀는 딸이 사망한 뒤 아이에게 무슨 일이 일어났는지 알고 싶었다. 그러나 원목(hospital chaplain)은 이것을 허용하지 않았으므로 멜린다는 강신술(降神術)이 더 믿음직스러워 보였다. 하지만 그 어느 것으로부터도 위안을 얻을 수 없었고, 주변에 사회복지사를 비롯하여 많은 사람들이 있었지만 그 누구에게도 위로받을 수 없었다. 내적 욕구가 타인에게 무시당한 것만 같았다. "극소수의 사람들만 내 고통을 함께할 수 있었어요."(Lloyd, 1995. p.23)

사례연구2: 모린—영적 통합

모린은 30대 초반에 여섯 명의 자녀를 둔 미망인이 됐고, 생활도 넉넉하지 않았다. 게다가 그녀의 어머니도 건강이 좋지 않았다. 하지만 주변에 힘들 때면 찾아가 기운을 차릴 수 있게 도와주는 이웃이 있었다. 그리고 삶에 대한 그녀의 태도는 항상 긍정적이었다. "살면서 어떤 일이 생긴 건 운명으로 생각하면 돼. 삶이 어떻든 거기에 감사하고 행복하면 되는 거야. 사는 데 행복이 가장 중요하니까."(Lloyd, 1996. p.305)

---

3) 영적 이야기 탐구

그다음 접근 방법은 자신의 이야기를 사정도구로 활용하는 것이다. 미국의 연구자들은 사회복지 분야에서 자서전적(biographical) 접근을 따르는 영성사정 모델을 개발하는 데 앞장서왔다. 다비드 호지(David Hodge)는 사회복지가 영성을 포용하는 측면을 긍정하는 여러 개의 질적 사정을 통한 접근 방법을 살펴보았다. 호지는 질적 접근 방법이 영성을 평가하는 데 있어 양적 방법보다 더 전인적이고 포용적이며, 개인의 성향을 고려하고 체계적인 동시에 과정 중심적이기 때문에 더 좋다고 주장한다 (Hodge, 2001). 인간의 전 생애에 걸친 영적 발달의 과정이나 양상은 대체로 비슷하다고 할 수 있으며, 그러한 논리에 기반하여 영적 발달의 과정이나 양상에 대한 이론이 구체화되고 있다. 호지는 한쪽 끝에 영적 역사 (spiritual history)에 대한 접근 방법을 두었다. 즉, 서비스 이용자 자신의 이야기를 분명하게 하는 것인데, 서술식 질문을 함으로써 서비스 이용자가 본인의 이야기를 하도록 유도하는 것이다. 다른 한쪽에는 '단계이론 (stage theories)'을 두었다. 이것은 바로 서비스 이용자의 이야기를 이미 알고 있는 보편적 영성발달의 단계에 따라 적용시켜 해석하는 것이다.

23명의 아프리카계 미국 여성을 대상으로 실시한 한 질적 연구는 개인이 영적 이야기를 스스로 어떻게 이용하고 또 구성하는지에 대한 흥미로운 예를 보여주었다. 인터뷰 응답자들은 다수를 대상으로 한 연구에서 무작위로 추려졌는데, 어떻게 아프리카계 미국 여성이 어려운 상황에 대처하는지 살펴보았다. 응답자들은 이런 상황에서 영적·종교적 도움을 받는지에 대한 질문을 받았다. 70%가 종교 및 영성이 현실에 대응하고 맞서는 데 힘을 준다고 응답했고, 영성과 종교에서 받는 도움을 다양하게 묘사했다(Mattis, 2002). 단 하나의 연구이지만, 세속적 변수 밖에 존재하는 문제와 대응 방법을 설명하는 데 있어 지속적 어려움에 직면하는 사회복지에 이 연구가 주는 메시지는 명확하다. 힘든 삶을 꾸려 나가는 정황 속에서 이 여성들의 영성은 매우 중심적 역할을 했다는 것이다. 톰슨은 실존적 도전과제로서 상실을 논할 때, 실존주의는 현실주의의 철학이라고 주장했다. 왜냐하면 삶을 있는 그대로 이해하고 다룰 수있는 틀을 제공하기 때문이다(Thompson, 2007).

영적 내력의 범위에는 세례식, 바르 미츠바(bar mitzvah)[3] 등 주요 공공

행사에 존재하는 공식적 종교 전통을 포함할 수 있을 것이다. 또한 개인적 행사나 개종, 신의 존재에 대한 체험 등과 같은 개인적 체험도 포함된다. 하지만 가장 체계가 갖추어지지 않은 부분은 말하는 사람이 어떤 부분을 이야기할지 선택하는 것이다. 다른 형태의 영적 내력 청취는 일상적으로 특정 유형의 정보를 요구한다.

이를테면 가족의 종교적 배경·현 종교적 상황·전통이나 환경의 전환, 영적 활동에 대한 현재의 참여도·신앙 위기·일상에서 특히 어려운 시기에서의 신앙이나 영성의 중요도 등이 있다. 이러한 요소들에 대한 질문은 대개 치료적 목적을 가지고 있다. 즉 강점과 지지가 되는 요소로 개인을 향하게 한다거나, 개인의 영적 발달과 삶에서 영성의 의미 등을 되새기게 하는 정보를 수집하는 등의 활동이다. 영성의 역사는 영적가계도, 영적 삶의 지도(spiritual life-maps)와 같은 특정 도구를 이용할 수도 있다(Hodge, 2005).

그리고 개인의 영적 여정에서 일어난 특별한 사건, 관계를 이미지나 도표로 표시해볼 수 있다. 이것은 자서전적 사정, 전 생애에 걸친 일과 가족치료 외의 영적 영역에도 적용될 수 있는 사회복지에서 친숙한 접근 방법이다. 사실, 캘리포니아의 가정 간호사 타니(Tanyi)는 영성사정모델(Hodge, 2000)의 가장 큰 결함이 개인적인 면에만 치중하는 것이라고 지적했다. 연구 결과에 따르면, 어려운 상황에서 가족의 영성 및 종교생활이 강점과 회복탄력성(resilience)및 가족 간의 유대를 강하게 하는 자원이

3　바르 미츠바는 히브리어로 '계명의 아들'이라는 뜻이다. 소년의 13번째 생일에 종교적 성년을 기념하는 유대인의 종교의례이자 가정 축하의식으로, 이 의식을 치른 소년은 모든 계명을 이행할 책임이 있고, 평일 아침기도 때 이마와 왼쪽 팔에 붙이는 종교적 상징물을 착용할 수 있다. 또한 공중기도의 정족수에 필요한 10명의 성인남자 중 하나로 간주된다.

될 수도 있기 때문이다(Tanyi, 2006). 타니는 영성의 '수직적인 면'을 하느님과 인간의 관계로 표현했고, '수평적인 면'을 자기 자신 및 타인과의 관계로 묘사했다. 가계도를 사용하는 것은 가족의 영적 성향을 식별할 수 있도록 해주며, 가족의 기능을 통해 영성의 중요성을 인식할 수 있도록 해준다고 말한다. 또한 타니의 모델은 가족 간 대립으로 발생하는 채워지지 않은 욕구·장애·영적 고통 등을 제거할 수 있는 잠재력을 가지고 있다.

호지가 평가한 단계별 모델(stage models)은 대개 7단계에 걸친 신앙의 발달과 개인의 발달을 관련지은 파울러(Fowler)의 개념을 기반으로 한다. 즉, 신앙적 성숙이 개인의 성숙에 포함된다는 것이다. 파울러는 아동에서 성인에 이르기까지 인간의 성장과 성숙의 단계에 따라 이러한 발달을 살펴보았다. 그러나 파울러는 후기 연구에서 현대의 영성이라는 표현에 비추어 봤을 때 신앙의 발달이 심리적·사회적 발달과 완전히 동일할 필요가 없다고 인식했다(Fowler, 1987). 이러한 논리의 목적에 찬성하며 우리는 파울러의 단계를 실제 나이의 순서와 연관 짓지 않는다. 파울러는 믿음이 영아기에 시작되는데, 이때는 믿음을 차별화하지 못한 전(前)단계라고 보았다.

> 한편 유아기는 신뢰·용기·희망·사랑의 씨앗이 서로 구분되지 않게 녹아 영아기의 환경 안에 있는 포기·단절·결핍의 위협과 싸우는 시기이다. 성숙·견고해지는 신뢰·자율·희망·용기 등이 이 단계에서 자라난다. 그리고 신앙이 자라나면서 이 모든 것이 이루어진다. —Fowler(1981, p.121)

이것을 우리 가운데 한 명이 연구하고 있는 한 여성의 신앙의 특징과 비교해보자. 이 여성은 수차례 반복된 심각한 상실과 학대의 경험으로 상당한 문제를 안고 있는 것처럼 보였다.

> 신뢰가 없이 멀리 나아갈 수 없죠? 믿음이 없이 멀리 나아갈 수가 없죠? 저는 솔직히 삶에 대한 믿음이 없어요, 그건 오래전에 파괴됐죠.
> —Lloyd(1996, p.306)

파울러는 1단계의 신앙을 '순전히' 직관적으로 투사된 신앙(intuitive projective faith)이라고 말한다. 이 단계에서 개인의 믿음은 주변이나 직관적 인식 그리고 논리적 생각보다는 상상으로부터 영향을 받는다. 파울러는 긍정적이건 부정적이건 강렬한 이미지나 감정이 이 단계에서 생성될 수 있으며, 나중에 이것들을 개인이 돌아보고 정리할 수 있다고 주장한다. 이 단계는 2단계, 신화·문자적 신앙(mythic-literal faith)에서 시작된다. 추론적 논리를 이용해 개인은 문자적 의미를 더해 각자가 속한 신앙공동체의 이야기·믿음·의식 등을 채택한다. 이 단계는 좀 더 선형적(linear)이고 동질감과 의미를 이야기 형태로 구성하는 것이다. 하지만 이 단계에는 믿음에 대한 비판적 숙고가 없다. 개인을 그들의 믿음의 여정으로 이끌어가는 내부적 모순에 대한 의미를 찾을 수 없는 단계이다. 이런 과정은 마음의 불안을 겪지 않을 수 없다. 그리고 우리가 앞에서 본 것과 같이 더 깊은 수준의 영적 욕구나 고통을 가져다 줄 수 있다.

파울러의 3단계, 종합적·인습적 신앙(aynthetic-conventional faith)에서는 개인의 믿음이 자신의 더 넓은 문화적 개성의 기반을 제공한다. 이 단계에서 개인은 종교공동체가 부과하는 규칙을 따름으로써 소속되고자 하는 자의 모습을 보이게 된다. 파울러는 이 단계의 특징과 개인의 믿음을 고수하는 것을 구분하지 않았다. 하지만 이것은 할러웨이가 주장한, 2장에 나오는 '종교가 없는 종교'와 연장선상에 있는 것처럼 보인다. 그러나 파울러는 이런 종교적 규칙을 준수하는 사람들에게 종교지도자들과 논쟁을 하거나, 커다란 문화적 변동(동성애자를 성직자가 될 수 있도록 허용하는 것, 종교분쟁지역에서 평화회담에 참가하는 것 등)이 일어났을 때 그것이 얼마나 못마땅할 수 있는지를 지적한다. 신실한 신자나 열성적 신도는 어쩌면 신앙을 포기할 수도 있다. 그리고 이것은 삶의 방식이나 정체성의 변화를 야기할 수 있다. 그러나 만약 개인이 믿음으로 이 고비를 넘기면, 그 여정은 스스로를 위해 특정 신앙적 지위의 의미, 딜레마나 모순과 싸우는 데 대한 책임감 등의 단계로 나아가게 된다. 파울러는 이것을 4단계 개별적·성찰적 신앙(individuative-reflective)이라고 불렀다. 개인은 혼자서 자기 내부 그리고 외부의 세계와 협상을 해야 한다. 이 책을 통해서 우리는 개인의 세계관에 대해 많은 이야기를 할 것이다. 파울러의 모델은 이런 철학적 입장에 도달하기 위해 상당한 신앙적 여정을 겪어야 함을 보여준다.

만약 우리가 정말 그 단계에 도달한 경우, 파울러는 두 단계가 더 남아 있다고 말한다. 훨씬 더 높고 어려운 단계이다. 5단계는 결합적 신앙(conjunctive faith)이다. 이는 방법에 대한 본질적인 생각으로 차이점 보다는 공통점을 보는 것이다. 개인적 위치 측면에서나 사회복지사로서의 인식 측면에서도 엄청난 발전이라고 할 수 있다. 이 단계에 들어서면 다른 입장을 가진 사람들과 대화를 하게 되고, 복잡함과 씨름을 하며, 한 가지 이슈를 두고도 다양한 측면으로 생각해볼 수 있게 된다. 상징이 지닌 심층적 의미에 도달하기 시작하는 것이다. 이것이 의미하는 바는 우리가 역설이나 모순을 풀려고 하기보다는 받아들일 수 있게 된다는 것이다(Lloyd, 1995). 이 단계에 들어서면 다른 사람의 어두움 안에 들어가서 전에는 경험해본 적이 없는 빛의 가능성을 열어 줄 수 있게 된다. 하지만 이 단계에서 파울러가 경고하는 것은 이 단계의 사람들은 마치 변화되지 않은 세상과 변화된 시각의 중간에서 살고 또 행동하는 것과 같다는 점이다(p.198). 파울러의 마지막 6단계는 보편적 신앙(universalizing faith)이다. 그는 이 단계를 급진적 현실화라고 부른다. 소수의 사람들만이 이 단계에 다다를 수 있다. 이 사람들은 보편적이고 조건 없는 사랑과 정의를 실현함으로써 분열과 모순을 극복한 사람들이다. 이들은 특별한 은총을 가지고 있는데, 이를 통해 더 빛나고 더 단순하면서도 다른 사람보다 더 인간적일 수 있다. 동시에 스스로를 고집하고, 자기만족에 빠지며, 주변의 편협한 시각에 걸려들기보다는 자신을 비울 줄 안다.

꼭 기억해야 할 것은 파울러가 모든 사람이 모든 단계를 밟는다고 주장하지 않았다는 점이다. 파울러는 오히려 신앙공동체가 각각의 단계에 있는 모든 사람을 필요로 한다고 주장한다. 게다가 때로는 앞선 본능적 확실성으로 돌아갈 필요가 있는데, 삶이 우리에게 주는 공포와 모순에 시달리는 영혼을 단련하기 위해서이다. 우리뿐만 아니라 우리가 함께하는 사람들을 위해서도 꼭 기억해야 할 점이다. 치료를 목적으로 한 영적 사정 모델의 목적은 다음 단계로 나아가도록 돕기 위해 개인의 단계를 아는 것이다.

파울러가 살펴본 바는 각 개인이 그 사람이 어떤 단계인지와는 상관없이 신앙 및 영적 자원을 가지고 있다는 점이다. 따라서 치료적 개입의 목적은 도움이 필요한 사람에게 다가가 그들이 자신의 믿음 및 영적 자원을 활용할 수 있도록 도와주는 것이다(Lloyd, 1995). 사회복지에는 '클라이언트가 있는 곳에서부터 시작하라'는 오래된 전통이 있다(Perlman, 1957). 영성사정에서 자서전적 접근은 근본적으로 클라이언트가 자신의 영적 여정을 돌아봄으로써 자신의 영적 자원과 만나고 또 활용할 수 있도록 하는 데 목적이 있다.

가장 심도있는 사회복지의 영적 실천에 대한 연구 중 하나는 에드워드 칸다와 그의 동료 레올라 퍼먼의 연구이다. 그들은 영적 차원의 특징을 '돕는 마음'으로 규정했다(Canda & Furman, 1999). 이 접근은 그 시작을 근본적 완전함, 인간의 존엄성에 두고 있다. 그리고 다른 견해들 사이의 의미와 통합을 이룩하기 위한 노력을 통해 완성했다. 따라서 칸다와 퍼먼의 영적 사정 모델은 영적 발달에 대한 이해에서 비롯됐다. 그들의 발달단계에 따른 접근 방법의 특징은 그들이 인간적 발달과 영적 발달을 동일한 것으로 본다는 점이다. 즉 인간의 영적 발달이 전 생애에 걸쳐 일어난다고 본 것이다.

> 영적 발달은 삶의 한 단면이 아니다. 오히려 일상의 삶이다. —Canda & Furman(1999, p.217)

이런 이전의 가정으로부터 칸다와 퍼먼은 그들의 연구 대부분을 영적 삶과 개입기술에 대한 다양한 표현을 이해하고 다듬는 데 할애했다. 이들의 사정 모델은 영적 경향을 결정하는 간단한 매트릭스(matrix)[4]로 개인적 영성을 종교적 · 비종교적 · 내재적 · 외재적으로 나누었다.

칸다와 퍼먼에게 있어 영적으로 민감한 사회복지실천은 변형시키는 힘이 있는(transformative) 것이었다. 영적으로 민감한 가치의 틀과 도움이라는 맥락 안에서 모든 형태의 사회복지는 영적으로 민감한 실천과 일

---

4   매트릭스란 여러 개의 숫자나 문자를 몇 개의 행과 몇 개의 열로 나열한 형태를 말한다.

치할 수 있다(p.282). 이 포괄적 접근의 유일한 문제점은 사회복지사나 클라이언트 둘 중 하나가 이 정의적 틀을 거부하고 인간존재의 측면에서는 개입하되 이것을 영적인 것으로 받아들이지 않는 경우이다. 이성주의적 철학을 신봉하는 일부 사회복지사들은 전인적 실천이 사회복지의 중심적 가치와 원칙에 가장 잘 맞는다고 주장한다(Holloway, 2007a).

4) 영역(domain) 접근

네 번째 접근 방법은 개인의 삶을 신체적 영역, 정서적 영역, 가족과 공동체 영역 등과 같은 여러 개의 '영역'으로 이해하는 것이다. 이 접근 방법은 사회복지의 삶의 질적 사정 측면과 비슷하다(Oliver, 1997). 영성은 영역으로 분리되고 또 연구될 수 있으며, 여러 개의 세부 분야로 나눌 수 있다. 영성은 그 자체로 하나의 영역이 아닐지 몰라도 욕구나 강점에 대한 사정의 차원에서 고려할 경우 각각의 영역 안에서 그 영향은 상당하다. 영역 접근 방법에 대한 좋은 예는 Mor-VAST모델(the Moral Authority, Vacational, Aesthetic, Social and Transcendent)이다(Skalla & McCoy, 2006). 개인의 영성은 다섯 가지 차원을 가지며 각각의 단계는 강점과 욕구의 측면에서 평가된다.

도덕적 권위 차원은 도덕적 의무와 개인이 자신의 선택을 결정할 권리를 포함한다. 연구자들은 개인의 결정에는 영적 욕구가 담겨있다고 생각한다. 이러한 차원에서 옳은 일을 깨닫고, 도덕적 본능에 따라 행동하도록 허락을 받게 되는 것이다. 따라서 도덕적 권위의 차원은 죄책감·뉘우침·후회·용서·동정 등의 모순되는 감정을 다스리는 데 필요하다. 이런 감정은 모두 개인의 전반적인 도덕적 책임감에서 비롯된다. 이런 부분에 대해 타협을 할 수 있는 사람은 강한 도덕심을 지녔다고 할 수 있으나 그렇지 못한 사람들은 상당한 욕구나 심한 영적 고통을 표출할 수도 있다.

직업적 차원은 목적과 관련이 깊다. 개인을 묘사하는 그리고 할당된 역할의 측면에서 이것은 도덕적 책임과 깊은 연관이 있다. 개인의 삶이 질병, 사회적 또는 심리적 트라우마, 사회적 및 관계적 충돌 등으로 너무 자주 위협을 받는다면, 이 차원은 특히 영적이며 개인의 본질에서 발생하는 위기에 취약할 수밖에 없다. 마찬가지로 문제들 안에서 삶의 전반적 목적을 유지하는 사람, 어려움에도 불구하고 기본적 책임에 지속적으로 충실할 수 있는 능력을 가진 사람은 직업적 측면에서 상당한 힘을 보여준다.

본질적 차원을 아우르는 것은 미(美)와 창조성에 관한 인식과 표현이다. 이것은 가장 일반적으로 영성을 자라게 하는 측면이다. 그러므로 이런 영성의 근원에 대한 접근이 타격을 입게 되면, 엄청난 영적 빈곤과 욕구를 낳게 될 것이다. 사회복지서비스를 이용하는 클라이언트들의 삶은 취약한 환경에 둘러싸여 있다. 물질적으로 빈곤하며, 가까운 사람의 죽음이나 트라우마, 학대를 경험했다. 따라서 논리적으로 생각해볼 때, 심각한 영적 빈곤에 시달리고 있을 가능성이 높다. 일부 이주노동자들에게서 관찰되는 것처럼 종교적 신앙이나 활동에 적극적으로 참여하는 것이 이들의 영적 보충에 주요 원동력이 되고 있는지도 모른다. 일부 시골에서와 미국이나 유럽에 정착한 이주민들이 보이는, 땅을 경작하고 정원을 가꾸는 활동을 통해 자연과 다시 연결되고자 하는 욕구 역시 이런 필요의 또 다른 신호일 수도 있다.

사회적 차원은 특히 사회복지와 깊은 관련이 있다. 이는 관계성, 즉 가족, 친구와 그 외의 중요한 사회적 연결을 다루고 있기 때문이다. 정신적 문제 · 가족을 잃는 것 · 육체적 노화 · 알코올 및 약물 중독 · 주거형 돌봄에 수용되는 것 등은 사회적 관계를 단절하거나 위협한다. 사회복지의 영역 대부분은 이런 결과를 통해 고립, 외로움 등을 겪는 사람들의 사회적 측면을 다시 확립하는 데 주의를 기울이고 있다. 스칼라와 맥코이(Skalla & McCoy, 2006)는 사회적 관계 안에서 무조건적인 수용과 소속감, 본인, 타인 그리고 하느님과의 연결을 경험할 수 있는 가능성이 있다고 주장한다. 그리스어로 직역하면 parea인데, 이 차원은 곁에 앉아 함께 밥을 먹고 삶을 풍요롭게 하는 사람을 통해서 경험할 수 있다. 사회적 교류는 가족모임 · 사회적 취미활동 · 종교단체 등을 통한 의식이나 활동을 통해 일어난다.

마지막은 **초월적 차원**이다. Mor-VAST모델의 틀에서 유일한, 명백하게 영적인 부분이다. 이러한 경험은 직접적인 물리적 경험으로 접근할 수 있는 것이 아니며, 유신론적 혹은 무신론적 종교에서 공통적으로 경험하는 경외, 신성한 것에 대한 깨달음을 수반한다. 이것은 자기 밖으로 나갈 수 있는 역량, 자기 자신보다 큰 것을 깨달을 수 있는 역량을 포함한다. Mor-VAST모델을 옹호하는 사람들은 이 모델을 신뢰 · 희망 · 평화 · 분노 · 좌절 등 긍정적 혹은 부정적인 깊은 감정과 연결 짓는다.

Mor-VAST 틀은 분명히 영적인 혹은 보는 사람의 철학적 가정에 따라 영적이라고 볼 수 있는 욕구와 근원을 발견하도록 돕는다. 그러나 이것이 다루는 분야는 분명히 사회복지실천에서도 주의를 기울이고 있는 것들이지만, 사회복지의 표준화된 사정도구를 사용해 다가가고 있지는 않은 것들이다.

한 가지 예외는, 사회복지실천에서 영성사정을 위해 호지가 제시한

'포괄적 틀'이다(Hodge, 2001). 호지는 자기 내러티브(self-narrative)와 해석을 사용하는 틀을 제시함으로써 여섯 가지 심리사회적 영역인 영향 · 행동 · 인식 · 친교 · 양심 · 직관을 탐구했다. 해석적 틀은 이야기를 구체화하고, 개인의 세계관으로부터 나오는 영적 힘을 분명하게 해주기 위한 의도로 사용된다. 이것은 이미 존재하는 상황에 대한 대처 역량을 강화함과 동시에 비생산적 믿음과 행동을 생산적인 것으로 전환해주기 위한 것이다. 따라서 자신의 질병이 하느님의 벌이라고 믿는 사람들이 대신 그들의 영적 전통을 돌아보고 고통에 대해 말하며, 이를 통해 그들의 영적 삶에 대한 이해를 강화하는 한편 전통을 유지하기 위해 자원을 활용할 수 있도록 돕는 것이다.

생각해볼 문제

1. 여러분이 일상적으로 일터에서 적용하는 사정에 딱 들어맞는 접근 방법이 있는가?
2. 현재 가능한 영적 욕구를 다루고 있는가?

사례연구: 리로이③―대안적 이야기

리로이가 로비보다 돌보기 어려운 아이라는 것에 위탁부모와 사회복지사는 동의했다. 그러나 리로이는 가족사진을 보는 것을 좋아했으며, 로비가 자신의 어머니에 대해 전혀 기억하지 못하는 것과 다르게 본인의 어머니에 대해 묻는 것을 즐겼다. 이 시점에서 리로이의 상태에 대한 사정은 그에게 채워지지 못한 종교적, 문화적 욕구가 있었다는 것이다. 아이는 종종 주일학교에 나갔고 몇 년간 위탁부모와 함께 교회에 나갔지만 나이가 더 들어서는 백인 아이들뿐인 교회에 가기 싫다고 거부했다. 고등학생이 된 후에는 본드를 흡입하는 등

비행을 하기 시작했고 좋지 못한 평판을 얻게 됐다. 그때쯤 학교 사회복지사인 존을 만나게 됐다. 그리고 존은 리로이가 처음 만난 흑인 사회복지사였기 때문에 그에 대한 궁금증이 생겼다(가족, 관심사 그리고 왜 사회복지사라는 직업을 택했는지 등). 그리고 존과 가끔씩 그가 다니는 교회에 나가곤 했다. 리로이의 파일은 단편적인 것처럼 보였다. 그의 문제가 되는 행동에만 초점을 맞추고 있었기 때문이다. 존은 리로이의 삶과 중요한 것들, 돌봄이 끝나면 어떤 삶을 살고 싶은지 등을 알아보기로 했다. 리로이가 진정 원하는 것은 소속감이었다. 예전에 주일학교에서 하느님은 아버지라고 배웠는데, 그것이 좋다고 말하기도 했다. 점차 존과 리로이 사이에 대화가 생겼고 리로이의 거부당한 경험, 상처, 채워지지 않은 관계의 욕구 등을 알게 됐다. 리로이는 이를 통해 도움을 주었던 주변 사람들을 대입해서 그의 이야기를 재구성하기 시작했다. 그리고 자신의 특별한 가능성을 발견했다. 리로이는 존에게 왜 교회에 나가는지 물었고, 지나가면서 흑인 청년들을 봤는데 새집 근처 교회에서 친구를 사귈 수 있겠느냐고 물었다.

---

4. 사회복지에 관한 논의와 딜레마

이 장은 영적 '사정'보다는 영적 '욕구'를 주로 다루었다. 사회복지실천에 있어 영적 사정을 위한 모델을 다루기 전에 제시된 질문은 사회복지에 있어 영적 욕구를 평가하기 위한 것이다. 이 책에서 진행하고 있는 논의는 모든 사회복지사들이 반드시 최소한 스스로 개인적인 '영적 인식'을 발전시켜야 한다는 점이다. 이를 통해 서비스 이용자의 삶 안에 존재하는 영적이며 종교적인 욕구에 민감해질 수 있기 때문이다. 지금까지의 연구가 보여주는 것은 미국을 제외한 선진국의 경우에도 대다수의 사회복지사들이 사회복지 실천현장에서 첫 번째 단계에 도달하기 위해서라도 영적 지식(영적인 것과 관련해서 읽고 쓰는)을 증진하기 위해 많은 노력을 기울일 필요가 있다는 것이다(Nash, 2002; Gilligan, 2003; Holloway, 2007a).

그렇다면 영적으로 깨어있는 사회복지사는 이 부분의 발전을 더 이끌어나갈 필요가 있을까? 할러웨이는 정신병원에서 활동했던 경험에서 나온 또 다른 유용한 세속적 원칙, 임상심리의 설명이 있다. 한 경우를 살펴보자. 한 아프리카계 미국 여성이 자녀가 다 성인이 되어 부모의 집을 떠나자 '빈 둥지 증후군'으로 인한 우울증 증세를 보였다. 이 환자에게 할러웨이는 우울증과 관련된 영적 이슈들에 대해서 대화를 해보는 편이 좋겠다는 제안을 하는 한편, 목회상담(pastoral counselling)이 아닌 심리학적 상담을 해주겠다고 분명하게 말했다. 또 다른 경우에 다른 서비스 이용자는 본인의 부족한 사회적 교류, 소외 등이 그녀가 마술을 숭배하는 종교를 추구하기 때문이라는 것을 인정했다. 할러웨이는 좀 더 자세한 영적·종교적 기능에 대한 사정을 실시했는데, 이것이 그녀가 지닌 문제의 핵심이었기 때문이다. 그러나 두 경우 모두 서비스 이용자에게 있어 영성과 종교가 중요하다는 것을 인식하는 것이 필수적이다.

일부 사회복지사들은 그들이 서비스 이용자들의 영적·종교적 입장을 공유할 수 없는 경우를 불편하게 여길지도 모른다. 무어는 이에 관해 이렇게 주장했다.

> 모든 사례에서 사회복지사는 한발 물러서서 오직 클라이언트의 입장에서 영적 자원을 포함할 수 있는 능력을 지니고 있는지의 여부를 점검해보아야 한다. 모든 경우에 사회복지사는 클라이언트의 경험을 확인할 준비가 되어 있어야 한다. 클라이언트들이 스스로를 위해 여러 가지 노력을 할 때 지지를 보여주어야 한다. ―Moore(2003, p.559)

어쩌면 이 말이 너무 확신에 찬 것처럼 보일 수도 있겠다. 많은 경우 사회복지사들은 서비스 이용자의 가치를 공유하지 않는다. 우리는 이처럼 편견에서 기인한 그들의 주장이나 행동에 대해 연구하고 비판할 의무가 있다. 왜 이런 도전에서 종교와 영성이 배제되어야 하는가?

로웬버그(Loewenberg, 1998)는 사회복지사와 서비스 이용자의 가치 충돌에서 비롯되는 문제의 예를 몇 가지로 제시하고 있다. 한동안 우리는 이것이 서비스 이용자 사정에 미치는 영향에 집중해왔다.

첫째, 정확한 사정을 위해 사회복지사들은 다른 사람들과 공유된 자료의 틀 안에 적용될 수 있는 종교적·영적 활동을 문제가 되는 행동과 구분할 수 있어야 한다. 여기에는 다른 사람의 믿음체계와 믿음의 요소에 대한 민감성과 지식이 모두 필요하다. 심지어 그것이 서비스 이용자의 입장에서는 이상한 행동일지라도 말이다.

둘째, 사회복지사는 종교의식이 서비스 이용자에게 자원이 되는 경우 반드시 그것을 활용할 준비가 되어 있어야 한다. 특히 사회복지실천가는 개인의 입장이 어떠하건 간에 다른 사람의 신앙을 손상시켜서는 안 된다. 로웬버그는 서비스 이용자에게 확신을 주는 한 가지 방법은 집단의 다른 구성원들이 비슷한 고통을 겪고 있든 그렇지 않든 그것이 다른 사람과 공유될 수 있는지의 여부를 확실히 하는 것이라고 주장한다. 그 믿음이 사실상 동질적이고 지지적인 믿음에 속하거나 혹은 더 악화시키거나 문제의 근원이 되는 경우에도 마찬가지이다. 영적 혹은 종교적 경험이 항상 긍정적인 것은 아니다(Moor, 2003; Holloway, 2007). 또한 서비스 이용자의 영적 경험에서 비롯된 고통이나 문제에 대한 정확한 이해도 사회복지사의 정확한 사정 혹은 치료적 개입의 가능성에 달려있을 수 있다.

새터리(Satterly, 2001)는 '종교적 고통'이 항상 환자의 종교로부터 비롯된 죄책감과 공포와 관련이 있다고 말한다. 새터리는 용서와 사죄가 종교적 신앙체계 안에서 발견될 수 있기 때문에 종교적 고통의 치유가 더 개인적인 영적 고통보다 찾기 쉬울지도 모른다고 주장한다. 그러나 1991년의 연구에서 할러웨이는 내재화된 하느님의 모델이나 벌을 주고 용서하지 않고 실망하고 조정하려 드는 존재로 대표되는 외부의 힘은 큰 문젯거리가 되며 상처를 준다고 주장한다. 사회복지사가 다루는 가족문제에 녹아있는 많은 개인의 상호적인 내·외부적 문제는 그 중심에 죄책감을 담고 있다. 이것이 종교의 부정적인 영향과 맞물리게 되면 해결하기가 매우 어려워지며, 적절하고 노련한 도움이 필요하게 된다.

이것은 종교의 부정적인 영향과 정신건강 문제와의 관계로 종교와 정신의학의 경계를 늘 흐려왔고, 또한 지속적으로 긴장의 원인이 된다. 말하자면 정신보건서비스를 받는 서비스 이용자의 활동은 그들의 영성에 대한 인식, 즉 그가 누구인지를 인식하도록 요구되어 온 것이자, 정신건강의 문제라기보다는 치유와 강점의 근원이다(Coyte, 2007).

페미니스트인 피라니(Pirani, 1988)는 '영적 정치'가 여성에게 가져온 피해를 특히 우려했다. (여성에게 전해 내려오는 영성을 악한 것이라고 한정해 마녀로 몰아세웠던 역사적 요소가 이 분석을 뒷받침한다.) 또한 여성 자신에게서 개인적·공동체적으로 발견되는 치유와 구원의 힘을 강조했다.

임상심리학자인 해서웨이는 정신병이 걸린 상태에서 발견되는 모든 종교적인 것들이 건강하지 못한 것은 아니라고 지적했다. 그러나 마찬가지로 일부 비정신병적인 영성은 다른 사람들에게 이상하게 보일 수 있다고 언급하고 있다(Hathaway, p.2006). 우리가 5장에서 영적 돌봄을 살펴볼 때, 이 복잡한 분야를 다시 짚고 넘어가도록 하겠다.

5. 결론

이 장에서 우리는 영적 욕구와 영적 고통 그리고 사회복지에 있어 이 두 요소의 중요성을 살펴보았다. 사회복지실천이 문제중심 활동이며, 사회복지 사정은 모든 면에서 이런 문제 혹은 욕구를 이해해야 하기 때문에 우리는 영성의 어두운 면을 학습해야 했다. 그러나 잊지 말아야 할 것은 사회복지사가 사정 측면에서 일부 영성에 대한 이해를 포함해야 하는 분명한 이유는 서비스 이용자의 영적 근원이 강점과 회복탄력성(resilience)의 주된 원천일 수 있기 때문이다. 사회복지는 문제와 결핍에만 집중하고 지속적으로 문제해결의 근원이 되는 영적 차원을 무시하는 습관적 경향보다, 강점을 분석하고 그것에 중점을 두는 가치를 전에 없이 중요하게 인식하고 있다. 다음 장에서는 사회복지사들의 입에 수시로 오르내리는 주제인 삶의 질 사정과 경험의 측면에서 모두 중요한 요소인 영성을 살펴볼 것이다.

우리는 다양한 영성의 사정에 대한 여러 접근 방법을 살펴보았다. 5장에서 영적 돌봄을 다룰 때, 이 논의를 더 발전시켜나갈 것이다. 사정과 개입은 분명하게 구별되는 과정이 아니다. 때때로 같이 등장하기도 하지만 다른 임무와 연관이 깊다. 세심하게 실시된 전인적 사정 서비스는 그 자체로 치료적 과정이며, 그 안에서 사회복지사의 영성은 사회복지 서비스 이용자의 것만큼이나 중요하다. 사회복지사 자신의 영성에 대한 질문은 7장에서 다시 다루도록 하겠다.

참고자료

- Hodge, D., "Spiritual assessment: A review of major qualitative methods and a new framework for assessing spirituality", Social Work 49, 2001, pp.27~38.

- Kellehear, A., "Spirituality and palliative Care: A model of needs", Palliative Medicine 14, 2000, pp.149~155.

- King-Spooner, S. and Newnes, C.(ed.), Spirituality and psychotherapy, Ross-on-Wye: PCCS Books, 2001.

- Moore, R., "Spirituality assessment", Social Work 48:4, 2003, pp.558~561.

- Ross, L., "Elderly patients' perceptions of their spiritual needs and care: A patients' perceptions of their spiritual needs nd care: A pilot study", Journal of Advanced Nursing 26, 1997, pp.710~715.

IV

영성과 삶의 질

1. 도입

'어둠'에 대한 논의는 어쩔 수 없이 우리를 인간절망의 역류 속으로 데려가는데, 그곳은 물이 매우 느리게 흘러가고 온갖 종류의 잔해들이 점검도 없이 모여든다. 우리는 배의 키를 놓치고 탄력을 잃고, 때때로 소용돌이치는 회오리바람에 휩쓸려 갈 곳을 잃은 채 갈피를 못 잡고 방향을 상실하게 된다.

우리는 콸콸 소리를 내고 유쾌한 웃음을 지으며 생기있게 흘러가는 투명하고 신선한 물줄기를 갈망한다. 목적을 갖고 노를 젓고 있는 사람들을 볼 때, 우리는 질투 · 부러움 · 후회 · 회한에 사로잡힌다. 그러므로 누군가 그들의 카누(canoe)를 타고 우리의 어두운 공간으로 노 저어 들어와 여행의 동반자로서 우리를 도와 밖으로 나갈 수 있도록 손 내밀 때, 우리는 놀라게 된다.

인간의 실존은 어둡기도 하고 밝기도 한 복잡한 태피스트리(tapestry)

이자, 회색과 다채로운 무지갯빛의 전함이다. 우리가 희미한 이미지를 갖고 머물기를 바란다면, 삶의 강물은 빠른 부분과 느린 부분을 갖게 될 것이다. 이는 힘들이지 않고 미끄러지듯 나아가며 경관을 즐기는 순간들, 급류 속으로 고꾸라지거나 모래톱에 갇혀 고립된 자신을 발견하는 순간들이다. 우리는 뒤집힐 수도 있다. 우리의 여행동반자는 그들의 용기나 강점을 잃을지도 모르며, 우리는 그들의 배 밖으로 튕겨져 나와 혼자서 계속해서 노를 저어야만 할지도 모른다. 우리는 다음에 나타날 굴곡이 완만한지 전혀 알 수 없고, 강 끝에서 우리를 손짓해 부르는 대양(大洋)이 정말 있을지 아니면 하품하는 빈 공허의 깊은 틈이 있을지 전혀 알 수 없다.

이번 장(chapter)을 이처럼 생생한 시각적 이미지 묘사로 시작하는 것은 사회복지의 학문적 반영을 위한 아카데믹한 '느낌'이 없기 때문에 처음엔 이상해 보일지도 모르겠다. 그렇지만 이는 우리 모두에게 아주 중요한, "우리가 사람들의 삶과 사랑, 투쟁, 죽음의 깊은 양상을 어떻게 표현하기 시작하는가?" 하는 의문을 불러일으킨다. 이것을 표현하는 현대적 방법은 '삶의 질'에 대해 말하는 것이다. 그러나 우리가 사용해왔던 이미지는 사회사업의 현대적 언어와 어울리지 않는다. '질 만들기(quality markers)'와 '성과지표'는 서비스 이용자의 삶의 질은 서비스 제공의 질에 의해 객관적으로 측정되고 결정될 수 있는 무엇이라는 것을 암시한다. '서비스의 질'에 대한 이러한 접근은 발전을 거듭하며 산출(outputs)을 쉽게 수량화하는 데 몰두해있다. 어느 정도 이것은 사회복지에서 '질에 대한 이야기(quality talk)'의 출현이 사업과 상업의 세계에서 차용한 '품질보증'이라는 개념으로의 접근이 유발한 '서비스제공의 변화'와 손을 맞잡

왔기 때문이다(Cassam & Gupta, 1992; James et al., 1992; Adams, 1998).

'서비스의 질'은 개인의 삶의 질과 동일시된다고 추정하는 경향이 있는 반면, 서비스 이용자에게 핵심은 서비스의 질이 그들의 삶의 질을 필연적으로 성취하지는 못한다는 점이다(Priestly, 2000). 사실, 베리스퍼드 등(Beresford et al., 2000)은 인간 삶의 질과 관련된 서비스 이용자들의 염려가 기관이 관심을 갖는 삶의 질, 즉 '목표 · 철학 · 관심사 · 형식 · 과정'과 같은 용어와는 근본적으로 다른 것이라고 논쟁했다. 프리슬리(Priestly)가 지적한 것은 사람들에게 자신의 삶의 질을 개선하도록 능력을 강화하는 서비스가 본질적 가치를 지님에도 불구하고, 측정가능한 질의 성과를 입증할 수 없었다는 점이다(Priestly, 2000).

복잡하지 않은 것 같더라도, 사회복지 전문직이 '삶의 질'을 평가할 때 다른 사람들의 인정을 받는 전문가로서 평가하기 때문에, 그 평가가 절대적인 것이라고 생각하게 될 위험이 있다. 특별히 우리가 영성과 삶의 질 사이의 관계와 그 의의를 고려할 때, 서비스 공급자들의 인식에 있는 영성에 많은 질문을 하게 된다.

- '삶의 질'의 의미는 무엇인가?
- 그것이 무엇인지 누가 결정하는가?
- 누구의 정의가 가장 큰 영향을 미치는가?
- '어두운 시기'에도 삶의 질이 높은 순간이 있을 수 있는가?

이것들은 반계몽주의자들(obscurantist)[1]의 철학적 트집이 아니다. 우리

---

1 반계몽주의는 데카르트의 관념론적 사유방식에 근거한 합리적이며 계몽주의적 이성의 추구

가 그들에게 주는 해답은 날마다 실천되고 있는 의료, 건강과 사회적 돌봄 전문직들, 믿음의 공동체 지도자들, 그리고 궁금한 많은 사람들이 매일 의존하고 있는 거대한 군대 같은 간병인들에게 스며들었다. 안락사와 낙태에 관한 문제, 아동보호와 취약한 성인들에 대한 문제, 치매환자와 생명의 끝자락에 다다른 청년과 노인을 간병하는 것에 관한 문제, 다양한 형태의 정신적 고통 혹은 신체적 장애를 겪고 있는 사람들에 관한 문제, 그러한 상황과 그 이상의 어려움에 빠져있는 이들의 삶의 질에 관련된 문제들은, 우리가 논쟁했던 그들의 영성과 함께 매우 중요한 주제들이다.

이러한 문제들이 저변에 깔고 있는 질문들은 인간으로서 우리 개개인 혹은 모두를 시험한다. 정도가 크든 적든 우리 모두는 그러한 질문에 대답할 수 있는데, 그 질문이란 어떤 종류의 삶의 질에 관한 것이다. 우리는 우리의 해답 속에 섞여 있는 그 주제들을 확인할 수 있는데, 그것들은 우리의 건강과 의미·목적의식·관계·음악·우리가 갖고 있는 어떤 종류의 편의시설·교육과 고용기회의 질·우리가 선택한 세계관과 우리를 존재하게 하는 방법 등을 포함하고 있을지도 모른다.

우리가 서비스 이용자에게 한 사정(assessments)이 명백히 타당하다 할지라도 삶의 질이라는 문제는 우리가 나누는 인간성과 관련된 가장 중요한 사안이다. 그래서 서비스 이용자의 삶의 질에 대한 개념을 분석하기 전에 이것이 우리에게 어떤 의미가 있는지를 알아야 할 필요가 있다.

가 결국 이성절대주의를 낳았다고 본다. 즉, 계몽주의적 합리성은 과학기술의 발전과 함께 인간의 가능성을 높이는 등 인류사에 남긴 긍정적 의미가 큰 반면 인간을 과학과 이성에 종속시켰다고 여긴다. 따라서 계몽주의는 도구적 이성을 추동했으며 인간소외와 자연에 대한 인간의 지배를 합리화하므로 생태학적 위기, 기계화로 인한 인간소외 등을 가져와 새로운 야만상태를 야기했다고 판단하여 이를 반대하는 입장이다.

어쨌건 우리는 사회복지 종사자이기 이전에 인간이기 때문이다.

생각해볼 문제

1. 여러분 자신의 삶의 질을 향상시키거나 약화시키는 요인들은 무엇인가?

사회복지실천에 관한 이러한 논의에는 한 가지 위험이 있다. 이 위험이란, 사회복지 서비스 이용자들을 하나의 단면만 있는 현상을 보이는, 획일화된 서비스 이용자 집단인 것처럼 가정하는 점이다. 모든 전문직 종사자들은 반대의 사례를 알고 있다. 사회사업의 과제는 관련된 사람들의 욕구와 환경에 따라서 다양하다. 적절하고 전문적인 윤리강령의 가치기반과 그것의 유지가 변함없이 지속된다 할지라도 업무의 스타일은 엄청나게 다양하다. 심각한 치매환자들, 입양할 아동을 찾고 있는 이들, 형사사법제도에 잡혀있는 젊은이들, 불공평한 불이익과 투쟁하고 있는 장애인들, 애써도 겨우 먹고 살만큼 경제사정이 어려운 가정들, 혼자서 거동하지 못하고 요양시설에 있는 사람들, 약물을 남용하는 사람들은 언제나 매일같이 사회복지사들이 접하게 되는 다양한 시나리오인데, 우리는 이들과 어떻게 일해야 할까? 우리가 서비스 이용자와 사회복지사의 차이점을 이해하여 우리의 의미를 넓히고 개선함으로써 삶의 질을 높이는 것은 중요한 과제이다. 현재 우리가 관심을 두어야 할 관점이 몇 가지 있다.

2. 삶의 질에 대한 관점들

삶의 질에 대한 개념은 최근에 출현한 내용이지만, 이는 역사를 통해 반복적으로 영향을 미쳐왔다. 실제로 삶의 질이라는 용어가 항상 사용되지는 않았다 하더라도 실제 상황은 삶의 질이 모든 중요한 문화적 · 종교적 · 철학적 담화의 분명한 특징을 이루고 있음을 지적하고 있다. '무엇이 좋은 삶인가?'는 그리스 철학자 소크라테스와 플라톤의 대화 속에 흐르는 주제이다. 또한 이는 마르크스(Marx) · 콩트(Compte) · 뒤르켐(Durkheim) · 포이어바흐(Feuerbach) · 베버(Weber) · 존 스튜어트 밀(J. S. Mill)과 많은 다른 이들의 저서를 뒷받침해온 주된 주제와 질문이기도 하다(Beckford, 1989). 비록 삶의 질이라는 명확한 용어는 사용하지 않았다 하더라도 그들은 모두 인간의 본성과 삶의 목적, 함께 사는 것이 무슨 의미가 있으며 이 모든 것이 삶의 질이라는 개념에 어떻게 빛을 비추는지에 관한 근본적 의문들을 탐구해왔다.

1) 종교와 삶의 질

종교적 맥락 속에서 유대-그리스도교 전통은 샬롬(shalom)[2]이나 전체성의 개념을 상당히 강조하는데, 그 개념에 의해 인간의 성취와 '모든 충만한 삶'은 신성한 존재와의 관계 속에서 표현된다. 이러한 전통 안에서 하느님/아도나이(Adonai)[3]는 창조주 유일신이며, 응답하는 자들에게 사

---

2 샬롬은 히브리어로 평화를 뜻하는 유대인들의 전통적인 인사말이다.
3 유대인들은 신의 이름을 경외했으므로 하느님(Yhwh)의 이름을 너무 거룩하게 여겨 함부로 부를 수 없었다. 그래서 유대인들은 성서를 큰 소리로 읽을 때면 야훼라고 말하는 대신 '주님'이란 뜻의 아도나이(Adonai)라고 불렀다.

랑이 넘치는 호의를 기꺼이 베푸는 존재이다. 이것은 사람들이 함께 성장하는 온전히 회복된 관계로 이끌고, 인간과 모든 인간성에 맡겨왔던 깨어지기 쉬운 지구를 돌보는 약속으로 이끈다. 이슬람에서와 마찬가지로 이러한 종교적 전통 안에서 삶의 질로 여겨지는 모든 특징은 '아도나이/하느님/알라'라고 불리는 유일신과의 관계 속에서 틀이 잡힌다. 실제로 이러한 전통 안에서 삶이 불완전하고 분열된 것으로 이해되며, 신성한 존재와의 관계는 개별적·집합적으로 충분히 인식되지도 반응하지도 않는다. 더욱이 창조주가 의도한 대로 우리를 완전한 인간으로 만드는 것은 이러한 관계이다.

물론 인간은 결핍된 존재이다. '죄'라는 말은 종교적 그리고 세속적 맥락 모두에서 '인간의 결핍'이라는 개념을 표현하려고 자주 사용된다. 그러나 용서를 구하고 수용하도록 이끄는 것을 인정함은 인간을 단계적으로 더 충만하고 부요(富饒)한 삶의 질을 향해 나아가게 한다. 그런 존재는 이러한 전통에서 여정이 쉽지 않으며 지속적인 과정이 보장되지 않는다는 것을 솔직히 인정한다. 불행히도 전체성에 이르는 이 목적은 궁극적으로 사후세계에서나 성취될 뿐인데, 그곳에서야 신성한 존재와의 관계가 온전히 성취될 수 있다. 우리가 무엇을 삶의 질이라고 여기는지 이해하기 위해 이러한 접근 방식을 취하는 것은 중요한 의미가 있다. 많은 종교적 전통은 종교적 의무를 가지고 타인에게 봉사하고 돌보는 것을 옹호한다. 이는 인간이 창조자와 맺은 관계에서 생겨난 의무이다. 그 관계란 인간이 어떻게 세계를 보고, 어떻게 가까운 이웃과 세계적 이웃을 보는지와 깊은 관련이 있다. 개인적인 행복과 만족은 개인주의적 용어에서 온전히 이해될 수 없다는 의식이 있다. 깊은 성취는 위대하고 높은 목적, 먼저 타인의 복지를 위한 목적과 연합할 때 이루어지고, 그래서 아무리 개념화되어 있다 하더라도 사회적 정의(正義)를 위한 탐구는 인간의 삶의 질을 측정하기 위한 중요한 기준이 된다.

2) 세속주의와 삶의 질

삶의 질은 종교적 영역에만 제한된 접근이 아니다. '충만한 삶'의 개념은 우리가 종교적 세계관을 가졌든 아니든 우리의 관심을 불러일으킨다. 우리 개개인에게는 '무엇인가 좀 더'를 위한 깊은 갈망과 욕구가 있는 듯한데, '무엇인가 좀 더'에 대한 관심은 우리를 세속적이고 따분하고 평범한 일상생활을 넘어 가끔은 더 높은 경험의 안정기로 이끌 것이다.

사회복지실천에서 우리는 다양한 방법으로 표현되는 욕구와 갈망을 볼 수 있다. 삶의 질은 우리가 문제가 된다고 말하는 젊은이들의 많은 행동들과 마찬가지로 다양한 성(性)적 행동을 설명할 수 있도록 돕는데, 젊은이들은 권위에 도전하려는 웅성거림과 흥분을 갈망한다. 욕구와 갈망은 화학적 여정 끝에 황홀경의 경지로 이끄는 많은 '약물문화'를 떠받치거나, 최소한 삶의 침침한 단조로움으로부터 일시적으로 해방시켜준다. 그것은 대의를 위해 자신을 바쳐 봉사하거나 온전한 종교적 믿음에 대해 정서적으로 만족하는 일의 매력을 이해하게 한다.

사회복지 전문직 또한 충동을 만족시키기 위한 무언가를 반영한다. 사회복지사와 타인을 돕는 전문가들, 특히 자원봉사자들의 경우에는 다른 사람들의 삶에 중요한 영향을 미친다고 느낄 때, 사람들을 만나거나 함께 일할 때 그들이 얻는 만족감이 커지고 발전한다는 것을 경험한다. 세속적 세계관을 가진 동료들의 경험은 종교적 믿음을 신봉하는 사람들과 비교할 때 거의 비슷하다는 것을 입증할 가능성이 높다.

유사한 관점은 예술, 스포츠, 연극에서도 표현되는데, 타인에게 주는 의식, 혹은 타인을 돕는 의식은 그들의 재능을 분출하여 표현하고 만족의 비슷한 빛깔을 생산한다. 그들이 종종 받는 모든 부정적인 언론 때문에 지방차원이든 국가차원이든 한 나라의 정치적 생활을 하는 많은 사람들은 다음과 같이 말할 것이다. 정치인으로서 그들에게 가장 큰 만족을 주는 것은 평범한 사람들의 삶을 개선하도록 도와줄 영향력이 있다는 의식이며, 때로 지구를 지키도록 돕는 입법조치를 통해 겸손한 기부를 할 수 있다는 의식이다. 바꾸어 말하면 타인(혹은 공동의 선)의 삶의 질을 증진하기 위한 그들의 기부는 자신의 개인적·전문가적 만족의 중요한 기준이다.

그러한 업무의 장 속에서 웰빙과 만족에 대한 중요한 의식은 점차 인정받고 있다. 영국의 중요한 연구인 홀베헤(Holbeche)와 스프리넷(Sprinett, 2004)의 조사에 따르면 고용인의 70%가 일터에서 '좀 더' 의미있는 것을 찾기를 원했다. 존 실리 브라운(John Seely Brown)의 말에서 그들이 제시한 것은 다음과 같다.

> 재능있는 사람들 없이 팀(team)을 모으고 유지하고 만드는 것은 돈만으로 되는 것은 아니다. 재능있는 사람들은 그들이 믿을 수 있는 무언가의 일부가 되기를 원하며, 그들의 일과 삶에 의미를 부여하는 무언가의 일부가 되기를 원한다.

삶의 질과 관련이 있는 중요한 이슈들은 바로 이 지점에 있다. 만약 사람들이 자신의 일에 대해 불만족스러움을 느끼고, 의미와 목적이 결핍되었음을 발견한다면 그들을 어떻게 도와야 하는가?

> 사람들이 자신의 삶에 대한 성취와 의미를 가지고 목표한 활동에 크게 실패하게 된다면, 주말을 무수한 무질서와 쾌락적 소일거리로 소비하는 것이 놀랄 일일까? —Moss(2004)

우리의 논의는 지금까지 자신의 삶의 질과 관련하여 많은 사람들이 문제를 해결하기 위해 타인의 돌봄, 인간의 삶은 목적이 있다는 느낌, 종교적이든 아니든 대의를 위한 봉사와 관련된 일 그리고 일에서 의미와 만족을 발견하는 것 등 무형 요소의 범위에 있는지 살펴볼 것을 제안하고 있다. 이러한 접근을 통한 자극과 도전은 우리를 도와서 삶의 질에 대한 사회적 차원을 보게 할 수도 있고, 몇 가지 중요한 경고도 한다.

그 함의는 분명하다. 만일 우리의 개인적 환경이 질병이나 장애가 있는 상태 때문에 무기력하거나 내성적인 자기본위의 시기로 강제로 밀어넣는다면, 만약 우리가 4장의 도입부에서 간단히 제시했던 주제가 지원되지 않는다면, 삶의 질의 사회적 정의나 지표들은 제외되고 적당하지 못하다고 반드시 느끼게 된다. 그러한 생각은 삶의 질에 대해 토론할 때 제기된 근본적 질문들로 돌아가게 하며, 삶의 질을 대표하는 사회사업 실천에 도전하도록 할 것이다. 특히 우리의 삶을 풍요롭게 하는 좀 더 명백한 사회적 기회들이 우리를 거부할 때, 우리는 어떻게 자신과 타인의 삶의 질을 평가하는가? 실존적 측면에서 우리의 독특함과 고유한 가치, 개성을 보장할 뿐만 아니라 단지 존재하는 것으로부터 삶의 질을 다소 향상된 수준으로 끌어올리는 핵심이 우리 내부에 있는가? 더 많은 공통의 지표가 부재할지라도 말이다. 이러한 질문들은 답을 말하기보다 쩔쩔매게 만들기 쉽고, 존엄과 존경을 받을 가치가 있는 개인 혹은 모든 사람의 독특한 개성에 관하여 사회사업의 핵심적 가치창조를 재차 확언하는 것에 이의를 제기한다. 그러한 의미에서 우리가 단순히 어떻게 다른 사람들을 대하는지에 따라서 우리가 타인에게 반영하고 심지어 줄 수 있는 삶의 질이 있다.

한 고전적 사례를 살펴보자. 다음은 남아프리카 공화국에서 인종차별이 존재했던 시기의 사례로, 데스몬드 투투(Desmond Tutu)[4] 대주교의 자서전에 기록된 내용이다. 어린 시절 투투는 어느 날 어머니와 함께 흑인거주지를 걷고 있었다. 그때, 한 백인 신부가 그들을 향해 걸어왔다. 그는 트레버 허들스톤(Trevor Huddleston) 신부였다. 그가 옆으로 스쳐 지나가면서 데스몬드의 어머니에게 존경을 표하려고 모자를 벗어 들었다. 나중에 투투는 이 엄청난 순간을 곰곰이 생각했는데, 이러한 단순한 행동이 인종차별 정책으로 빼앗겼던 존엄성과 존경을 그의 어머니에게 되돌려주었다는 것을 깨달았다. 그의 자서전에 기록된 내용을 살펴보면 아래와 같다.

> 데스몬드는 압도됐다. 그는 믿을 수 없었다. 백인이 보잘것없는 흑인 노동자 여성에게 모자를 벗어들었다는 것을…….
> —De Boulay(1988, p.26)

또 다른 사례는 넬슨 만델라(Nelson Mandela)의 이야기에서 살펴볼 수 있다. 그는 정치적 신념 때문에 감금되었는데, 오랜 세월을 빼앗아간 백

4 　데스몬드 투투는 성공회 신부로, 1975년 흑인으로는 최초로 요하네스버그 세인트메리 대성당의 주교가 됐으며, 남아프리카 공화국의 인종차별 반대운동에 이바지한 공로로 1984년 노벨 평화상을 받았다. 그는 인종차별 정책의 반대자들에게 비폭력 저항운동을 강조했으며, 흑인 및 백인 공동체 간의 평화로운 협상을 통한 화해를 모색했다. 1995년 진실과 화해 위원회 의장에 임명되기도 했다. 저서로는 『희망과 고통』(Hope and Suffering), 『하느님의 무지개 백성―평화로운 혁명을 위하여』(The Rainbow People of God: The Making of a Peaceful Revolution)가 있다.

인들에게 독설에 찬 경멸과 욕설을 퍼부어 대면서 감옥에서 풀려나는 것을 거부했다. 그는 존엄과 존중을 가치기반으로 국민들에게 삶의 질을 되찾아주기 위해 말없이 헌신함으로써 조국에 가장 큰 이익을 준 사람으로 칭송받았다. 우리는 사회사업실천으로우리의 행동이 얼마나 강력한지, 우리가 삶의 질과 우리의 가치를 드러내 보임으로써 우리가 함께 일하는 사람들의 본질적 존엄성을 어떻게 확증하고 향상시킬 수 있는지 잊고 있다. 사회사업의 중심부에서 각 개인의 가치에 대한 인정뿐 아니라 인간이 되는 것이 무엇을 의미하는지, 타인과의 관계 속에 있는 것이 무엇을 의미하는지 인식하는 것이 중요하다.

사례연구: 토니

토니는 지방정부의 돌봄 서비스가 끝난 후, 실직상태에 있다가 22세의 나이에 마침내 직장을 얻게 되어 기뻤다. 그녀는 별거 중인 부모가 가톨릭적 생활방식(chaotic lifestyle)이라고 불렀던 당국의 아파트에서 성장했고 한동안 삶의 목적 없이 방황하면서 온당치 않게 약물과 알코올을 남용했으며 여러 번 연고 관계에서도 어려움을 겪게 됐다. 어느 날, 우연히 전임 사회복지사와 마주쳤는데 그는 보호시설에서 그녀와 함께 일했던 사람이었다. 그는 진정으로 그녀를 만난 것을 즐거워했고 어떻게 지내는지 안부를 물었으며, 그녀를 돕고 지원해 줄 만한 것이 있는지 물었다. 그녀가 소심하게 아직 직장이 없다고 말하자 즉시 지역 슈퍼마켓에 몇 개의 일자리가 있으니 추천서를 써주겠다고 말했다. 그녀는 일자리를 얻게 된 즐겁고 놀라운 일이 생겼을 때, 일기에 다음과 같이 썼다. **자신을 믿어주고 격려해준 그 한 명의 사회복지사가 모든 것을 바꿔놓았다고……**.

3) 질(Quality)의 양면

우리가 이미 이 책에서 의미와 목적을 찾는 탐구에서 어둠과 절망의
순간들이 얼마나 강력한지, 우리가 이해하는 삶의 질 속에서 기쁨과 황
홀경의 순간이 얼마나 강한지, 우리에게 일어나는 일을 어떻게 이해하
는지에 대해서 살펴보았다. 신학자들과 철학자들이 종종 '악의 문제'라
고 불리는 것을 가지고 투쟁해온 만큼, 많은 사람들은 '선(善)의 문제와
현상(phenomenon)'으로 투쟁했다. 다소 우리는 양쪽 측면을 이해해야 할
필요가 있는데, 우리가 살고 있는 세계의 관점으로 무엇을 선택하든, 그
안에서 인간성을 이해하기 위한 패러다임을 가지고 있어야 한다. 양쪽
측면은 시인 지브란(Kahlil Gibran)이 쓴 것처럼 불가피하게 뒤얽혀 있다.

> 여러분의 기쁨은 가면을 벗은 여러분의 슬픔이다.
> 당신의 웃음이 솟아나던 우물은 종종 당신의 눈물로 가득하다.
> 슬픔이 당신 존재 속으로 깊이 파고들면 들수록 더 많은 기쁨을 담게 된다.
> 당신의 마음속에 다시 슬픈 모습을 갖게 될 때,
> 당신의 즐거움이었던 것을 위해 진실로 흐느끼는 당신을 보게 될 것이다.
> —p.36

종교적 체계를 가지든 세속적 체계를 가지든 간에 그러한 모든 순간
들은 우리의 영성에 속한다. 2장에서 다루었듯이 우리가 영성과 그것이
표현하는 세계관은 중간지대의 모든 회색영역과 마찬가지로 인간이 되
는 것이 무엇을 의미하는지에 대한 빛과 어둠의 양면을 고려해야 하며,
만약 그것이 정서적 만족이라면 지적인 만족은 홀로 두어야 한다.

이것은 매우 중요한 부분이다. 그 논제의 주위에는 잘못된 경계를 두
게 하는 유혹이 있고, 이러한 주제 아래에서 고려할 만한 개념은 삶의 선

하고 긍정적이며 밝은 측면이라고 추정하게 하는 유혹이 있다. 그렇지 않으면 우리는 일이 잘되어가고 있을 때만 이 개념을 논의할 것이라고 추정하게 하는 유혹이 있다. '악(惡)'의 존재와 때로 '고난의 문제'라고 주목되는 것은, 인간이라는 것이 무엇인지의 바로 그 구조 속에서 역력히 드러난다. 우리 삶의 질 주변의 한도는 그런 이슈에 의해 결정되는 만큼 기쁨·아름다움·경이·신비의 경험에 의해 결정된다. 우리가 고난을 어떻게 이해하려고 노력하는지는, 인간성과 삶의 질에 대한 이해를 향한 위대한 도전 중의 하나이다. 빅터 프랭클(Viktor Frankle)은 강제수용소의 극한 경험에서 "인간은 고난에 의해 파괴되는 것이 아니라 의미 없는 고난 때문에 파괴된다"고 주장했다(Nolan, 2006). 이것은 확실히 우리가 붙잡고 싸울 필요가 있는 문제이며, 우리가 종교적이든 세속적이든 삶의 여정을 선택해왔던 기반인 세계관 속에 크게 자리 잡은 것들을 탐색할 필요가 있는 문제이다.

그러나 고난이 우리의 성격 형성에 본질적으로 어느 정도는 좋은 영향을 준다(Ming-Shium, 2006)는 주장은 상당히 민감하게, 특히 종교적 직관으로 다룰 필요가 있다. 신성한 존재가 의식적으로나 고의로, 결백하거나 그다지 결백하지 않은 개인 혹은 집단적 사람들에게 고난을 안겨주리라는 사실은 신학적 질문, 이의(objections)와 마찬가지로 심오한 교훈을 불러일으킨다.

만일 우리가 의도하지 않은 결과 때문에 사람들(어떻게 대응을 할지 선택해야 하는 사람들)에게 끔찍한 일이 일어난다면, 그 논의는 다른 '느낌'을 갖게 된다. 우리는 일어나 도전할 수 있고 혹은 '침몰'할 수도 있으며, 적의를 품는 것을 거절하거나 '책임을 탓하는 챔피언'이 될 수 있다. 또한 희생적으로 타인에게 관심을 보이거나 자신의 내면으로 돌이킬 수도 있다.

우리의 반응은 부정적 경험들 앞에서 심한 고난의 정도를 결정할 것이고 우리의 회복탄력성(resilience)을 강화할 것이며, 우리의 삶의 질을 풍부하게 하거나 혹은 손상시킬 것이다. 신념이 있는 직관(우리가 선택한 특별한 종교적 세계관에 의존하는)으로부터 그 문제는 신성한 존재를 향한 우리의 반응을 강화하는 상황에까지 미치는 규모일 것이고, 우리 자신과 타인들을 위해 보다 나은 삶을 추구하며 일하는 것을 우리가 느끼는 정도일 것이다(이 주제에 대한 불교인들의 성찰은 Thurman, 2005 참조). 이것은 또한 앞으로 7장에서 논의하게 될 진정한 영성의 기준의 하나를 반영한다. 종교적 관점에서건 세속적 관점에서건, 타인을 돌보는 것은 특히 위기의 시기에는 고난이나 중요한 욕구가 인간성의 증명이며 영성의 증명이므로 우리 삶의 질에서 중요한 부분이다.

사례연구: 톰

톰은 73세로, 처음 뇌졸중이 발생한 12년 전에 직장에서 조기 퇴직했다. 그와 그의 아내 미리암(69세)은 아이 없이 꽤 자기충족적인 삶을 살아왔으며, 은퇴 후에 스페인에 정착하려는 계획을 품고 기대에 부풀어 있었다. 그러나 현재 톰의 심각한 장애로 인해서 그러한 계획은 수포로 돌아갔다. 처음에 그들은 재활치료가 톰의 언어능력과 팔을 사용하는 능력을 회복시켜줄 것이라는 희망을 갖고 나름대로 최선을 다했다. 그러나 회복이 미미했고 그로 인해 점차 스트레스를 받기 시작했다. 톰은 적의를 품고 화를 내며 그것을 미리암에게 쏟아냈다. 마리암은 그녀대로 톰의 장애 때문에 그들의 생활이 많은 제약을 받자 분개했다. 미리암은 건강하고 활동적이며 남편을 돌보는 일을 짐으로 여기지 않았다. 또한 동료들에게 도움을 청하면서 그들에게 일어난 일들을 이해하려고 애썼다. 그들은 선한 사람들이었고, 그녀도 인정하듯이 조금 이기적이더라도 누구에게도 해를 끼치지 않았기 때문에, 이는 불공평해 보였다.

미리암에게는 릴리언이라는 친구가 한 명 있다. 릴리언은 류머티즘 관절염을 앓고 있었고 때로는 집 밖으로 나오지 못할 정도였다. 그러나 그녀는 매우 쾌활하게 지냈고, 미리암이 방문했을 때 잘 대해주었다. 미리암은 릴리언이 어떻게 그럴 수 있는지 이해할 수 없었다. 릴리언의 남편은 그녀가 처음 질병을 진단받았을 때 그녀를 떠나 다른 여자에게로 갔기 때문에, 릴리언은 재정적으로 곤경에 빠져 있었다. 릴리언은 항상 잘 극복하지는 못했다는 것을 인정한다. 그녀는 이혼 후 2년 동안 교회에 출석하지 않았으나, 결국 교회로 돌아가 계속 신앙생활을 하고 있고 그녀의 믿음이 '그녀 자신'이 되도록 만들었다.

생각해볼 문제

1. 서비스 이용자들에게 타인의 삶의 질을 향상시키거나 타인의 이익을 위해 어떤 활동을 하도록 격려하는 것이 적절한가?

4) 행복

지금까지 우리가 다루었던 논의에서, 삶의 질의 한 가지 양상이 많은 이들이 중요하게 여기는 행복이라고 특별히 언급하지는 않았다. 행복은 종교적이고 세속적인 전통 속에 흐르는 핵심 주제이며, 우리를 행복하게 만드는 것이 무엇인가라는 질문은 우리를 신나게 만들기도 하지만 힘들게 하기도 한다. 사람들의 마음속에 매력적이고 구미가 당기는 질문이 된 이후로 행복에 관한 연구는 그리스 철학자 아리스토텔레스(Aristoteles)에 의해 인간의 핵심 행동인 것으로 인식됐다. 어떤 이들은 행복이 직접적 수단으로 성취 가능하다고 주장하기도 했고, 다른 이들은 행복이 다른 활동의 부산물일 뿐이라고 논쟁하기도 한다. 최근 수년 동안 진행된 철저한 과학적 접근은, 다소 철저하지도 않고 착각을 일으키는 주제로 지탱되어 왔다.

데이비드슨(Davidson, 2001)은 전두엽의 활동과 깊은 '최면상태 같은' 명상 사이의 연결을 연구했는데, 행복은 명확하고 곧장 설득될 수 있는 두뇌의 물리적 상태라는 것을 입증했다. 그와 대조적으로 칙센트미하이(Csikszentmihalyi, 1991)는 큰 규모의 연구를 진행했는데, 행복은 사람이 창조적 활동에 온전히 몰두할 때 일어난다는 것을 보여주었다. 이러한 연구들은 윌리스(Willis, 2005)가 '행복의 새로운 과학'에 대해서 논의하도록 이끌었다.

다양한 접근들이 필연적으로 서로 배타적이지 않다고 하더라도, 행복에 대한 과학적 접근은 몇 가지 중요한 점을 말해준다. 성적 쾌락의 성질에 대하여 연구한 마스터스(Masters)와 존슨(Johnson, 1996)의 동료들은 흥분과 충만한 즐거움에 대한 몇 가지 생리학적 양상을 보여주었다. 그러나 그러한 절정의 순간을 경험해 본 모든 사람은 관계했던 사람들에게 정서적·영적으로 의미하는 것이 훨씬 더 많다는 것을 알 것이다. 이러한 추가적인 차원은 우리로 하여금 신체가 어떻게 작용하는지 이해하기 위해 조사한 생리학적 현상을 무효화하지 못할지라도 과학자들은 (어떠한 동작이 관계된 이들에게 의미하는 것과 같은) 과학적 측정 밖에 놓인 인간경험에는 추가적인 차원이 있다는 것을 우리에게 알려준다.

유사한 방법으로, 음악과 아름다움의 즐거움이나 벼랑 끝에서 삶에 도전하는 모험이 뇌에 주는 반응에 관한 연구는 이러한 활동에 대한 인간의 인식을 누그러뜨릴 수 없다. 연구들은 이러한 활동을 설명할 수 있도록 도울지 모르지만 경외, 신비, 경이의 순간을 소멸시킨다는 것 이상의 설명을 하지 못한다.

이렇게 넓은 영역에서 실시된 추가적인 연구는 행복과 종교의 잠재적 연결을 탐색하는 것을 포함한다. 종교는 윌리엄 템플(William Temple) 재단의 도움으로 영국의 맨체스터에 있는 학자와 연구자들의 네트워크를 통해 연구되고 있다. 칙센트미하이의 연구의 중요성은 '자기통제와 목표, 의미있는 행동과 관련된 사람들이 더 쉽게 행복을 얻는 방법'을 강조한다는 것이다(Paquette, 2006). 이것은 분명하게 4장 초반부의 논의와 연결된다. 우리가 칙센트미하이의 연구를 마땅히 고려해야 한다면, 사회복지실천에서 감정에 대한 긍정적인 정서적 혜택에 공감해야 할 필요가 있다고 제안한다. 사람들은 보람있는 일을 하고 타인의 이익과 웰빙에 몇 가지로 공헌하지만 자신의 당면한 환경에 어려움을 느낄지 모른다. 비록 이것이 다양한 과학적 접근에 대한 면밀한 평가를 하기 위한 장은 아닐지라도, 매일 사회복지실천에서 행복이 특징을 이루는 순간을 위해 잠시 멈출 만한 가치가 있다. 이 질문은 사회복지사 자신들에게 동일하게 적용할 수도 있겠고, 자신의 실천 속에서 행복을 느끼는 정도에 적용할 수 있으나 그들이 자신의 행복을 느끼든지 아니든지 내버려두어야 한다. 그 질문은 그들과 함께 일하는 사람들에게도 동일하게 적용할 수 있다. 사회복지사들이 만든 사정 속에 서비스 이용자들의 행복의 특징은 어느 정도까지 존재하는가? 그들이 담당했던 업무 안의 실천방법에까지 공헌하는가? 이것들은 중요한 질문인데, 누군가 행복하거나 그렇지 않은 정도는 삶에 대한 전망과 맡은 과업에 대한 태도에 상당한 영향을 끼치기 때문이다.

깊은 불행에 빠진 사람과 일하는 사회복지사들은 극도의 소진을 경험할 가능성이 좀 더 높고 따라서 고급의 연민어린 역동적 서비스를 타인에게 전달하는 데 실패할 수 있다. 깊은 불행을 느끼는 서비스 이용자들은 도움과 지지에 덜 창조적으로 반응할 가능성이 있으며, 자신의 강점과 회복탄력성을 이용하기가 어렵다고 느낌으로써 철회할지도 모른다. 행복은 단지 숙고가 아니라 누구에게나 깊게 영향을 미치는 중요한 삶의 질에 관한 주제이다.

5) 희망

짧게 주목할 만한 가치가 있는 이 논의에 하나 더 추가되는 차원의 주제는 바로 희망이다. 희망에 대한 생각이나 개념은 우리가 종교적 혹은 세속적인 접근을 채택하든 아니든 우리의 영성과 세계관에 있어 매우 강력한 요소이다. 버락 오바마(Barack Obama)의 미국 대통령 당선이 의미가 있는 이유는 이전에 피부색·인종·배경이 조직적으로 하찮게 여겨졌던 때 다수의 보통 미국인이 품었던 희망을 상징적으로 보여주기 때문이다. 그들의 희망이 갖는 강력한 힘은 아프리카계 흑인 대통령이 선서를 하고 대통령 집무실에 들어섰을 때, 비로소 자각됐다. 투표일 밤에 진행된 열정적인 그들의 기념식은 과거 그들이 받은 상처의 깊이와 그들이 바라보던 희망의 높이를 보여주었다. 사회복지실천 중 종종 우리의 입술에서 부주의하게 미끄러져 나오는 '절망적'이라는 단어를 발견할 때는, 우리가 사람 혹은 상황을 다루는 일에 어려움을 겪고 있음을 설명할 때이다. 때로 우리는 함께 일하는 사람들이 스스로 어떻게 느끼는지 설명하려고 할 때 이 같은 단어를 사용하고 있음을 알 수 있다. 켈리 (Kelly, 2004)는 사회복지실천에서도 발생가능한 이러한 사례에 대하여, 간호직의 시각을 통하여 한 논평을 제공한다.

비록 환자의 회복과 생존에 중요한 영향을 미치는 요소로서 희망이
오랫동안 인식됐다 할지라도, 환자가 희망을 상실할 때까지 거의 주
의를 받지 못하는 현상이 있다. —p.167

개인적인 수준과 더 넓은 수준에서 희망의 중요성은 과대평가될 수
없다. 우리가 종교적 혹은 세속적 신념을 갖고 있는지가 우리의 삶의 질
에 결정적인 구성요소가 된다. 그것은 우리가 누구인지, 어떻게 되고 싶
은지를 보여주고 있다. 그것은 우리가 자신에게 강요해온 규제를 다소
규정하고, 혹은 어떤 사회가 우리를 둘러싸왔는지를 규정한다. 압제와
불평등의 강력한 속성은 근본적으로 그렇게 많은 사람을 위한 삶의 질
을 결정하는데, 이것이 건강돌봄 앞에서의 '우편번호 복권(postcode lot-
tery)'[5]을 통한 것인지 아니면 차별과 압제의 많은 방법으로 다양한 집단
과 개인들의 삶의 기회를 약화시키고 있는지를 결정한다(Thompson, 2006,
2007b). 차별과 억압에 대한 도전과 함께 사회복지실천은 희망의 대행자
역할을 해야 한다. 사회정의에 대한 약속은 소외되고 희망이 없는 사람
에게 희망의 길을 열어준다. 이것은 우리의 영성을 표현하고 또 보다 나
은 미래를 위해서 사람들의 삶의 질과 그들의 희망에 크게 공헌하는 활
동이다. 우리는 이 논의를 다시 끄집어내어, 다음 장에서 영적 돌봄에 대
해 살펴볼 것이다.

6) 삶의 질, 건강과 웰빙

그러나 이러한 견해를 강조하고자 할 때, 우리는 좀 더 명확한 삶의

---

5   NHS로 대표되는 영국의 공공의료는 지역의 사정에 따라 지원범위가 크게 달라진다. 어디에
    사느냐에 따라 의료서비스를 받을 수 있는 혜택이 달라진다고 해서 '우편번호 복권(Postcode
    lottery)'이라고 부르기도 한다.

질의 지표를 향해 나아갈 필요가 있다. 세계보건기구(WHO)는 특별히 지난 20년간 이 영역에서 상당한 양의 작업에 착수해왔는데, 측정 모델과 도구(The World Health Organisation Quality of Life Assessment: WHOQOL)를 개발하는 일이었다(WHO, 1995, 1997, 1998). 세계보건기구는 삶의 질 영역을 여섯 가지로 제안한다.

① 신체적 건강
② 심리적 웰빙
③ 독립의 수준
④ 사회적 관계
⑤ 환경
⑥ 영성 · 종교 · 개인적 믿음

사회복지실천의 관점에서 ①~⑤는 환경적 관점의 모든 의미를 충분히 다루지 못했다 할지라도 매우 친숙한 것으로, 우리는 7장과 8장에서 이를 논의하게 될 것이다. 이 다섯 가지 주제는 여러 해 동안 사회복지 교육과정의 핵심 특징을 이루었다. 우리의 포괄적인 사정(assessments) 안에서 삶의 질이라는 깃발 아래로 그들을 모으든지 혹은 아니든지 이러한 각각의 특징들은 마땅히 고려될 것이고 중요하게 여겨질 것이다. 우리는 다음과 같이 인식한다. 사람들이 강조할 것과 고려할 것을 위해 다양한 부담과 영역을 분리하는 데 도움이 된다 하더라도, 실제로 복잡한 관계 속의 서로 얽히고 연결되는 곳에서 각 양상의 영향력은 사람마다 다를 것이다.

그러나 여섯째 분야와 관련하여 상황은 다소 다르다. 비교적 최근까지도 사회복지사들은 그들이 사정을 마칠 때, 혹은 개인들과 그 가족과 함께 일할 때 개인의 삶에 종교적이고 영적인 양상을 드러내기를 꺼려왔다. 만약 그들이 이 분야를 완전히 무시하지 못한다면, 그들은 사람의 삶과 존재에 진정으로 영향을 끼치는 방법을 드러내지 않고, 단순하게 '체크 표시' 접근을 채택하거나 그것을 병리적으로 여기고, 문제의 어떤 한 부분으로 간주하게 된다. 영적 · 종교적인 이슈에 어떻게 하면 적절하고 전문적으로 반응할지에 대해 진정으로 당혹감을 느낄 수 있다. 특히 사회복지사가 개인 수준에서 갈피를 못 잡고 도전해야 하는 영역을 발견했을 때 말이다.

그러므로 세계보건기구가 이러한 복잡한 이슈 · 주제 · 화제에 어떻게 접근해서 풀어내려고 노력하는지에 대해 좀 더 상세하게 탐구할 필요가 있다. 예를 들면, 타이시만(Teichmann) 등(2006)은 세계보건기구의 삶의 질 평가(WHOQOL-100) 영성 영역에 대해 논의했는데, 이 책에서는 그 논의들과 매우 조화되는 언어를 사용했다. 그들은 삶의 의미에 관한 신념과 마찬가지로 영성이 개인의 평화 의식, 타인을 향한 목적과 연결을 포착하는 더 넓은 개념이라고 주장한다. 계속해서 그들은 아래와 같이 주장했다.

우리는 영적 결핍을 신념과 가치체계를 갖고자 하는 개인의 욕구로 정의한다. 만약 만족스럽다면 영적 욕구는 한 사람이 그 혹은 그녀의 삶의 난관을 대처하도록 돕고, 더 나아가 그 사람에게 웰빙의식을 제공한다. 많은 사람들을 위해 종교, 개인적 신념 그리고 영성은 위로와 웰빙 · 안전 · 의미 · 소속감 · 목적과 용기의 원천이다. —WHO(1995), Teichmann et al.(2006, p.149)

이것은 즉각적으로 사회복지실천의 접근에 반향을 불러일으켜서 우리가 어떻게 이러한 주제들을 붙잡고 싸우기 시작해야 하는지 이해하도록 돕는다. WHOQOL-100은 이러한 영성 영역의 탐구를 시작하는 데 도움이 될 수 있는 네 가지 질문을 제안한다.

① 당신의 개인적 신념이 당신 삶에 (어느 정도까지) 의미를 주는가?
② 당신은 당신의 삶이 어느 정도까지 의미가 있다고 느끼는가?
③ 당신의 개인적 신념은 어느 정도까지 어려움에 직면할 수 있는 용기를 주는가?
④ 당신의 개인적 신념은 어느 정도까지 삶의 어려움을 이해하도록 돕는가?

이러한 '개방질문'들은 두 가지 중요한 목적을 제공한다. 무엇보다 먼저 영성과 삶의 질이라는 문제와 영성의 관계를 쉽게 이해하도록 돕는다. 실천가들이 영성과 관련된 주제가 감히 무단 침입할 수 없는 불가사의한 신비가 아니라 친숙한 영역이라는 것을 깨달을 때, 안도의 한숨을 내쉬는 것을 우리는 들을 수 있다. 둘째로, 전문가들은 접근 가능한 쉬운 용어를 사용하는 도구를 제공하는데, 이러한 도구는 우리가 앞의 장에서 확인한 영적 욕구에로의 포괄적 접근과 잘 맞는 것이다. 종교적 신념을 지닌 이들과 마찬가지로 세속적 신념을 가진 이들에게도 동등한 의의가 있다. 다른 종사자들이 이 이슈를 붙잡고 싸워왔음을 인지하고, 영성에 관한 논의를 가능하게 하는 유용한 개방질문 목록에 첨가해온 이 시점에서 멈출 필요가 있다. 하나의 주된 예가 정신건강 분야에서 기인하는데, 이는 앤드류 포웰(Andrew Powell) 박사가 로얄대학 정신과 내에 영국의 영성관련 특수이익집단(UK Special Interest Group in Spirituality)을 설립하도록 도왔다(Special Interest Group; Powell, 2003). 포웰(2007)은 다음과 같이 논평했다.

> 정신건강돌봄 치료는 광범위하게 실용적이며, 우리 시대의 지배적인 생물심리사회(bio-psycho-social) 모델에 기초한다. 그것은 좋은 작업모델이나 심상적인 마음(imaginal-mind)의 가장 높은 기능인 영성은 무시됐다. 이것은 무언가 역설적인데, 정신(psyche)이 영(spirit) 혹은 영혼(soul)을 의미하기 때문이며, 그래서 우리는 건강 서비스의 생물심리사회영적 모델(bio-psycho-socio-spiritual model)을 발전시킬 필요가 있다. —pp.170~171

크로이던 마인드(Croydon Mind)가 제작한 DVD 〈믿기가 어렵다(Hard to Believe)〉에서, 포웰은 적절하다면 이런 문제를 탐색할 방법에 관한 추후의 제안을 제공한다. 이들이 포함하는 것은 다음과 같다.

- 당신이 어렸을 때, 종교적 신념이 당신에게 어떤 영향을 미쳤는가?
- 당신의 개인적이고 영적인 혹은 종교적인 신념체계가 치료와 약복용에 대한 당신의 태도에 어떤 영향을 미치는가?
- 당신은 당신의 삶을 지배하는 어떤 종류의 강한 힘을 믿는가?
- 어쨌든 당신은 기도하는가? 만약 그렇다면 기도는 당신에게 어떤 의미가 있는가?

극히 적은 채택이라도 접근 가능한 질문들은 한 사람의 영성을 탐색하도록 돕는 사회복지실천과 삶의 질 영역에서 사용될 수 있다.

생각해볼 문제

1. 사회복지사는 자신의 사정과 중재 계획에서 '삶의 질' 이슈를 어떤 방법으로 고려해야 하는가?

7) 강점관점과 회복탄력성

최근의 두 가지 발전은 주목해볼 만한 가치가 있다. 첫째, 긍정심리학 (Positive Psychology)의 발전은 토론의 장을 만드는 데 기여했으며 둘째, 평가 연구의 발전은 특정한 종교와 일반적 영성이 건강과 웰빙 그리고 삶의 질을 만들 수 있도록 기여했다.

긍정심리학은 삶의 질과 관련된 이슈를 이해하기 위해 시작됐다. 와즈(Watts, 2006)는 긍정심리학이 심리학과 종교 사이에 다리를 만들고 있다고 주장하며, 캠브리지에서 작업하고 있는 용서, 희망 그리고 감사라는 주제에 관심을 가지게 됐다. 조셉(Joseph, 2006)은 이러한 이슈에 대해 다음과 같이 제안한다.

> 긍정심리학 운동의 출현은 종교와 영적 신념, 행위가 정신건강에 문제가 없는 것과 관련이 있는가, 또 그 것들이 긍정적인 정서와 심리학적 상태의 존재와 연관이 있는가 라는 질문에 주의를 기울이게 만들었다. —pp.209~210

긍정심리학의 기여는 특히 사회복지실천을 수행하는 데 적절하고, 회복탄력성과 강점관점에 대한 인식을 점점 더 증가시키고 있다(Saleeby, 2008). 이 연구분야의 주된 공로자 중 한 사람은 마틴 셀리그만(Martin Seligman, 1990)이다. 우리가 학습된 무기력을 이해하도록 한 그의 기여는 잘 알려졌고, 사회복지 실천활동에서 그 진가를 인정받고 있다. 이 접근은 장소와 환경이 개인적인 행동에 미치는 영향을 강조한다. 간단히 말해서 만약 당신이 누군가를 특별한 상황(예: 생활시설)에 두고 모든 중요한 것들을 그들을 위해 시행한다면, 그들은 재빨리 대처능력, 자신을 돌보는 능력, 주도권을 잡는 능력, 그리고 창의적이며 독립적인 능력을 잃게 된다. 궁극적으로 그것은 삶에 대한 열정과 심지어 삶 자체를 약화시킬 수 있다. 학습된 무기력의 위험성을 강조하는 그의 목적은 많은 생활시설의 돌봄에 내재된 어려움과 위험을 강조할 뿐 아니라, 그 반대 위치의 이점을 강조한다. 이것이 긍정심리학으로 알려지게 됐다. 긍정심리학에서의 셀리그만의 지위는 파퀴트(Paquette)가 서술한 다음의 내용에서 잘 나타난다.

> 성격의 강점을 계발하는 것 그리고 인간의 약점과 질병을 목록화하기보다는 인생에서 낙관적 접근을 연마하는 것. 셀리그만이 지켜온 것은 다음과 같다. 더 많은 행복을 찾기 위한 방법은, 먼저 우리의 본성적 기술, 즉 그가 대표강점(signature strengths)이라고 칭했던 기술을 인식하는 것이다. 용기, 독창성, 인내력, 진정성 혹은 친밀감과 같은 질적인 면을 계발하는 것은 잘못된 방향으로 갈 수 있는 불가피한 일들을 막는 정신의 완충을 도울 수 있다. ―Paquette(2006, p.2)

그는 영성, 다시 말하자면 회복탄력성을 이해하는 데 특징을 이루는 또 하나의 주된 주제를 말하고 있다. 누군가 삶 가운데 중대한 위기에 직면할 때마다 그들이 어떻게 위기와 씨름하고 그것이 미치는 영향을 어떻게 다루는지, 그들이 미래를 향해 어떻게 움직이도록 하는지는 그들이 선택해온 세계관의 특징이며, 그러한 것들이 욕구의 순간에 그들을 지탱하게 될 것이다. 몇 가지 의미에 대한 의식과 무엇이 일어났는지에 대한 이해를 제공할 수 있는 세계관, 더 넓고 일관성있는 상황을 반영한 세계관은, 일어나고 있는 것들을 다루는 그들의 회복탄력성과 능력에 중요하게 기여하는 요소이다. 우리는 회복탄력성이 영성의 영역 내에 있으며, 그것이 영적 강점이라는 것을 논의할 것이다. 5장에서 좀 더 자세하게 회복탄력성의 개념에 대해 알아볼 것이다.

여기 또한 조하르(Zohar)와 마샬(Marshall, 1999)이 제기한 영적 지능에 관한 논의와 유사한 점들이 있다(Moss, 2007a, 11장 참조). 사회복지실천을 위한 지식의 토대가 되는 긍정심리학의 이점은 상당하다. 히르츠(Hirtz, 1999)는 다음과 같이 설명한다.

> 심리학은 단지 약점과 손상에 관한 연구만은 아니다. 그것은 강점과 미덕에 관한 연구이다. 치료는 단지 부서진 것을 고치는 것이 아니라, 우리 자신 속에 최고의 것을 양육하는 것이다. —p.22

따라서 긍정심리학은 우리 삶의 영역에서 빛을 발하는데, 가끔 사회복지사가 못보고 넘어가기도 한다. 불가피하게 위기나 난관 혹은 절망의 순간에 사람들이 사회복지사를 찾아올 때, 그들의 욕구와 그것을 완화시키는 방법에 초점을 둔다. 유사한 시나리오가 급성의(acute) 건강과 의료서비스 속에서 연출되고, 병든 환자들에게 그들을 괴롭히는 의료위기를 극복하도록 즉각적인 처치를 한다. 성공할 때는 사람들이 위기를 "헤쳐나가서" 어느 정도의 평형감을 다시 얻을 때이다. 그들은 위험지대를 벗어나 그 후 인생에서 닥쳐오는 것이 무엇이든지 더 잘 대처할 수 있다. 이 시점에서 전문적인 도움 제공자들은 그들의 일이 잘 수행되고 있다는 느낌에서 물러날지도 모른다. 그러나 이것은 이야기의 절반일 뿐이며, 특별히 중요한 절반인 때에라도 삶은 그 자체로 위험할 수 있다.

이것은 정신건강 분야에서 삽화로 가장 잘 쓰일지도 모른다. 심각한 정신적 디스트레스를 경험한 사람들은 정신병 치료의 도움이 필요하고, 다양한 이야기 치료(talking therapies)와 마찬가지로 화학적 두뇌 불균형을 복구하도록 하는 적절한 약물처방을 포함한 도움이 필요할 것이다. 그러한 상황 속에서 성공의 보증은 사람이 자신의 삶을 책임지고 있다는 느낌을 또 다시 얻기 시작하는 순간이 될 것이며, 덜 두렵게 미래를 대면할 수 있고 약물이나 치료에 덜 의존하게 되는 순간일 것이다. 그러나 이것은 일이 돌아가는 것을 잘 느끼거나 또는 삶의 기쁨을 경험하거나, 혹은 인생의 도전에 유쾌하게 직면하고 이겨내기와 같은 것이 아니다. 회복의 여정에 관하여 그 사람은 가파른 급류를 넘어 뛰어드는 것으로부터 구조를 받았을지 모르나 여전히 본류로 끌려들지 않으려고 노젓기를 해야 하며, 여정의 방향을 결정해야 한다. 파퀴트(2006)는 이것을 잘 표현하여, 다음과 같이 논평하고 있다.

> 정신건강은 자주 중립적인 위치에 놓인 병리학의 결여처럼 보이는데, 사람이 무질서·스트레스·일시적 부적응과 타협할 때 완충작용을 할 수 있는 질(quality)이 더해지는 것을 의미하는 긍정적 입장과는 다르다. (…) 정신건강은 정신병의 부재 이상의 것이어야 한다. 그것은 인간 정신과 영혼을 키우는 무엇이어야 한다. —p.2

사례연구: 케빈

케빈은 18세의 청년으로, 정신분열증 진단을 받았다. 진단을 받기 전 몇 주 동안 그는 개인적 의식이 심하게 분열되었고, 가족들의 실망과 스스로 매우 큰 당혹과 혼란을 겪었다. 그는 어떤 목소리를 신뢰할 수 있을지 더 이상 알지 못했다. 그래서 그가 정신 치료의 도움과 약물 처방을 받기 시작하고 반응하자 크게 안심하게 됐다. 그는 '예전'의 케빈으로 돌아왔다. 그러나 실망스럽게도 그는 진단으로 인해서 삶의 기회가 제한됐음을 발견했다. 그는 무엇을 해야 할지 몰랐고, 직업을 얻는 것이 어렵다는 것을 알고 허송세월하기 시작했다. 살아가기 위한 어떤 것도 하지 않고 모든 희망이 사라지기 시작한 것을 두려워하고 있다.

우리가 주목했듯이, 사회복지사들은 위기에 빠진 사람들을 위해 일한다. 사람들이 위기가 해결된 다소 '중립적' 영역에 다시 돌아가도록 돕는 일을 하면서 일시적일지라도 그들이 여생을 잘 보낼 수 있도록 한다. 사회복지사로서 우리는 이 시점에서 우리의 역할이 끝났다고 느낀다. 결국 우리가 누구이기에 한 사람이 자신의 여생을 지휘하기를 얼마나 소망하는지에 관한 심도있는 토론에 참여하게 됐는가? 어떤 사람들이 우리의 도움으로 어떤 위기와 절망 속에서 끌어올려져서 얻은 임시 안전거처는 그들이 되돌아오는 위기의 위험성을 인식할 때, 그 자체로 두려움이 된다. 만약 사람들이 처음 위기를 촉발시킨 생활양식(lifestyle)으로 되돌아가지 않기 원한다면, 그들은 '안전한 장소'는 또한 인생을 바꿀 어떤 결정에 직면하게 될 것이다. 수많은 사회복지실천의 특징을 이루는 전체 '변화의제(change agenda)'는 항상 명쾌하지 않게 우리를 암암리에 '삶의 질'과 영성의 '가치가 첨가된' 영역으로 이끈다.

8) 영성과 건강의 관계

영성과 삶의 질의 관계에 대한 논의에서 야기되는 주된 질문은 사람의 영성(또한 종교성)과 건강 사이의 관계이다. 언뜻 보기에 이것은 증거기반의 실천을 강조하는 서구의 맥락 속에서 특별히 논란이 될 주제일지도 모른다. 영성을 정의하기 어렵다면 '측정'하고 평가하기는 더 어렵다. 그러므로 개인의 건강 혹은 병이 회복되는 과정에 미치는 영향을 수량화하기란 거의 불가능하다.

이러한 문제를 해결하기 전에 이것은 특히 서양에서 이해하기 어려운 부분이라는 점에 주목해야 한다. 다른 문화권에서는 그러한 딜레마가 발생하지 않는다. 중국과 호주 원주민 그리고 아프리카 등 많은 문화의 경우 종교적이고 영적인 믿음이 질병(illness) 또는 질환(disease)[6]이 어떻게 이해되고 치료되는가에 대해서 중요한 역할을 한다. '흑색 마법'이나 부두교의 주술 습관의 영향이 사람들의 건강과 웰빙에 부정적으로 영향을 줄 수 있다는 것은 잘 알려진 사실이다. 그러나 심지어 서양 문화에서도 이러한 문제점이 우리가 생각하는 것만큼 일반적이지 않다는 증거가 있다.

많은 사람들이 신문과 잡지에서 점성술(horoscopes)을 읽고 어느 정도는 별이 그들의 운명을 조종한다고 믿는다. 그들은 정기적으로 운세를 들으러 가며, 그러한 별자리 없이는 인생을 바꿀 만한 중요한 결정을 하지 못한다. 어떤 사람들에게 있어 행운과 불운에 대한 신념은 관습적인 그리스도교 믿음과 나란히 편안하게 자리 잡은 것으로 나타난다(Francis, 2006). 상호보완적 치료법은 현재 훨씬 많이 사용하는 주류가 됐고, 합법성을 갖게 되자 많은 의학계 종사자가 이를 채택하고 있다. '위약효과(placebo effect)'는 여러 세대 동안 의학연구에서 잘 알려진 현상이다. '깨

6　illness는 병의 상태나 기간에 중점을 둔 말이고, disease는 그 원인을 나타내는 말이다. 전염되거나 걸리거나 의학의 연구 대상이 되는 것은 disease이지 illness는 아니다.

어진 마음(broken heart)'의 현상은 과학적으로 입증하기 어려울지 모르나 살아갈 의지를 잃어버린 사람들의 많은 예가 있다. 이들은 사랑하는 사람의 죽음을 경험한 사람들이 대다수인데, 이후에 살아야 할 가치가 없다고 느끼는 것이다.

이 모든 것은 사람들의 믿음과 세계관이 선과 악을 위해 그들의 건강과 삶의 질에 강력한 영향을 미칠 수 있는 방법의 다른 예들이다. 사람들의 회복탄력성을 발전시키거나 감소시키는 것은 영적, 종교적 혹은 정서적인 요인인 듯하다. 그러므로 사람들이 믿는 것이 그들의 건강과 웰빙, 삶의 질에 큰 영향을 미친다. 건강과 웰빙에 영향을 미치는 영성과 종교적 신념을 측정하거나 평가하기가 거의 불가능하다는 증거기반의 실천에 따른 망설임에도 불구하고, 그 과제에 정확히 착수하는 많은 연구들이 있다. 이러한 연구들은 사회복지실천의 관점보다는 의학적 기반에 좀 더 비중을 두지만, 그럼에도 불구하고 사회복지실천이 충분히 이해할 만한 중요한 메시지를 갖고 있다.

부분적으로 많은 연구들이 종교적 관점으로 착수했기 때문이고, 또 부분적으로 사회복지사들에게 가장 전문적인 불편과 의심을 갖게 하는 부분이 종교적 영역이기 때문에 종교적 관점을 먼저 살펴보기로 하자. 예를 들어 종교적 신앙이 좋은 건강과 좋은 삶의 질에 영향을 미치는 긍정적 요인이라는 증거가 제시된다면, 사회복지사들이 신앙을 진정으로 중요하게 여기는 개인이나 가족과 함께 일할 때나 반영적 실천을 하는 법인조직을 만들 때, 종교적 신앙은 중요한 고려사항이 될 것이다. 항상 문제가 되는 부분으로 간주되거나 매우 부적절하기 때문에 무시되는 경우, 종교적 신앙이 창의적 해결의 주된 부분이라는 것을 보여줄 수 있다면 그리고 지각된 약함보다 더욱 잠재적인 강점을 보일 수 있다면, 일반적 사람들과 사회복지사들이 그들의 일에 접근해야만 하도록 근본적 영향을 미칠 방법일 것이다.

쾨니히(Koenig, 2001)는 세미나 작업을 함께 하면서, 종교와 건강의 상호작용에 관한 1,200개의 연구를 비평했는데, 책 속에서 언급된 내용은 다음과 같다.

> 종교적이며 영적인 활동은 삶의 질과 장수에 모두 영향을 미치기 때문에, 이러한 이슈는 의학과 관련되어 정의됐다. 자체로 과학적이라 불리는 건강돌봄의 어떤 모델이든지 이러한 연구 결과들과 합의를 이루어야만 한다.

이 논평은 건강과 삶의 질에 대한 종교적이고 영적인 믿음의 긍정적인 영향을 위한 연구를 통해 만들어진 사례를 진술함으로써 전통적인 과학적 의학 분야에서 확실한 위치를 점했다. 다시 말해 증거기반적인 실천은 반드시 이러한 문제들을 심각하게 받아들여야 한다.

분명하게 그러한 많은 주장들은 조심스럽게 검증되어야 할 필요가 있으며, 그것은 쾨니히의 작업인 존재이유(the raison d'etre)에 대한 부분이다. 그는 도입부에서 선뜻 '종교학과 의학 사이에 있는 불안정하고 격변하는 800-년 관계'를 인정한다(매력적인 8000년의 '연대기'에 대한 과학, 의학, 종교적 사고와 믿음 사이의 관계를 검토하려면, 그의 논문 2장 참조). 그럼에도 불구하고 쾨니히는 중요한 삶의 질 영역에 과학적 접근을 시도하고자 한다. 그는 건강과 웰빙을 약화시키는 종교적 사고와 믿음에 대한 많은 부정적 방법을 인지하고 목록화하는데, 마녀 화형과 같은 화제와 정신적 질병의 본질을 엄청나게 오해하고 종교라는 이름하에 진행된 다양한 양상의 학대를 포함하고 있다. 그의 저서 대부분은 광범위한 과학적 연구들에 대해 평가하고 있으며, 종교적 신앙과 웰빙 사이의 긍정적인 상관관계를 보여준다. 주요한 발견 내용을 요약하면 아래와 같다.

- 종교성이 흡연·약물과 알코올 남용·위험한 성적 행동과 같은 건강에 부적절한 행동과 연관이 적은 것처럼, 관상동맥 질환·고혈압·뇌졸중·변연체계 기능장애·암과 낮은 사망률과 많은 관련이 있다.
- 종교적 공동체에 지속적으로 참여하는 것은 낮은 사망률, 장수와 관련이 있다.
- 많은 사람들이 종교적이거나 영적인 믿음과 의식(儀式)을 사용하여 암에 대처하도록 돕고, 종교를 이용하여 더 잘 적응하도록 자원을 다루며, 불안을 덜 경험한 사람들이 더 희망적이라는 증거가 있다.
- 종교적 참여는 또한 심근경색의 위험, 관상동맥질병으로 인한 사망, 관상동맥 혈관우회이식 수술 후의 생존에 중요하고 이로운 영향을 주는 것으로 나타난다.
- 다수의 연구들이 종교적 참여와 웰빙, 행복과 삶의 만족도 사이에 긍정적인 상관관계를 보여준다. 구체적인 예로, 희망과 낙관주의·삶의 목적과 의미·더 높은 자존감·사별에의 적응·낮은 비율의 우울과 우울로부터의 빠른 회복·낮은 자살률·낮은 불안·낮은 비율의 알코올과 마약 복용 혹은 남용 등.

물론 이러한 내용은 소수의 예시적 발견들이며, 단순하게 우리의 논의에 포함하여 조사하고 비평해온 주제와 화제의 범위에서 삽화로 사용하기 위한 것들이다. 쾨니히는 연구프로젝트의 한계를 충분히 알고 있었고, 추후에 더 연구할 필요가 있는 영역도 알아차렸다. 비록 미국에 국한되지 않았더라도(다른 대륙들의 연구프로젝트도 포함) 미국 중심의 연구들이 높은 우위를 차지하므로, 다른 문화와 환경으로 부득이하게 자동적으로 양도되지 않는 연구결과와 영향이 있다.

킹과 그의 동료들(2006)은 영국에 있는 여섯 인종의 인구(아일랜드인, 카리브 해인, 인도인, 파키스탄인, 방글라데시인, 그리고 백인[n= 4281])에 대한 경험적 연구에서, 종교적 사람과 비종교적 사람들 사이에 흔한 정신장애에는 차이가 없다는 것을 발견했다. 그러나 또 다른 연구 결과에 따르면, 어떠한 종교적 실천도 없이 영적 삶의 견해를 지닌 사람들은 영적 삶의 견해와 함께 실천적인 사람들에 비해 좀 더 흔하게 정신장애를 갖게 되는 것 같다. 이는 영성의식에 근거하지 않은 모호함은 정의된 전통에 뿌리를 둔 종교적 신앙보다 치료의 영향을 적게 받으며, 욕구에 맞춰 도움을 제공하는 공동체의 지지체계를 가지고 있음을 암시한다. 우리는 그러한 연구 결과들을 조심스럽게 살펴보아야 하며, 그것을 본래 가치보다 더 중요하게 여기거나 기대하지 않도록 노력해야 한다는 것을 깨닫게 한다. 우리는 연구 결과 자체를 진술한 한계 안에서 언급해야 하며, 그 연구 결과들을 부적절하게 사용하여 특별한 세계관이나 이데올로기를 뒷받침해서는 안 된다. 그럼에도 불구하고 이러한 중요한 '경고'와 함께 쾨니히의 관찰로 얻어진 결과는 종교적이고 영적인 믿음과 실천이 넓은 범위의 조건을 가로질러 긍정적으로 건강을 향상시키는 데 유익하며, 삶의 질 논의에서 중요한 양상임을 입증한다.

3. 결론

이 장에서 '삶의 질'이라는 개념과 밀접하게 관련된 많은 주제를 살펴보았다. 우리가 일(작업)하는 모든 상황에서 흐르는 흔한 주제는, 삶의 질에 관한 물음으로 사람들이 현재 즐기는 삶, 혹은 그들이 열망하는 삶, 혹은 사람들이 일시적으로 또는 영구적으로 상실했다고 느끼는 삶, 혹은 우리가 그들로 하여금 성취하도록 돕기를 소망하는 삶의 질에 관한 것이다. 질(Quality) 서비스는 욕구를 가지고 있고 그것을 이용하는 사람들의 삶의 질을 개선하는 것과 관련이 있다. 삶의 질 문제는 전체 맥락의 이해를 추구함으로써, 문제와 욕구를 경험해본 총체적 방법에 적절하게 (전인적으로) 반응함으로써 다루어질 수 있다.

서비스 질을 측정하는 데 삶의 질 개념을 중심에 두는 접근은 '삶의 영역' 접근을 적용하는 경향이 있다(Oliver et al., 1997). 세계보건기구가 의해 인정한 그 영역들이 이 장에서 논의됐음에도 불구하고 사회복지사들은 삶의 질 측정에 영적 영역을 좀처럼 포함하지 않고 있다. 우리가 각 개인에게 '질(quality)'이 무엇을 의미하는지를 살펴볼 때, 우리는 그들의 영성을 조사할 것이다. 그들이 세상을 어떻게 조망하는지와 그들에게 어떤 일이 일어났는지, 그들이 자신의 미래를 어떻게 보고 미래에 대한 그들의 노력을 어떻게 보는지, 무엇이 그들을 움직이게 만들고 삶을 가치있게 만드는지에 대해서 말이다.

삶의 질에 대한 그들의 태도는 그들이 우리와 함께 일하고자 선택하는 데 중대한 영향을 미친다. 그리고 그들의 삶의 질을 향한 우리의 태도, 우리가 어떻게 그들과 같이 탐구하고, 그들이 우리와 함께 그러한 문제를 편안하게 탐구하는 방법을 결정하기에 어울리는 종교적이고 영적인 차원에 우리가 어떻게 열린 자세를 지닐 수 있겠는가.

성장하고 있는 질(quality)의 융합(convergence)이라는 개념은 아담스 (Adams, 1998)가 사용한 '질 극대화(quality maximisation)'라는 용어로부터 이동되어온 개념이다. 이러한 주제들은 사회사업실천의 주류에서 편히 자리 잡을 수 있도록 영적 돌봄에 대한 이해와 개발을 할 수 있는 근거를 제공해준다. 지금까지 이러한 방법으로 볼 때, 영적 돌봄은 주변 활동이 아니라 사회복지실천의 핵심 업무에 속한다. 아담스는 그것을 이렇게 설명한다.

> 점진적 실천을 향해 앞으로 나아가는 한 가지 길은, 충분한 이론이 세워지고, 사회적이고 전체적이며 초월적인 이해에 의해서 가능하다. 다시 말해, 질을 극대화하기 위한 전체적이고 민주화되고 권한이 주어진 접근이다. —Adams(1998, p.195)

우리는 5장에서 변형(transformation)과 초월을 위한 영적 돌봄 안에 있는 잠재력을 고려해야 할 것이다. 각각의 인간이나 모든 인간에게는 심오한 깊이가 있는데, 그것은 삶의 질·존엄성·가치기반의 사회복지실천 속에서 나타나고 있는 존경심을 그 자체에서 내뿜는 인간존재이다. 사람들의 가치와 존엄성은 그들이 무엇을 할 수 있고 할 수 없는지 또는 성취할 수 있는지만큼 그들이 누구인지에 놓여있다. 더욱이, 삶의 질은 사회복지에서 우리가 어떻게 사람들을 취급하는지에 따라 확인되기도 하고 부인되기도 한다. 그러므로 삶의 질 개념은 사회복지교육과 실천을 위한 중심 주제로 논의하지만, 그것을 정의하거나 탐구하는 것은 어려운 일이다. 영성과 같이 그것은 '연결로(gateway)'가 되는 단어이다. 우리가 우리 자신을 이해하고, 영성을 이해하도록 돕는 한 묶음으로 이루어진 개념의 한 부분으로서, 삶의 질은 개인의 본질적 가치와 인간존재로서의 독특성의 지침이다. 또한 사회복지사들이 매일 그들의 전문적 실천 속에서 붙잡고 싸워야 하는 도전이며 기회이다.

참고자료

• Joseph, S.·Linley, P. A. and Maltby, J., "Positive Psychology, religion and spiritu-ality", Mental Health, Religion and Culture 9: 3, 2006, pp.209~212.

• King, M.·Weich, S.·Nazroo, J. and Blizard, B., "Religion, mental health and ethnicity. EMPIRIC-A national survey of England", Journal of Mental Health 15: 2, 2006, pp.153~162.

• Koenig, H.·McCullough, M. and Larson, D., Handbook of Religion and Health, Oxford: Oxford University Press, 2001.

• Paquette, M., "The science of happiness", Perspectives in Psychiatric Care 42: 1, February 2006.

• Powell, A., Psychiatry and Spirituality: The Forgotten Dimension, Brighton: Pavilion / NIMHE, 2003.

• Seligman, M., Learned Optimism: How to Change Your Mind and Your Life, New York, NY: Vintage Books, 1990.

• World Health Organisation(WHO), WHOQOL, Measuring Quality of Life, Geneva: Switzerland, 1997.

• Zohar, D. and Marshall, I., SQ: Connection with Our Spiritual Intelligence, London: Bloomsbury, 1999.

V

영적 돌봄

1. 도입

3장에서 우리는 영적 욕구와 고통에 대한 개념을 분석했고 사회복지 실천의 몇몇 상황을 확인했는데, 그 상황은 때로 문제의 뿌리가 되기도 한다는 것을 분명히 알 수 있다. 그런 다음 우리는 영적 차원이 어떻게 사회복지실천에 있어서 사정의 한 부분이 되는지를 살펴보았다.

이 장에서는 '세속적 돌봄의 전문직으로서 우리가 무엇을 할 것인가?' 라는 까다로운 질문을 다룰 것이다. '영적 돌봄'이라는 제목이 붙여진 장 (chapter)과 접할 때 어떤 이들은 즉각적으로 이것은 사회복지실천과 연관이 없을 것이라고 생각할지도 모르는데, 특히 '돌봄 전문직'인 사회복지가 종종 돌봄 역할에 주의를 기울이지 않고 '개입(intervention)'이란 용어를 선호하는 것 같기 때문이다. 더욱이 '돌봄'을 받는 많은 사람들은 그 용어를 싫어하므로 서비스의 '이용자(users)'로 보이길 선호한다. 그럼에도 불구하고 우리 중 누구도 서비스와 지지 없이 전적으로 일상생활을 관리할 수 없다. 또한 '우리에게 관심을 지닌' 사람들과 상호작용할 수 있는 것은 웰빙에 관한 우리 의식의 중요한 요인이다.

따라서 영적 돌봄을 제공한다고 생각하는 사회복지실천의 어려움은 오로지 종교적이고 영적인 함축으로 인해서 불편하기 때문이 아니라 부분적으로 그러한 돌봄 역할이 친밀한 개인적 업무 유형이기 때문이다. 많지는 않으나 어느 정도 그러한 업무가 현대의 사회복지실천에 속해 있다. 돌보는 역할은 합법적인 장소, 이를테면 주거가 가능한 세팅 속에서 허락된다. 돌봄의 수혜자는 어린아이처럼 의존적인 범위에 속해있기 때문에 실제 돌봄이 허락되는 공간은 합법적인 장소, 이를테면 주거가 가능한 환경이다. 따라서 돌봄의 전문적 경계를 확실하게 유지할 수 있도록 많은 에너지가 투입됐다. 영적 돌봄에 대한 방대한 간호직 문헌들에서 입증하듯이 간호직은 돌봄을 제공한다는 의견에는 별문제가 없지만 '직접 해보는 활동'으로서 그 활동은 신체적, 정서적 그리고 최소한의 영적 영역을 건너서 돌봄의 개념으로 보다 쉽게 옮겨 갈 수 있다.

그와 대조적으로 사회복지실천은 영적 돌봄과 서비스 이용자와의 관계에서의 잠재적인 역할의 개념을 언급했다. 영성에 관한 대부분의 저술들은 영적 욕구를 정의하고 인식하는 데 중점을 두며, 이 영역을 다루기 꺼려하는 사회복지실천의 문제와 관련이 있다. 오직 미국에서만 영적 돌봄에 관한 사회복지문헌들이 잘 개발되고 있으며, 여기서 저자들은 '영적 상관관계'라는 용어를 언급하고 있다. 이것은 먼저 사정에 착수하고 그다음 계획하며 평가를 기반으로 하여 개입하는 과정으로서 사회복지실천 모델에 잘 들어맞는다. 영성에 대한 이러한 접근은 미국 밖에서는 사회복지실천 속에 자리 잡기가 더 어렵다. 이미 세속화에 익숙한 캐나다, 북유럽, 호주, 뉴질랜드의 문화에는 사회복지실천이 서비스 이용자들의 영적 삶에 '개입하기'란 너무 아득하며 심지어 영성을 인간존재의 일부분으로 생각하는 데 공감하는 사회복지사들에게도 너무 먼 방법이라는 의심이 존재한다.

대조적으로 남유럽 국가들에서는 사회복지실천이 신앙에 기반을 둔 단체를 통해서 제공되고 있으며, 영적 돌봄은 간단히 그들 문화에 든든하게 뿌리내린 부분으로 보일 수도 있다. 남반구(Global South)에서 일하는 사회복지사들과 원주민(First Nation) 공동체 속에서 일하는 사회복지사들은 다른 어떤 개입으로부터 영적 돌봄을 구별할 필요를 느끼지 않을 수도 있는데, 그것은 앵글로색슨 문화 속에서는 '세속적'인 것과 '종교적'인 것을 구분하지 않기 때문이다. 이런 이유로 영성과 영적 돌봄에 대한 다른 접근 방법들은 8장에서 살펴볼 것이다.

이 장에서 다룰 주된 과제는 현대의 사회복지실천에서 영성담론과 두드러진 담화들 사이를 연관짓는 것이다(Holloway, 2007a). 현대 사회복지실천의 핵심 주제와 주된 접근으로 다음과 같은 포괄적인 실천모델을 정립하기 위해서인데, 그 실천은 각 사회복지실천가들이 편안한 자세와 수준에서 영적 필요에 종사하도록 인정하는 것이다. 이 방법을 이해하도록 추후사정과 개입이 누군가에게 남겨지거나 혹은 진정 필요하지 않다 할지라도 사회복지실천은 서비스 이용자들의 영적 욕구를 인식하고 알아차려야 한다. 개인의 영성을 간단하게 인식하는 잠재적 치료법을 과소평가해서는 안 된다.

우리는 먼저 사회복지 개입의 국제적인 관심사를 가로질러 특징을 이루는 두 가지 주제인 능력 강화와 파트너십을 살펴보고, 영성과의 관계를 생각할 것이다. 이것을 기반으로 하여 우리는 영성의 개념들을 살펴보아야 한다. 영성이 사회복지실천에 덜 친숙하며, 우리가 입증해야만 하듯이, 주류 사회복지실천과 직접 관련되어 있어야 하는 영성의 주요 개념에는 '초월성, 변형, 전체성, 희망' 등이 있다.

사회복지실천에서, 특히 전문가들이 실천하는 환경 속에서 현대적 사회복지실천과 영성을 더 깊이 연결하기 위해서 우리는 회복탄력성 세우기(resilience building)와 의미 만들기(meaning-making)를 위한 내러티브(narrative) 접근[1] 등 두 개의 개입으로 되돌아가야 한다. 우리는 이 모든 것

---

1 이야기 치료(narrative therapy)는 1980년대 후반부터 상담과 심리치료의 한 분야로 대두되기 시작한 이론으로, 포스트모더니즘적 세계관을 배경으로 한다. 포스트모더니즘 치료의 목표는 내담자의 특수성·고유성에 주의를 기울이면서 치료자의 지식이 현실의 해명이 아니라 현실에 대한 다양한 이해와 해석을 내리는 데 도움을 주는 것이다. 내부적이며 주관적으로 발생하는 지식에서 보다 큰 가치를 발견하도록 주력하게 된다. 따라서 이야기 치료에서 인간을 보는 기본 전제는 자신이 속한 상황과 문화 속으로 태어난다는 사실이다. 인간은 처음 시작부터 자신이 속한 문화와 사회 속에서 어떠한 형태로든 영향을 받으며, 자신에 대한 이해를 구축해가는 존재라는 것이 이야기 치료 접근의 기본 전제이다. 우리의 삶에 일어난 어떤 사건이나 경험들은 우리의 이야기로 만들어져 그 안에서 서로 연결되어 삶을 형성한다. 이야기는 사람들의 과거·현재·미래에 대한 연출이며, 삶을 인도하는 힘으로서 이야기의 연결과 연출로 우리는 자신과 세계에 대한 의미를 찾아내고 그 안에서 우리의 경험을 엮어서 이해한다. 이야기는 사람들의 해석과 의미를 알려주고 어떻게 그가 그 의미하는 바대로 살아가는지 보여준다.

이야기 치료는 문제를 고치고 수선하는 데에 관심을 두는 것이 아니라 문제를 보는 방식을 달리하거나 그 문제에 다른 의미를 가져오는 것에 더 관심을 둔다. 이야기 치료의 또 다른 기본 전제는 사람을 문제로 보는 것이 아니라 문제를 문제로 본다는 것이다. 즉, 문제에 대한 이야기를 문제로 삼고자 한다. 달리 말하면, 문제에 대한 사람들의 믿음을 문제라고 보는 것이다(White et al., 1996). 즉, 사람이 문제가 아니라 문제를 문제 자체로 받아들일 수 있도록 문제를 보는 눈을 바꾸는 데 주력한다. 따라서 사람들이 바라는 삶에 대한 이야기를 할 수 있도록 각본의 수정에 관여하며, 사람들이 문제가 되는 이야기를 버리고, 이를 대체하는 새로운 방식의 이야기를 활용할 수 있도록 하기 위해서 여러 가지 질문과 치료기술을 사용한다. 이야기적 관점에서 인간 이해는 다음과 같다. 첫째, 인간은 이야기적 존재이다. 둘째, 인간은 자신의 삶을 자기가 하는 이야기대로 살고 있다. 셋째, 인간은 바라고 살고 싶어 하는 현실이 있으며, 기회가 주어진다면 이 삶을 택하길 원한다. 넷째, 인간은 한 개인적 차원에서만 살아가는 것이 아니라 그를 둘러싸고 있는 사회적·역사적 현상 속에 살아가는 존재이다. 다섯째, 인간의 경험은 이야기적 특성들로 이루어져 있다. 여섯째, 모든 인간을 자신의 삶의 전문가로 인정한다. 일곱째, 인간은 해석하는 존재로서 매일 경험하는 사건들에서 의미를 찾아내려 한다. 이 같은 인간이해를 바탕으로 이야기 치료에서는 기본적으로 인간의 정신을 고정된 객관적 실체가 아니라 사회적으로 구성된 매우 유연한 현상으로 보고, 이야기를 바꾸어줌으로써 다르게 나타날 수 있는 것이라고 가정한다(Cowley & Springen, 1995).

을 함께 모아서 서비스 이용자들의 영적 여정의 '동반자'로서 사회복지사에게 제공하는 하나의 모델 속에 맞춰 넣어야 한다.

2. 영성 역량 강화하기(Empowering)

사회복지는 그 자체를 하나의 역량 강화하기 활동으로 정의한다. 사회복지실천 속에 있는 근본적인 가치는, 역량이 부족하고 가치 없는 존재로 여겨지며 차별대우와 억압을 당하는 사람들을 지지하는 것이다. 무기력에 깊이 자리 잡은 의식은 종종 의식을 분열시키는 것에서부터 가장 내성적이거나 우울한 것까지에 이르는 태도와 행동의 그림자처럼 보여진다. 사회복지사들이 서비스 이용자들의 '역량 강화하기'를 말할 때, 대체로 자신들의 힘을 빌려주는 것을 의미한다. 즉, 자신들의 힘을 서비스 이용자에게 사용하여 강점을 잃어버린 그들의 처지에 도전하고 무력감을 뒤집도록 지원하는 것을 의미한다. 그러나 장애인활동가들이 지적했듯이, 역량 강화하기는 분산되어 '주어지기' 어렵고 서비스 이용자들은 전문가들에게 꽉 잡혀있음에 틀림없다(Swain et al., 1993).

진정한 역량 강화하기란 서비스 이용자 자신들의 발전적 여정을 촉진하는 것을 뜻한다. 역량 강화하기 개념이 영적 여정에 적용될 때, 서비스 이용자들이 격려를 받아 자신의 영적 자원과 접촉하여 양육(nurture)하는 것과 마찬가지로, 새로운 자원을 찾아 지니는 방법을 배워서 한 인간으로서 강점을 가지고 자신의 삶의 현상을 다루어갈 더 나은 자원을 갖추게 된다. 아래의 인용문들은 개인의 신앙자원에 대해 여전히 중요한 것으로 생각할 수 있고 영향을 미칠 수 있는 다양한 수준을 보여준다.

'여러분이 그것을 거론하고자 할 때에, 항상 그것에 접근할 필요는 없다.'

'나는 예수를 믿지만 그렇게 믿음이 깊지 않다. (…) 만약 내가 생각하는 것과 같은 무언가를 갖고 있다면, 그것은 당신을 도와서 계속해나가게 할 것이다.'

'나의 신앙은 엄청난 (…) 싸움이었고, 내 안에 그러한 노력과 강점을 소유하고 있다.' —Lloyd(1996, pp.299~300)

사회복지사들은 서비스 이용자들이 지닌 문제를 스스로 조절하도록 돕는 데 너무 빈번하게 역량 강화 개념을 제한해서 사용하고 있다. 이러한 내면 강화의 함의는 직접적인 외부환경과 관련된 제한된 시각과 같은 것을 넘어서 이동한다.

생각해볼 문제

1. 서비스 이용자의 역량 강화하기에 대해 말한다는 것은 무엇을 의미하는가?

3. 파트너십과 영적 돌봄

현대적 사회복지실천의 중요한 두 번째 주제는, 서비스 이용자와 동반자가 되어 일하는 것이다. 이것은 이론적 관점과 자신의 상황에서 '전문가'로서 이용자를 보는 이론적인 관점이 뒷받침한다. 때때로 그러한 견해는 사회복지사가 갖고 있는 전문적인 지식을 부인하고 다만 문제와 해결에 대한 서비스 이용자의 명확한 표현에 의존하게 만들기도 한다. 그러나 이것은 책임감과 동반자로서 일하는 데 대한 잠재적인 오해이다. 진정한 파트너십은 양쪽이 동시에 자신들의 전문지식으로 기여하고 상대방을 서로 존경하며 활용하는 것을 의미한다. 그러한 관계는 지위 고하와 관계없이 한 사람이 다른 사람보다 특별한 상황에서 더 많이 제공하는 것을 허용한다.

다른 사람의 관점과 영적 경험을 존중하는 것과 마찬가지로 영적 의식과 세심함이 뒷받침된 파트너십을 통한 접근은 영적 돌봄을 제공하기에 적합한 또 하나의 핵심적인 접근이다. '상처 입은 치유자'로 알려진 목회신학에서 비롯된 접근과 병행될 때, 가장 효과적일 수 있다(Nouwen, 1972; Campbell, 1981). 상처 입은 치유자는 자신이 받은 상처로 인해서 치료할 능력이 생긴다. 다시 말해, 우리는 같은 선상에 있다. 심리사회적 혹은 정치경제적 관점에서 볼 때 사회복지사들은 좀처럼 서비스 이용자들과 같은 눈높이에서 바라보지 않는다(비록 한 번 정도는 그렇게 했을 수도 있겠지만). 그러나 다른 사람들처럼 우리는 같은 실존적 딜레마에 근거를 둔 존재다. 사회복지사와 서비스 이용자의 영적 여정은 같은 관점에서 진행되지도 못하고 같은 노선을 갖지도 못한 듯하지만, 우리는 탄생, 삶 그리고 죽음으로 이어지는 인생의 항해를 하고 있다는 점에서 모두 동등하다. 장애물을 포함하여 그들이 영적 여정의 길을 찾듯이 타인과 동반자가 되어 일하는 것은 겸손한 경험이며, '돕는 사람'과 '도움을 받는 사람' 사이에 존재하는 경계를 허문다. 한 신부가 말했듯이.

> "나는 '도움'에 대한 가정에 도전하곤 한다. 내가 그들을 돕는 것이 아니라 그들이 자주 나를 돕는다." —Lloyd(1995, p.23)

생각해볼 문제

1. 당신은 어떤 상처가 있는가?
2. 당신이 입은 상처들은 당신이 누군가를 도울 때 어떤 도움을 줄 수 있는가?

영적 발달을 위한 파울러(Fowler)의 모델(3장의 논의 참조)은 여기서 도움이 된다. 파울러는 각 단계가 가치있고 그 자체로 완전한 상태라고 주장하지만, 모든 사람이 모든 단계를 동일하게 통과할 것이라고는 주장하지 않는다. 더욱이 파울러의 주장은 공동체에서 공유하는 우리의 영성이 영적 발달의 다른 단계에 있는 사람들 사이의 상호작용에 의해 풍부해진다는 것이다.

사례연구: 수잔과 조

수잔과 조(Joe)는 4명의 자녀가 있다. 셋째 아이 조안나는 학습장애가 있고, 장남 데이비드는 최근에 당뇨병을 앓고 있다. 수잔과 조는 둘 다 교사인데, 가정생활의 스트레스와 중압감 때문에 수잔은 일자리를 포기했다. 그녀가 더 많은 시간을 조안나의 교육에 집중할 수 있었으나 재정적으로 힘들어졌다. 가족은 지역 침례교회에 출석하며 몇몇 좋은 친구들이 있었지만, 수잔은 때때로 친구들은 그녀의 삶이 어떤지 진짜로 알지 못한다고 느낀다 — 만약 그들이 자신의 처지를 안다면, 대수롭지 않은 문제를 가지고 투덜대지 않을 것이다. 그녀는 여전히 조안나의 장애에 대해, '왜 우리가 이런 일을 당해야 하는가?'라는 생각을 하는 자신을 발견한다. 어느 특별히 힘들었던 날 저녁, 조에게 그녀의 심정을 쏟아낸 후 위층으로 올라가 조안나를 침대에 눕혔다. 그러자 조안나는 잠자리 기도에서 가족과 친구들에 대해 하느님께 감사하고 엄마를 안아주고 키스를 해주었다. 갑자기 수잔은 많은 사람이 갖지 못한 것을 자신은 갖고 있음을 깨달았다. 사랑하고 보살피는 가족과 공동체, 거기서 그녀는 힘을 얻고 영적 유대감을 갖게 된다. 조안나의 암시적 신뢰는 그녀의 삶의 질에 관한 새로운 관점을 열어주었고, 조안나의 삶으로 인해 감사하게 됐다.

---

4. 초월

영적 돌봄과 사회복지실천에 있는 몇 가지 핵심기술과 접근들 사이에 자연스럽게 마주치는 요점에 대한 주장에도 불구하고, 그 두 가지가 갈라지는 지점을 알아차리는 것이 중요하다. 영적 돌봄은 모든 사회복지실천의 개입에 적용될 수 없는 특별한 개념에 의존함으로써 구별된다. 만약 누군가 영적 영역의 견해에 공감한다면, 대부분의 모든 것이 '영적'일 수 있다고 여기는 대량의 포괄주의가 '영적 돌봄'의 개념을 무의미하게 만든다는 비난(Paley, 2008)은 심각한 것이다.

켈리히어(Kellehear, 2000)는 영적 욕구에 대한 매우 유익한 논문에서, 욕구가 '영적' 혹은 단순히 심리학적 또는 사회적인 것으로 정의되는지의 진위를 가리는 열쇠로서 초월의 개념을 확인한다. 켈리히어에 따르면 초월은 또한 영적 돌봄을 위한 출발점이다.

> '좋은 영적 돌봄'은 건강의 의미가 매일의 평범한 삶을 초월하는 우리 모두의 성공적 능력에 달려있음을 이해한다는 것을 의미할 수도 있다.
> —p.154

이 '평범함(ordinariness)'은 문제가 있고 고통스럽고 혹은 제한되고, 심지어 억압당하고 있을지도 모른다. 그러한 상황은 사회복지실천의 중재에 대한 본질로서 문제해결, 치료적 개입, 역량 강화하기의 주된 과업에 반영된다. 효과적인 영적 돌봄의 결과는 문제, 고통 혹은 억압의 근원이 그 스스로 없어지지 않는 곳에서조차 서비스 이용자들이 그러한 상황을 초월하여 더 이상 문제나 고통스러움 혹은 억압의 영향을 받지 않는 것이다. 물론 인지적 재구성과 같은 심리학적 조정과의 연결이 있는데, 거기서 사람이 상황과 사건을 다르게 보고 이해하도록 도움을 받아 그것들로부터 얻은 '메시지'를 긍정적이고 삶의 질을 높여주는 방향으로 바꾸기 위해서이다. 이러한 접근이 '영적 돌봄이나 개입을 하나로 모아 다룰 때, 초월은 내적 외적인 영적 자원을 발견하고, 건설하고, 미래에 대한 그림 그리기(drawing)를 통해 성취된다.

1) 초월하기 또는 억압에 도전하기

켈리히어는 목적, 희망, 의미와 긍정, 상호관계, 연결 그리고 사회적 존재의 실재를 '상황적 초월'을 위한 근거로 확인한다(Kellehear, 2000, p.151). 그 본질에 있어 켈리히어는 어려움이나 고난의 상황을 '이해하고 있거나' 또는 '최대한 활용하면서' 동일할 수 있다고 보았다. 우리가 영성과 종교에 관해 이야기할 때 어려운 상황의 '역경을 참고 견디기'를 초월로 이해한다면 투사하기, 현실도피하기, 혹은 지각을 잃게 만드는 힘으로서 종교에 대해 타당한 비평이 적용될 수도 있다. 이것은 의미와 삶에 가치를 주는 목적에 대한 탐구로서의 영성에 대한 총체적 개념을 약화시키고 개인을 자유롭게 하는가? 이에 대한 또 다른 관점은 투사가 의미를 만들고, 창조자로서 인간의 힘이 우리의 환경을 넘어 힘을 발휘한다는 것을 주장하는 논증이다(Chopra, 2006).

이것은 사회복지와 영성에 대한 중심 이슈이며, 우리는 그것을 연구하고 고려할 필요가 있다. 사회복지에서 우리는 빈번하게 도전받아야 하며, 지나치지 않고 혹은 심지어 뛰어넘어야 하는 상황을 다룬다. 사회복지실천의 맥락에 적용되는 해방신학(Liberation Theology)[2]은 도전과 초월 사이에 유익한 다리를 제공한다. 해방신학의 중심부에 있는 영적 해방은 일상의 삶의 조건에 대한 도전을 통해 성취된다는 이념을 가지고 있다. 일상을 초월하는 능력은 그렇게 해서 인간이 더 이상 물질적 조건의 덫에 걸리지 않게 되는 결과를 가져온다. 이것은 그러한 조건에 도전하거나 조건을 뒤집을 수 있는 힘을 야기할 수도 있고, 또는 더 이상 자신의 자의식을 지배하지 못하게 하는 결과를 가져올 수도 있다. 때때로 이것은 진짜로 중요하지 않은 것은 버리고 우선권에 따라 다시 순서를 매기는 법을 배우는 것과 같이 단순할 수도 있다(아무도 임종 시에 "내가 더 많은 시간을 사무실에서 보냈으면 좋았을 텐데"라고 말하지 않는다).

극한의 환경에서 (빅터 프랭클이 강제수용소에서 발견한 것처럼) 아마도 삶에 도움이 되고 건강을 유지하는 방법일 수도 있다(Frankl, 2000). 대부분의 상황에서 사회복지의 서비스 이용자들은 자신이 둘 사이의 어떤 곳에 빠져있음을 발견한다. '진리가 너희를 자유케 하리라'(신약성서 요한복음 8, 32)는 말씀에 대한 한 가지 해석은 '진리'는 발견하는 것이며, 인간의 영적 본질과 연결되며 영적 통합을 유지하는 것 안에 해방이 있다는 것이다.

---

2 해방신학(解放神學)은 그리스도교의 가르침을 정의롭지 못한 정치 · 경제 · 사회적 조건으로부터의 해방이라는 측면에서 이해하고 실천을 강조한 기독교신학 운동이다. 1960년대 라틴 아메리카를 중심으로 시작되어, 가톨릭 신학자들이 주도하고 진보적 개신교신학자들이 참여함으로써 초교파적 운동으로 발전했다. 빈곤한 사람을 비롯한 사회적 약자의 입장에서 교리를 해석함으로써 교회가 사회적 · 정치적 · 경제적 불평등과 부조리로부터 이들을 해방시키는 사회참여에 적극적으로 나서야 한다고 주장했으며, 특히 빈곤을 신의 뜻에 어긋나는 사회적 죄악으로 규정, 이를 타파해야 한다고 강조했다. 구스타보 구티에레즈, 『해방신학: 역사와 정치와 구원』, 분도출판사, 2000 참조.

5. 변형(Transformation)

두 번째로 중요한 개념은 변형이다. 영적 중재가 사회복지실천의 중심에 있다는 칸다(Canda)와 퍼먼(Furman)의 가장 중요한 논쟁은 잠재적인 변형과정으로서 사회복지의 성격을 묘사하고 있다. 칸다와 퍼먼은 사회복지사들이 스스로를 변화를 위한 매개인으로 본다는 것을 출발점으로 삼는다. 체계이론에서 얻은 이론적 관점으로부터 개인이나 가족의 경험을 개념화하여 많은 사회체계(가족, 학교, 직장, 공동체 같은)를 서로 충족시키는 기능에 의해 결정되듯이 한 체계 속의 문제나 움직임은 다른 체계에 대해 연쇄적 효과를 가진다(Pincus & Minahan, 1973). '변화매개인'으로서 사회복지사들의 과제는 이러한 역동 속에 끼어들어 최악의, 손해가 큰 '도미노식 추락'의 결과를 포함하며, 문제해결과 변화향상의 접근 대신에 부정적인 효과를 막거나 중단하는 것이다. 칸다와 퍼먼은 사회복지사들이 변화 매개인으로서 '영적으로 민감한 실천'에 종사할 때의 과정에 대해 아래와 같이 설명한다.

> 문제해결보다 더 많은 것을 포함한다. 그것은 대처 능력 증진하기, 적응하기, 혹은 회복 이상의 것을 포함한다. (…) 영적으로 민감한 실천은 사람들의 재능, 기술, 능력, 그리고 자원을 발견하고 그들의 즉각적인 목표와 최고의 열망과 가능성을 서비스하도록 그것들은 집결한다. —Canda & Furman(1999, p.252)

헨리(Henery)가 논증한 바로는 돕는 적문직들 사이에 행해지는 현대의 영성에 대한 논의 문제는 영성을 건강촉진을 위한 삶의 스타일 선택이라 파악하는 것이다(Henery, 2003). 위의 표현은 영성과 영적 실천을 자아

심리학과 인지치료의 하위 학문분야로 묘사하는 것처럼 보일 수도 있다. 그러나 칸다와 퍼먼은 계속해서 말한다.

> 변화(change)가 변형적(transformational)일 때, 사람을 움직여 그들의 영적 행로로 나아가게 한다. —p.252

변화가 어떻게 보일 것인지, 그리고 사회복지사들과 서비스 이용자들 사이의 상호작용에서 변화가 어떻게 촉진될 것인지를 잠시 고려해보아야 하지만, 당분간 우리는 영적 발달의 과정 속에 있는 파울러의 '과업'을 상기해야 한다(Fowler, 1987). 파울러는 영적 발달을 자기 확인의 과정이 아니라 역설과 타협하는 것, '타인' 속에 근거를 둔 양극적인 대화를 수립하는 것으로 특징을 지었다. 따라서 인간 정체성의 기반은 편안한 자기의식에 대한 논박과 도전으로 투쟁을 통해서 자아를 변형시키는 것이다.

6. 전체성

다른 '원조전문직(helping professions)'처럼, 사회복지 분야에서도 '전체론적 실천(holistic practice)'에 대해서는 언급해도 전체성에 대한 질문을 거의 다루지 않는다. 사실, 보통 사회복지가 전체론적 실천을 의미하는 것은 사정에 대한 '전인적 접근'이며, 인간 삶의 전 영역을 다루는 것을 의미한다. 현재 영국정부의 정책에서 이 전체론적 실천은 '인간중심 실천'으로 바뀌어왔다(보건부, 2005). 그러나 사정에 대한 제한된 초점과 인간중

심으로서의 전체에 대한 이해는 '전체성'을 이루기엔 다소 부족한 접근
이다. 만약 우리가 사회복지를 특별한 상황에 처해있는 각 개인과 가족
에게 특혜를 줄 수 있는 유일한 활동으로 생각할 때, 그 상황이 사회적,
경제적, 정치적 그리고 철학적 맥락에 의해 만들어지는 것으로 이해한
다면 전체성에 대한 열망을 훨씬 더 많이 받아들이게 될 것이다.

　이에 대해 체계이론(systems theory)으로 접근할 필요가 있다. 전체성이
라는 개념을 인간 안에 있는 체계(정치적 · 경제적 체계와 마찬가지로 가족, 공동체
와 조직과 같은 사회적 체계들)와 그들 사이의 상호작용 속에 있는 전체성을 포
괄해서 이해하기 위해서이다. 중요한 사회적 그리고 정책적 역동에 반
응하도록 지속적으로 자기 자신을 발전시키는 개인과 가족에 대한 전체
론적 접근은, 즉 현대의 건강과 사회적 돌봄에 대한 관리와 시장 주도의
분위기 속에서 사회복지실천의 핵심은, 전문적이고 윤리적인 정체성을
지키는 것이 유일한 방법이라는 것이다(Lloyd, 2000).

　이러한 사고방식(culture)의 특징들 중 하나는 모니터링과 평가를 위해
서 모든 것을 소단위로 나눈다는 것이다. 그러한 '단위(unit)' 접근과 대조
적으로 아담(Adam, 1998)과 허드슨(Hudson, 2000)은 '전인' 건강과 삶의 질에
영향을 미치기 위해서 '전체적 체계' 변화가 필요하다고 보았다(Hudson,
2000). 사정 그리고 개인의 욕구와의 만남을 위한 전체론적 접근이 요구
하는 것은 그들의 삶의 형태를 만드는 사회적 구조와 서비스 경험에 영
향을 미치는 기제에 대한 '통합적 초점'이다. 사회복지 분야에 있어서 영
성의 수용에 관한 심도있는 주장 중 하나는 영성이 개인적 · 사회적 · 정
치적 관심의 수준에서 작용해야 한다는 것이다. 내시(Nash, 2002)는 영성
관점이 개인의 책임으로서 문제를 단호하게 보는 사회구성주의자의 세
계관이 지속적인 딜레마에서 벗어나도록 도와주며, 개인적인 수준에서

실제로 개입하는 자신을 발견하는데, 이러한 점은 사회사업에서 용이하다고 주장한다.

　우리는 다음 장에서 영성의 공동체 차원들을 살펴보게 될 것이다. 전인적 접근은 공동체 차원의 전체적 경험에 대한 반응으로서 그들 삶의 전 영역에서의 포괄적 사정을 그다지 많이 함축하지는 않는다. 우리는 정말 다른 측면에 초점을 두는 것을 통하여 이러한 반응에 도달할지는 모르나 항상 부분들의 합보다 전체에 더 많은 가치를 부여해야 한다. 더욱이 전인성(wholeness)은 '건강함(wholesome)'이나 '완전' 등과 같은 개념이 아니다.

> 광범위한 사람들을 위한 전인성은 실제로 많은 번잡함과 빈번한 격렬함을 함께 간신히 견디고 있음을 의미할 수도 있고 그 시대의 몇몇 이슈를 해결할 수도 있다. 다른 부분들이 통합의 과정에서 함께 밀치듯이 이러한 사람들은 의심과 두려움을 경험한다. ─Lloyd(1995, p.25)

　초월 · 변형 · 전인성은 일상과 우주를 넘어서 (억압 · 고난 · 고통 · 외상(trauma)과 같은 것을 매우 빈번하게 경험하면서 일상적으로 살아가는 서비스 이용자는 말할 것도 없이) 우리를 끌어올리는 진기한 순간 이외에는 우리에게 가장 도달하기 힘든 범위일 수도 있다. 하지만 우리는 극단적인 순간뿐만 아니라 일상에서의 사소한 시간에도 자신의 잠재력을 경험할 수 있다면, 사회복지사가 하는 일로서 '적합성(fit)'은 지금까지 중단되지 않을 수 있다. 사회복지사라면 누구나 때때로, 정신(the spirit)을 유지하는 데 도움이 되도록 모든 지식을 끌어들일 것이다. 그리고 이것은 다른 사람에게 인내하고 견딜 수 있는 힘을 줄 수 있다(Lloyd, 2002). 확실히 이것이 초월이다.

　또한 사회복지사들은 문제가 있는 상황이나 관계에 대하여 변화된 인식이 문제해결과 삶의 질을 향상시키는 길을 여는 열쇠임을 인정할 것이다. 우리가 인식의 변화를 이끌어주는 데 중요한 역할을 할 때, 우리의 중재는 혁신적이다. 사회복지사는 서비스 이용자와 그 주변 사람들에게 휘몰아친 처참한 결과로 인해서 그들의 연약한 균형을 유지시켜주던 전체성이, 결정적으로 파괴될 수 있음을 인식해야 한다. 온전함을 회복하는 것은 긴 과정일지도 모르며, 하나의 새로운 온전함과 중심을 발견하는 것과 연관되어 있을지도 모른다. 그것은 궁극적으로 회복에 이르는 유일한 방법이다. 우리가 이 재건의 일부분이 되는 혜택을 입었을 때, 우리의 실천은 다시 '온전함을 이루는' 것이기 때문에 치유를 하고 있다. 이 연로한 여인은 그녀의 영적 성숙에 의지하여 '진정한 삶'의 온전함이 무엇인지에 관하여 깨달은 것을 이야기한다.

> 당신은 나이가 들어갈수록 더 잘 이해한다. (⋯) 나는 모든 파편과 조각들로 하나의 전체를 만들어왔다. —Lloyd(1996, p.304)

7. 희망의 중요성

사회복지사들이 주로 회피해왔으나 서비스 이용자들이 지속적으로 언급한 전략은 희망을 이용하는 것이다. 사회복지사들은 왜 희망을 낳고 키우는 활동을 조심스러워하는가? 영성의 분야에서 다른 많은 경우와 마찬가지로, 문제의 대부분은 희망을 개념화하는 방식에 있다. 사회복지사들은 사람들이 자신의 문제를 현실적으로 보고 그 문제를 다루는 데 현실적인 전략을 사용하도록 돕는다. 문제가 없어지기를 바라는 '소원'에 의지하는 어떤 형태의 생각도 문제에 직면하기를 거부하는 것으로 볼 수 있다. 극심한 재정 문제에 쫓기는 도박꾼은 자신의 문제에 대한 책임감을 거부하며 '믿을 만한 정보'의 경주마(馬)에 다시 한 번 돈을 걸게 된다. 이는 개인의 재앙을 '불운'에 돌리고 반대로 그들의 '믿음'을 미신적 행동에 두거나 초월적 존재와 흥정하며 진정한 대처행동을 약화시키는 쓸모없고 비이성적인 반응들로 보인다. 그러한 행동들이 진정으로 희망을 추구하는 것인가? 그런 것들이 영적 자원으로서 '희망'과 상관이 있는가?

사람들이 미신, 종교 그리고 희망에 대한 '일상'의 생각을 상호 교환적으로 섞는다는 몇 가지 증거가 있다. 저자들 중 한 명이 자신의 연구에서 찾아낸 바로는 '희망', '믿음' 그리고 '신뢰'란 말들이 다양한 사람들에 의해 다양한 방법으로 사용되어 때로는 종교적 믿음을 대변하고 때로는 삶의 일반화된 의식을 대변한다는 것이다. 그 예는 다음과 같다.

'종교는 희망의 다른 형태이다. 그렇지 않은가? 그게 바로 그거야.'
'나는 위에 계신 분을 신뢰한다.'
'많은 사람들은 그것을 운명으로 받아들인다. 그러나 나는 그걸 운명으로 생각하지 않아!'
'신뢰 없이 당신은 멀리까지 갈 수 없어. 할 수 있겠어?'

이런 모든 대화 속에는 우리에게 견디고 살아남고 아마도 초월하도록 붙잡을 무언가가 필요하다는 생각이 들어있다. 사회복지 분야에서보다 의료업에 종사하는 사람들이 이것을 인지하는 데 많은 관심을 기울여왔다. 정신과 의사 컨설턴트인 컬리포드(Culliford)는 다음과 같이 말했다.

나는 "어디서 그런 힘이 나오는 거야?"라는 질문(때때로 "일이 당신을 의기소침하게 만들기 시작할 때, 무엇이 당신을 살아가게 하는가?"처럼 표현된다)이 그 문제의 중심으로 직접 가고 있음을 발견했다. 사람들은 영적 영역에서 힘과 자양분을 얻는다. —Culliford(2004)

사회복지사들은 '잘못된 희망', 이를테면 가능성이 적다는 것을 알고 있으면서도 부모들이 그들의 아이들이 좋아질 것이라고 생각하게 만들까 걱정하는 지점에서 의료전문가들은 희망이 없는 상황이 분명히 개인 안에 내재된 희망을 양육하기에 매우 중요하다는 관점을 가지고 있다. 이 질문은 특히 말기 환자 완화치료에서 다루어져 왔는데, 희망의 유지는 항상 호스피스 비전(vision)의 일부가 되어왔다. 트와이크로스(Twycross)는 프랭클(Frankle)의 말을 인용하여 고난의 상황에 대해 "인간은 고난 때문에 파괴되는 것이 아니라 의미가 없는 고난 때문에 파괴된다"고 했다(Twycross, 2007). 이에 대한 또 다른 길은 럼볼드(Rumbold)의 무망감과 희망의 연속성이다. 의미 발견하기와 무망감(helplessness) 극복하기라는 두 개념은 중요한 사람에 대해서 우리를 긍정적인 쪽으로 이끈다.

럼볼드는 이것을 현실과 투쟁하지만 신뢰를 유지하는 '성숙한 희망' 속에 있는 과정으로 묘사한다. 그것은 혼동과 의심을 갖고 살면서도 의미를 확고히 하는데 초점을 맞추고 있다. 트와이크로스는 아내의 질병이 종말기에 접어든 어느 남편의 말을 인용했다. "그러한 친절함을 만들어냄으로써 모든 것을 낭비할 수 없게 한다." 그것은 내일에서 희망을 찾을 수 있다는 의미이다.

이러한 방식으로 이해한다면, 삶의 의미있는 모든 것을 파괴해버린 사람에게서도 '성숙된 희망'을 불러일으킬 수 있다. 영적으로 알려진 능력 강화 실천은 희망을 양육하는 일을 두려워하지 않는다. 호튼은 어렵고 절망스러운 사건과 환경으로부터 살아남은 평범한 사람들의 '희망'을 포기하지 않았기 때문에 얼마나 신중하게 해왔는지 느낄 수 있다고 말한다(Houghton, 2007).

> 희망이란 그들의 단어이고, 그들은 희망을 매우 개인적으로 해석하여 목표나 기대에 대해 비인격적으로 말하지 않는다. 그들에게 희망은 순진하거나 과도한 낙관론이 아니다. 오로지 성취에 대한 것만도 아니다. 희망은 눈에 보이지 않을 때라도 삶의 좋은 점에 대한 시각을 잃지 않는 것에 관한 것이다. —Jevne(2005, p.267)

다른 저자들이 제안한 것은 희망을 지닌 사람들은 긍정적인 결과물이 항상 가능하고, 외상적인 사건을 겪은 뒤나 고통 가운데에서도 새로운 힘을 얻고 정신에 다시 불을 붙일 것으로 믿는다는 점이다(Akinsola, 2001; Houghton, 2007). 제시된 대안은 생존자가 되기보다 희생자로 확인되는 것이다(Radcliff, 2005).

호주에서 시행된 정신보건 사회복지실천에 관한 한 가지 흥미로운 연구에서, 달링턴과 브랜드(Darlington & Bland, 1999)는 사회복지사와 서비스 이용자 양측이 그들의 관계 속에서 희망의 발전 · 유지의 중요성을 인식하고 있음을 알아냈다. 그것은 사회복지사가 사용하는 주된 전략이며, 위기중재의 요소를 지닌 과업중심의 개별사회사업으로서 같은 방법이 많은 영향을 미친다.

- 그 접근은 서비스 이용자가 자신의 틀(frame)에 중점을 두고 가치 있고 존경받는다고 느끼는 진정한 만남에 달려있다.
- 그들의 희망을 알아내고 함께 일함으로써 희망의 일부를 깨닫게 하

는 것이다.

- 약점보다는 강점에 초점을 맞춘다.
- 작은 긍정적 발걸음을 인식한다.
- 과거에 사용했던 자원들을 찾아서 이끌어낸다.
- 서비스 이용자와 그들의 장래에 희망을 지지한다.

우리 중 하나는 이러한 지지의 형식을 '정신 지탱하기(maintaining spirit)' 라고 언급했다(Lloyd, 2002). 불행히도 사회복지사들이 해야 했던 많은 일들, 즉 스스로 자신을 돌볼 수 없음에도 계속해서 자신의 방식으로 살아가며 심각한 위험에 자신을 몰아넣는 노년의 사람들을 설득하기, 어머니가 다시 집으로 받아들이기를 원치 않는 아동이나 청소년과 이야기나누기, 사람들로 하여금 모욕적이고 파괴적이며 범죄행동의 결과에 직면시킬 때, 특히 그 결과들로 그들이 의존했던 관계를 잃게 됐을 때, 이러한 일들은 사람들의 정신을 소멸시킬 위험이 있다. 사회복지사들의 도전은 앞서 말한 방법으로 사람들의 문제를 처리하는 것인데, 이는 새로운 출발을 위한 에너지를 불러일으켜서 현재의 암담함을 장래의 희망으로 변화시키는 능력을 기르기 위해서이다.

생각해볼 문제
1. 당신이 겪어야만 했던 가장 절망적인 상황은 무엇인가?
2. 당신이 사용했던, 아니면 서비스 이용자들과의 상호작용에서 당신이 사용할 수 있었던 희망의 잠재적 원천이 있었는가?

호튼(Houghton)은 사회복지사들이 우울한 사람들과 일할 때, '회복 비전(vision)'을 사용하는 것은 개인이 자신의 생을 가치있는 삶으로 세울 수 있다는 희망을 포함한다고 논한다(Houghton, 2007, p.2). 그녀의 연구에서 그녀는 '희망을 잃는 것'은 우울의 시작과 강하게 연결되어 있고, 희망을 불러일으키기 위한 기제는 우울한 에피소드로부터 회복되는 것과 밀접하게 연결되어 있다고 말했다. 럼볼드(Rumbold)의 무력함과 희망의 연속체라는 구절에서, 호튼 연구의 참가자는 과거와 현재의 희망에 대한 소용돌이를 갖게 됐다. 이러한 중요한 과정에서 본질적으로 희망에 찬 전문가와 관계했다. 즉, 전문가는 다른 사람을 소중하게 여기고, 서비스 이용자의 다른 면이 드러날 수 있도록 전문가의 신념이 서비스 이용자에게 발생하게 함으로써 서비스 이용자 스스로에게 희망을 주었다.

호튼은 사회복지사는 서비스 이용자에게 희망을 제공하는 것이라면 어떤 차원이든 멈춰서는 안 된다고 주장했다. 오히려 사회복지사는 서비스 이용자들이 희망에 대한 자신들의 신념을 탐구할 수 있게 해야 한다고 주장한다. 정신건강서비스 이용자들이 자주 불평하는 문제가 영성을 그들의 경험을 통해 탐구하는 것보다 자원으로서 영적 차원과 그 가능성에 대한 함의를 탐구하는 것에 있음이 분명하다(Coyte et al., 2007).

8. 회복탄력성 세우기

사회복지실천에서 점차 널리 쓰이고 있는 또 하나의 개념인 '회복탄력성(resilience)'은 희망이라는 생각과 연결되어있다. 사회복지의 업무에서 점차적으로 아동 및 젊은이와 함께 일하는 경우가 증가하는 추세이며, 개입이 필요한 아동을 의무적으로 돌보는 탁아 분야에서도 회복탄력성을 조성하는 일에 대한 중요성이 점차적으로 증가하고 있다. 이러한 수요의 증가에 따라 이 일반적인 주제에 대한 문헌이 급증하고 있다 (Rutter, 1985, 1999; Dugan & Coles, 1989; Garmezy, 1991; Fonagy et al., 1994; Kirby & Fraser, 1997; Seligman, 1998; Daniel et al., 1999; Fraser et al., 1999; Gilligan, 1999, 2001, 2004; Early & Glenmaye, 2000; Rayner & Montague, 2000; Greene, 2002; Newman et al., 2004; Unger, 2006).

회복탄력성 개념이 주로 취급하는 질문은 한 아동에게 미친 부정적 사건의 영향을 어떻게 긍정적인 결과로 이끌고 정신적 외상의 경험으로부터 성공적으로 회복되도록 이끌 것인가 하는 점이다. 웅거(Unger, 2006)가 관찰했듯이 이것은 복잡한 이슈인데, 하나의 개념으로서 회복탄력성은, 아동이 성공적으로 성장하도록 스트레스가 많고 도전적인 상황을 잘 다루는 아동의 능력 그리고 역경에서 회복되는 능력에 공헌하는 '환경의 일단(constellation)'을 포함한다. 성공적인 결과에 영향을 미치는 요인들은 다양하지만 그중에서도 개인적 특성과 능력, 긍정적이고 도움을 주는 네트워크와 관계들, 그리고 문제해결과 정서적 대처기술을 발달시키는 기회를 포함한다. 웅거가 주목하듯이 아동과 가족의 사회구조적 영향은 역경에 대처하는 능력에 강한 영향을 미친다.

월리엄스(Williams, 2007)는 회복탄력성에 관한 모든 본질을 포착하기 위해 '역전능력(완패나 부정적인 언론보도 이후 복귀할 수 있는 능력)'이라는 용어를 만들었다. 월리엄스는 회복탄력성의 여섯 가지 영역의 개요를 서술하는데, 그것들은 국제적으로 인정된 지표들로 아동을 보호하도록 돕고 실패에 대처하는 아동의 정서적 능력을 발달시킨다. 회복탄력성의 여섯 가지 영역에 포함된 것들은 다음과 같다.

- 재능과 흥미: 재능, 흥미, 소질에서 얻은 성공감과 그것들의 발전을 위한 격려.
- 긍정적 가치: 공감, 타인을 향한 친절과 돌봄
- 교육: 인지발달을 위한 지지와 환경에 대한 호기심
- 사회적 능력: 자기옹호, 자율성과 자기 통제
- 안전한 기반: 강한 애착
- 우정: 튼튼한 관계들, 친구를 만들고 유지하는 능력

이러한 주제들을 통해 강한 정서적 발달과 장래의 역경에 대처하는 것이 중요하긴 하지만 회복탄력성이 모든 것을 좋게 만드는 어떤 종류의 만병통치약이 아님을 깨닫는 것도 중요하다. 뉴먼(Newman)은 다음과 같이 지적한다.

> 손상을 입은 아동들이 완전히 회복되지 않을 수도 있으며, 생존을 위해 필요한 정서적이며 전문적인 기술이 무엇이건 우리의 과업은 그러한 것들을 갖추도록 하는 것임을 인식해야 한다.
> —Newman, in Williams(2007)

따라서 회복탄력성 개념은 아동과 청년뿐만 아니라 모든 사람들, 그들의 연령에 관계없이 그들과 관련이 있는 우리의 모든 일에서 중요한 역할임이 분명하다.

그러므로 이 장에서의 논의를 위하여 회복탄력성이라는 주제 그리고 주변의 아동과 젊은이들과 함께 시작한 작업과 연구는 더 넓은 토론을 위한 발판으로 사용될 것이다. 아동과 청년들을 위해 회복탄력성이 중요하더라도 특정한 연령층에 한정된 것은 아니다. 우리가 앞 장에서 제

안했듯이 위기의 시간 동안 내면을 깊숙이 파고드는 질문에 대해 강력하게 탐색하고 당황하기도 했다. 우리의 반응에 영향을 미치는 요인들은 아동과 청년들 아마도 더 많은 이들을 위한 것들만큼이나 많고 다양할 것이다. 우리는 심각한 슬픔이나 상실과 마주했을 때, '왜?', '이런 일이 왜 나/그/그녀/그들에게 일어났나?', '하느님이 왜 그런 일이 일어나게 허락하셨나?' 그리고 '인간이 어떻게 다른 사람에게 그런 식으로 행동할 수 있는가?' 같은 도전적인 질문들을 던질 수도 있다.

극심한 도전적 반응들은 우리가 누구인지, 어떻게 우리 자신과 세상 속에서 우리의 위치를 이해하는지와 같은 본질적인 문제로 우리를 안내한다. 게다가 그 반응들은 세상과 세상 속의 우리의 위치에 관하여 우리가 이해해야 하는 밑바닥까지 우리를 인도한다. 다른 것이 아니라 이런 이유로 영성이 종교적 관점을 갖고 있든 아니든 우리는 영성의 영역 속에 있다. 우리가 이 책의 초반부에서 논의해왔듯 영성의 중요한 양상은 우리가 어떻게 세상을 보는가의 문제로, 다른 말로 표현하자면 우리의 세계관과 관련되어 있다. 역경의 얼굴 속에 있는 우리의 회복탄력성을 향상시키고 깊어지게 하는 것이 바로 영성의 가능성을 확보하는 일이다. 머레이 로이드(Murray Lloyd)는 '영적 양육'이 '회복탄력성 증진'과 같은 의미라고까지 말한다(Lloyd, 2005).

그것은 물론 가능성일 뿐이지, 자동적으로 이루어지는 것은 아니다. 이전에 많은 도전들을 이겨냈던 믿음도 다음에 다른 고통과 마주했을 때 무너질 수도 있다. 자신의 세계관이 이미 목적에 맞고 충분하다고 여겨왔던 사람들은 심각한 재난의 빛 안에서 그것을 근본적으로 바꿀 수도 있다. 즉, 재난에서 벗어나 종교적 믿음을 향해서 쉽게 다가가는 변화를 겪을 수 있다. 여기서 만들어지는 요점인 우리의 영성, 즉 우리에게 의미있고 목적이 있는 의식 그리고 특정한 세계관을 주는 영성은 우리의 회복탄력성을 발전시키고 역경을 다루는 힘과 능력을 향상시키는 중요한 역할을 담당할 수 있다.

사례연구: 코린

코린은 어렸을 때 신앙공동체 안에서 성장했지만 사랑하는 하느님이라는 개념에 대해서 고심해왔고 이 세상과 사회복지사로서의 자신의 업무 속에서 보아온 일들과 믿음을 어떻게 조화시킬지를 고심해왔다. 특히 고통스러운 학대를 한 차례 겪고 난 후에 그녀가 갑자기 깨닫게 된 것은, 그녀의 내적 고심이 그녀의 잘되기(well-becoming) 및 대처하는 능력과는 반대되는 결과를 입증하고 있다는 것이다. 그녀는 갑자기 깨달았는데, 만약 자신의 세계관 안으로 '하느님을 모셔오도록' 노력하는 것을 포기한다면, 인간적 수준에서의 일들을 이해하고 다루는 데 쉽게 삶을 영위할 수 있겠다 싶었다. 이러한 통찰은 그녀가 짊어지고 있는 부담에서 벗어나게 했고, 그녀는 대처하는 자신의 능력, 자신의 회복탄력성이 크게 향상됐음을 발견했다. 흥미로운 것은, 어렸을 때 그녀에게 부과된 종교적 믿음에 신경쓰지 않게 됐고 자신의 선천적(innate) 영성을 발견했으며 인간성에 대하여 감사하게 됐다는 점이다.

---

9. 의미 만들기와 영적 내러티브(narratives)

의미 찾기가 포함되지 않은 현대의 담론으로는 영성에 대한 정의가 이루어지기 어려울 것이다. 그러나 놀랍게도 영적 돌봄에 대한 논의는 의미 만들기 과정에서 거의 강조되지 않는다. 치료적 접근으로서 의미 만들기의 중요한 지지자 중 한 사람인 니메이어(Neimeyer)는 상실 분야에 대한 그의 연구를 이 부분에 적용했다(Neimeyer, 2001). 니메이어는 '의미 재건(meaning reconstruction)'이라는 용어를 사용하여 그 과정을 묘사하는데, 이는 개인이 붕괴된 후에 중대한 사별이나 다른 상실이 원인이 된 '각본(script)'에서부터 그들 개인의 이야기를 복원하는 과정이다. 임종과 사별은 의심의 여지 없이 특별히 강하게 의미를 찾을 필요가 있는 실존주의적 도전에 직면한 상황이다. 그러나 인간의 영적 탐구가 과거 · 현재 · 미래의 의식을 만들려는 본질적인 탐색을 위한 영적 내러티브와 전기를 구성하는 일에는 다른 의견들이 있다.

　3장에서 우리가 보았던 전기와 자기-내러티브(self-narrative)의 사용은 주로 영적 사정을 하는 부분과 관련되어 있다. 사회복지는 사정의 전기적 모델을 치료적 개입으로 발전시켜왔는데, 인생과정모델(life course model)들과 내러티브의 개념들을 함께 엮어서 짜는 치료적 개입이다. 가장 발달된 두 가지는 아동과 청소년 그리고 학습장애가 있는 성인들과는 일대기(life-story)를 사용하여 작업을 진행하며, 노년의 사람들에게는 회상치료(Reminiscence therapy)[3]를 사용하여 작업을 하는 것이다. 일대기 작업의 치료적 목적은 주로 고통스런 사건 또는 미해결된 상실과 그것들을 묶고 있는 관계에 대한 문제들을 다시 작업하도록 촉진하여 좀 더 건강한 해결을 이루고, 개인을 그들의 현재와 장래의 진보를 방해하는 '정서적 방해물'로부터 자유롭게 만드는 데 있다. 노년의 사람들에게 하는 회상작업의 주된 치료적 목적은 긍정적 강화에 있다. 선명하게 남아있는 인생의 지난 시절로 돌아가 기억하는 것은 현재의 기능과 관련하여 즐겁고 유익하다

3　회상치료란 정신적 · 신체적 장애로 인해서 인지능력이 약화되고 우울증에 걸리기 쉬운 노인들을 위해서 자신의 인생에 대한 회상을 통해 정서적 안정 및 인지기능의 약화를 예방하는 정서적 · 사회적 지지치료를 말한다.

는 것이다. 그러나 치료의 양쪽 유형에는 각 과정의 양상이 있다는 것을 알아야 한다. 회상요법을 사용하는 몇몇 전문가들은 회상이 일부 노인들에게는 크게 부정적인 과정이 될 수 있다는 점을 경고한다. 노인들은 자신들이 결코 스스로 바꿀 수 없는 과거에 대해서 쓰라림을 느끼고 남은 생에 새로운 영향을 끼칠 수 있는 능력이 없다고 생각하고 있을 수도 있기 때문이다.

파톤(Parton)은 많은 서비스 이용자들이 전문가들이나 서비스 제공자들이 구성하는 개인적 이야기에도 상관없이 무력함을 느낀다고 주장한다. 그리고 그것은 역량 강화를 제공하는 사회복지사가 자신의 이야기를 '재생'하는 서비스 이용자의 과정을 도울 수 있어야 한다는 것이다(Parton & O'Byrne, 2000). 이것은 의미-탐색이 발생하는 내력에 접근하는 이야기를 구성한 후, 자신의 영적 전기(spiritual biography)에 대한 감각을 만들어 가는 과정에 특히 적합할 수 있다. 이것은 고통스러운 기억과 양상들을 없애는 것을 포함할 뿐만 아니라 기쁨과 장점을 발견하는 것과 덮어 가리어진 것, 또는 현재까지 인정받지 못했던 성취감을 포함한다. 초월과 변형 두 가지 모두는 이야기를 회수하고 의미를 재구성하는 과정에 매우 적합하다. 또한 과거와 현재와 미래와 결합하는 과정에서 삶의 의미(meaning-making)는 영적 정체성을 확립하는 데 중요한 기여를 하게 한다.

길버트(Gilbert, 2007)는 '정체감 여행(travelling identity)'과 같은 영적 세계(spiritual realm)에서 인간의 정체감에 대해 언급했다. 바꾸어 말하면, 영적 발달은 영적 핵심에서 다음 단계로 한 단계 나아감으로써 여행 중에 일어날 수 있다. 우리는 또한 아직도 중요한 최신의 개입 방법들로 가득한 비종교적 직업으로서 입신을 다져온 사회사업에서 개별사회사업에 뿌리를 둔 영적 돌봄 접근과 같은 방법을 살펴볼 수 있다.

10. 동료 여행자 모델

사회복지는 스스로 영적 욕구에 대해 인식할 수 있음을 보여주었으나, 대부분의 영역에서 그러한 욕구를 어떻게 다루어야 하는지에 대해서는 혼란이나 모호함, 무력함이 있다(Holloway, 2007a). 게다가 많은 사회복지사들은 영성, 종교, 특히 그들이 활발하게 영적 돌봄이나 영적 중재를 제공해야만 한다는 제안이 자신들의 안전지대를 벗어났다고 느낀다. 이 장에서 지금까지 우리는 사회복지 안에서 영적 돌봄이 몇 가지 핵심 접근과 개입 위에 어떻게 세워지는지 보여주려고 노력했다. 그러나 여기에는 '어떻게 시작해야 하는가?'와 '영적 욕구에 관해 무엇을 해야 하는가?'라는 질문이 남아있다. (그들의 접근에 영성이 포함되길 바라기 때문에) 사회복지사들이 스스로 서비스 이용자의 삶에 있어서 영성의 중요성을 깨닫게 될지도 모르지만, 이 질문들은 이 부분에 대해 불가능하다거나 꺼려진다고 느끼는 사회복지사들의 주의를 집중시킨다.

만일 우리가 영적 삶을 여정으로 받아들인다면, 여기에 도움이 될 만한 사회복지실천에 또 다른 신뢰할 수 있는 접근 방법이 있다. 사회복지가 전문적인 활동으로서 먼저 자리매김했을 때, 개별사회사업 분야에서 '관계'는 개입의 중심이 됐다(e. g. Biestek, 1961; Hollis, 1964). 개별사회사업은 돕는 관계가 발생이 된(처음에 장기간 그러나 1970년대는 '간략한 사례관리' 모델의 출현을 보여준다) 이후로 전문적 관계의 발전을 통해서 이루어진다. 더욱이 최근에 사회복지는 관리통제주의(managerialism)를 향해서 가는 세계적 동향의 충격과 싸워오고 있는데, 관리통제주의는 사회복지사와 서비스 이용자 사이에 관계를 유지하기보다는 서비스 전달의 성과목표와 결과에 관심이 있다. 이러한 경향이 사회복지사들에게 많은 고민거리를 만들었다는 사실은 전문적 관계가 사회복지실천에 얼마나 중요한지를 시사한다.

이후 어떤 평가모델로도 대체되지 못한 초기 개별사회복지사(case worker)들로부터 얻은 하나의 주요한 격언은 '사람이 있는 곳에서 시작하라'는 것이다. 그 지점으로부터 일을 시작할 경우 때로는 사전 계획된 개입의 프로그램 안에서, 때로는 제한을 두지 않는 방법 안에서, 주기적인 '자세한 조사(taking stock)', 문제의 재사정 그리고 아마도 다른 과정과 공동으로 구성하는 조건으로 진행될 수 있다. 이 모든 것은 '여정'의 형식을 의미하는데 실제로는 '이정표(milestones)'와 '종결기' 같은 용어가 문서를 계획하는 데 빈번히 사용된다.

여기에 있는 모델은 '동료 여행자(fellow traveller)' 모델인데, 사회복지사가 돕기 편안하고 만족함을 느낄 수 있을 때까지 그들의 영적 여정을 서비스 이용자와 함께 가도록 허용한다. 그 모델은 도움이 필요한 사람이 비틀거리고 방향을 잃거나 여정의 어려운 지점에서 포기하고 싶어 한다는 것을 안다 할지라도 동행인을 이끄는 것이라기보다는 나란히 함께 여행하는 것이다. 그렇긴 하지만, 그것은 또한 여행자가 상대방의 관심에 특정한 전망을 가져오거나 관계를 강화하는 방향을 추천하거나 서로에게 유익하다는 것을 입증할 수 있는 상호간의 모델이다. 그것은 타인들이 잠시 그 여행 모임에 합류하도록 하거나 혹은 계속 진행 중인 동반자의 역할 맡기를 허락한다.

마지막으로, 비록 영적 여정의 경로가 일부 구간 동안 다른 여정들과 일치하고 한동안 전반적인 방향을 설정할 수도 있지만, 사회복지실천의 개입에 대해 같거나 더 큰 우선순위를 가정하여 다른 초점을 배제하지 않는다.

사례연구: 베네딕트

스무 살인 베네딕트는 3살인 조디를 키우고 있는 한부모이다. 최근까지 그녀는 남자친구인 션과 함께 생활했었다. 그러나 그녀가 조디를 임신하기 전까지 수년 동안 큰 오빠(션의 친구)에게 성적으로 학대를 당했음을 고백했을 때, 션은 떠났다. 션은 이때 욕설을 퍼붓고 신체적인 폭행을 휘두르며, 베네딕트가 '갈보'이고 조디는 정상이 아니라고 소리쳤다. 과거부터 현재까지 그녀는 거절당한 느낌, 폭행의 정신적 외상과 함께 하느님이 자신을 벌하고 계시다는 죄의식에 사로잡혔다. 베네딕트의 가족은 가톨릭신자였고, 오빠에게 첫 성폭행을 당한 때는 그녀의 첫 번째 영성체를 기념하는 파티에서였다. 그녀는 스스로 더럽다고 느꼈고 그녀의 죄가 너무 커서 고백할 수 없다고 생각하여 기를 펴지 못했다. 십대 시절이 끝난 후, 그녀는 마약과 알코올에 의존했고 지속적으로 모든 사람들로부터 '불량소녀'라는 말을 들었다. 그러나 조디가 태어났을 때, 좋은 엄마가 되기로 마음먹고 자신을 되찾기로 결심했다. 이때까지 그녀는 마약을 하지 않고 지냈으며, 점차 자신에 대해 긍정적인 감정을 갖기 시작했다. 그러나 션의 비난은 온갖 나쁜 감정을 되가져왔다. 게다가 그녀는 조디에 대한 그의 생각이 옳다는 의심을 품게 됐다. 조디는 발달이 느리고 때로 행동을 하는 데 아주 어려워했다. 방문 간호사가 조디를 아동발달센터에 보내서 검사를 받게 했다. 베네딕트는 하느님이 자신을 벌주고 있음이 분명하고 자신의 과거로부터 결코 구원받지 못할 것이라 생각한다. 그녀의 오랜 친구 중 하나가 마약을 주었을 때, 예전의 행동 패턴으로 재빨리 빠져들었다. 베네딕트가 조디와 같이 아동발달센터에 나타났을 때, 조디는 내성적이고 몸을 돌보지 않고 방치하는 것 같은 징후를 보였다. 베네딕트는 취한 상태였다. 사회복지사인 마리는 많은 위험요소를 평가하는 일을 떠맡게 됐다. 베네딕트가 자신의 이야기를 쏟아낼 때, 가톨릭 배경을 가진 마리는 그녀의 깊은 영적 고통을 인식했다. 그러나 그녀는 짧은 기간 안에 어찌할 대안이 없었으므로, 조디를 위탁보호(foster care)에 맡겨야 한다고 여겼다. 요즘에는 베네딕트가 조디에 대해서 무관심과 증오를 번갈아 보이고 있다. 마리는 그들의 부모-자녀 관계를 회복하는 일이 오직 베네딕트가 지닌 문제의 핵심인 자기의식을 묶고 있는 영적 욕구와 영적 고통을 이야기하는 것을 통해서만 가능하다고 생각했다.

동료 여행자 모델(Fellow Traveller model)은 합류 · 경청 · 이해 · 해석의 네 가지 개입단계로 개념화됐다(그림 5-1 참조).

1) 합류하기(Joining)

모든 사회복지사들은 이 시점에서 영적 돌봄에 관여할 수 있어야만 한다. 이것은 사회복지사들이 서비스 이용자의 영성을 인식하고 그들의 영적 관심이 중요하다는 것을 이해하기 위해서 충분히 영적으로 깨어있어야 함을 의미한다. 이는 영적 이슈들이 그들 문제의 일부분이기 때문이거나, 그들의 영성이 전체적인 웰빙에 기여하는 중요한 자원이기 때문이거나 중 하나인데, 흔히 영적 차원은 문제가 되고 잠재적으로 삶을 향상시켜주며 또는 사람을 유지시켜주기 때문이다. 이미 우리는 몇몇 사회복지사에게는 어려울지도 모르는 영역으로 움직여가기 시작했다. 모든 사회복지사가 영적 돌봄의 중요성을 충분히 깨닫고 영적 차원이 이 시점에서 서비스 이용자들에게 영향을 미치는 방법을 인식할 때 '서비스 이용자들이 있는 곳에서 시작하기'를 요구할 것을 주장한다. 이것은 우리를 다음 단계로 이끈다.

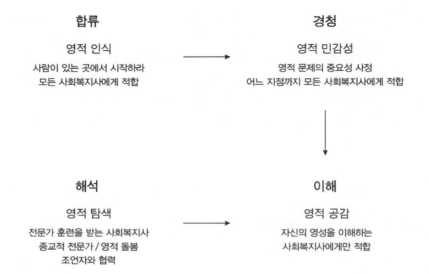

합류	경청
영적 인식	**영적 민감성**
사람이 있는 곳에서 시작하라 모든 사회복지사에게 적합	영적 문제의 중요성 사정 어느 지점까지 모든 사회복지사에게 적합
해석	**이해**
영적 탐색	**영적 공감**
전문가 훈련을 받는 사회복지사 종교적 전문가 / 영적 돌봄 조언자와 협력	자신의 영성을 이해하는 사회복지사에게만 적합

그림 5-1 영적 돌봄에서의 동료 여행자 모델

2) 경청

조율된 귀로 경청하는 능력은 사회복지사들이 실천현장을 넘어서 이동하는 이용자 집단과 개입의 유형에 대한 핵심기술의 본질적인 구성요소이다. 첫 단계에서 사회복지사는 서비스 이용자가 말하는 것을 '듣고', 말한 것과 마찬가지로 말하지 않은 것조차 알아차려 그 의미를 파악할 수 있어야 한다. 이것은 충족되지 않은 영적 욕구들의 표현, 영적 고통의 징후, 혹은 과거에 그들을 견디게 했던 영적 자원(내적, 외적)을 평가하는 것에 실패한 것일지도 모른다. 이러한 요인들이 영향을 미치고 있는지 결정하기 위해서 사회복지사들은 '합류'가 함축하는 서비스 이용자의 영성에 대한 초기의 인식을 넘어 '영적 대화'를 추구해야만 한다. 이것은 '적극적 경청'이라고 불리기도 하는데, 수행해야 할 영적 문제의 본질과 중요성에 대한 예비사정을 가능하게 한다. 이 시점에서 다음 네 가지 활동과정의 하나가 뒤따를 수도 있다.

- 사회복지사는 영적 문제가 다른 측면의 사례와 밀접한 관련이 있다고 결론을 내리지만, 영적 차원에서 심각성과 불안에서 벗어나고 있음을 깨닫는다. 그러므로 그들은 팀의 다른 일원, 가능하다면 다학제팀의 또 다른 일원들과 연결된 작업에 착수한다.
- 사회복지사는 영적 문제가 우선 사항이라고 평가하고 서비스 이용자의 동의를 얻어 그들을 종교적 전문가에게 의뢰한다.
- 사회복지사는 영적 문제가 중요하지만, 주된 강조점은 아니라고 평가할 수도 있다. 그/그녀는 영적 양상에 종교적 전문가 혹은 영적 돌봄 조언자로부터 지지를 받아 그 사례를 계속할 수도 있다. 이것은 다음과 같은 경우에 진행하는 가장 적절한 방법일 수 있는데, 영적 문제가 비교적 중요하지만, 서비스 이용자는 자신의 영적 욕구를 어느 누구와도 토론하고 싶어 하지 않는 경우이다. 이유가 무엇이든지, 그들은 규정된 종교적 믿음을 갖지 않았거나 종교 전문가가 제공할 수도 있다고 감지한 '도움'을 거절하는 신앙의 위기를 겪고 있을 수도 있는 상황을 포함한다.

> 그것은 무의미한 일처럼 여겨졌다. (…) 당신은 하느님을 믿고 있는 그에게 소리치고 싶었다. —원목이 의뢰받은 사별한 여성. Lloyd(1997, p.187)

- 사회복지사와 서비스 이용자 양측이 영적 약속에 위안을 느끼고 더 깊은 수준으로 진전해나갈 것이다.

사회복지사가 '경청'의 단계에서 영적 차원에 관여하는 정도는 영성과 함께한 개인적 공감에 의존할 것이며, 영적 지식수준과 이 분야에서의 훈련을 결합할 것이다. 몇몇 사회복지사가 서비스 이용자와 함께하는 여정을 멈출 때가 이 단계이다. 그들은 삶의 다른 차원에서 그 사람과 함께 계속해서 일할 수도 있으나 영적 차원에서 일하는 능력의 가장자리에 도달한 것이다. 그러나 서비스 이용자들이 영적 욕구를 계속 드러낸다면, 헤매도록 내버려두기보다는 다른 도움을 제공해야 한다.

3) 이해

어떤 사회복지사든지 활동적인 영적 삶을 경험하지 않고서는 이 단계까지 진행하는 것은 아마도 불가능할 것이다. 반드시 특별한 종교적 믿음에 헌신적이지 않더라도 사회복지사는 자신의 영적 정체성과 영적 여정에 대한 강한 인식을 지닐 필요가 있다. 사회복지사가 서비스 이용자들에게 영적 경험의 높은 지점과 영적 자원을 활용할 수 있는 방법을 이해할 수 있을 만큼 문제와 딜레마를 이해하고 공감을 전할 수 있기 때문이다. 사회복지사가 이 시점에서 일종의 '세속적 사제' 역할을 하는 것이 아니라, 대신에 핵심 사회복지실천 기술과 접근들이 서비스 이용자와 그들 삶의 다른 측면과의 상호작용을 위해 영적 문제와 자원들을 탐구하도록 돕는 데 적용된다는 것을 인식하는 것이 중요하다.

능력 강화하기(empowerment), 파트너십 그리고 회복탄력성 세우기는 모두 영적 이해를 이끌어내는 사회복지사들이 활용하며, 진정한 실천의 전체적(holistic) 모델 속에 있는 영적 차원에 적용된다. 우리가 앞에서 살펴보았듯이 전인성(wholeness) 개념을 유지하는 것은 사회복지사와 서비스 이용자 사이의 상호작용에서 가장 중요하며, 개입의 목표와 계획의 틀을 갖게 한다.

4) 해석

때로는 영적 이슈로 계속 더 나아갈 필요가 있다. 이 여정(旅程)에 대해 은유(metaphor)적으로 표현하자면, 여행자는 자신이 안내인의 지식과 경험, 전문지식에 의존하여 어두운 골짜기나 바위투성이의 위험한 지역으로 들어갈지도 모른다. 여기서 결정적 도구는 앞에서 논의했듯이 의미 만들기의 사용이다. 이 단계에서 이미 알아본 사회복지의 핵심에 접근하는 데 이용할 수도 있는 초월성과 변형의 개념이 있다. 또한 희망을 사용하는 것이 중요하다. 안내자는 여정의 구간이 비록 힘들고 길지라도 끝이 있다는 것을 안다. 마찬가지로 안내자는 여정에 영향을 미치는 손상이 있고 치료하는 자원을 평가하는 것이 중요하다는 것을 안다. 중요한 것은, 안내자는 자신이 다른 사람과 함께 여행하기를 선택함으로 자신을 민감하게 만드는 '상처 입은 치유자'이기 때문이라는 것을 안다 (Lloyd, 1995; Thorne, 2007).

그러나 사회복지사가 이러한 역할과 과제를 수행하기에 적절한 상황이 거의 없을 수도 있다. 동일하게 서비스 이용자가 지금까지 해온 영적 여정을 공유할 수 있고 또한 기꺼이 공유하는 사회복지사는 찾아보기 힘들다. 대부분의 사회복지사들은 아마도 종교적 혹은 영적 돌봄 조언자를 추천하는 것이 더 적절하다고 생각하는 것 같다. 그러나 여기에는 많은 경고가 따른다.

첫째로, 사회복지사와 같은 세속적 전문가와 함께 영적 이슈를 드러내는 시점까지 이르기 위해서 서비스 이용자는 전문적이며, 그들의 영성을 존중하려는 의지를 지닌 사회복지사에게 상당한 신뢰를 쏟을 것이다. 로이드(Lloyd)는 사회복지사와 함께한 증가하는 영적 문제의 위험에 대한 응답자의 관점 중 하나를 인용한다.

> 우리는 그것을 모든 사람과 공유할 수 없다. 왜냐하면, 몇몇 사람들이 우리가 그 가장자리를 넘어갔고 혹은 무언가 (⋯) 그들이 영적 차원을 이해하는 데 이미 도달했다고 생각하기 때문이다. ―Lloyd(1997, p.187)

유사하게 정신건강서비스 이용자들의 활동에서 전문가들과 영적이고 종교적인 문제를 이야기하는 것의 위험성에 관한 예를 계속하여 인용한다(e.g. Nicholls, 2007). 영적 돌봄에 있어서 이러한 배경의 맥락이 주어졌을 때 사회복지사는, 전문가들과 함께 일할 때 더 큰 돌봄과 더 나은 선택을 하기 위해서는 철회할 필요성도 있다.

둘째로, 말기 완화치료(palliative care)와 같은 상황이 있을 때, 사회복지사들은 서비스 이용자의 영적 고통을 방지할 수도 없고 특별한 시점에서 그것과 싸우든지 무시하든지 하는 것 외에 다른 선택이 거의 없다. 옥스퍼드에 있는 헬렌하우스(Helen House) 아동 호스피스의 도미니카 수녀는 이것을 "순간 속으로 깊이 가기" 또는 "끝이 없는 깊은 시간"이라고 말한다. 이것은 사회복지사가 편안하지 않은 뭔가를 시도하기 위해 노력해야 한다고 제안하지 않는 것이다. 개입은 진정성이 있을 때만 효과적일수 있다. 영적 돌봄을 전문가와 함께 진행하는 것은 불가능하지 않다.

마지막으로, 우리는 3장에서 다뤘던 리로이(Leroy)의 실천사례로 돌아가서 그가 왼쪽 지점[4]에 도착하는 데 걸리는 영적 여정을 생각해보자.

사례연구: 리로이④—리로이의 여정

합류

존(John)이 리로이를 처음 만났을 때, 그는 시무룩하고 말이 별로 없었다. 리로이의 성장 배경과 많이 다른 자신의 배경에도 불구하고, 존은 중산층 부모님의 모든 것을 거부했던 십대 때의 어려운 시기에 있었던 자신을 기억했다. 그는 그래머 스쿨(grammar school)[5]의 문화로부터 소외감을 느꼈고 사소한 범죄에 빠져 있는 친구들과 어울려 시내 중심을 돌아다니는 것을 좋아하게 됐다. 존은 경찰의 경고, 시간을 투자하는 부모님, 그들이 공유하는 흑인의 정체성을 그와 함께 탐구하는 정서적 에너지에 충격을 받고 이때 '그 궤도에서 벗어날 수도 있었을 텐데'라고 깨달았다. 리로이의 사건파일을 보았을 때, 존은 그가 잘 다룰 수 있는 그의 자의식과 관련된 많은 다른 문제들을 리로이가 가지고 있음을 추측했다. 존은 그가 살고 있는 연립주택으로 이사하는 실제적인 모습으로 도움으로써 리로이의 곁에 있으면서 함께 시간을 보내기로 마음먹고 슈퍼바이저에게 동의를 얻었다.

> 존은 그가 '상처입은 치유자'임을 깨달았기에 리로이의 처지에 공감할 수 있었다.

경청

리로이는 새로운 사회복지사를 믿어야 할지 알지 못했지만, 그에게 호기심이 생겼다. 어째서 이 흑인 청년은 리로이를 찾아왔고 사회복지사가 되려고 하는가? 그는 침구와 가구를 사는 일보다 리로이가 무엇을 생각하는지를 알아내려는 데 더 흥미를 보이는 듯했고, 골칫거리에서 벗어나는 것에 관해 리로이를 가르치려 하지 않았다. 여전히 리로이는 그들의 연립주택에 필요한 아주 멋진 물건을 사왔음을 인정해야 했다. 사실, 리로이는 돌봄을 떠나는 것을 약

---

4   왼쪽 지점은 2장의 〈그림 2-2〉와 〈그림 2-3〉에 있는 왼쪽 상태를 말한다.
5   대학입시 준비교육을 주로 하는 영국의 7년제 인문계 중등학교. 5년 후에 교육에 관한 일반 자격시험-보통 수준(GCE-O: General Certificate of Education-Ordinary Level) 시험을 치르고, 다시 2년 후 교육에 관한 일반 자격시험-상급 수준(GCE-A: General Certificate of Education-Advanced Level) 시험을 치러야 대학 진학이 가능하다.

간 두려워했고 그의 가족의 온갖 사소한 문제들이 다시 생길 것이다. 그는 존에게 모든 것이 자기 때문이며, 자신은 기본적으로 나쁜 사람이기 때문에 반드시 잘못될 것이라고 말했다. 존은 리로이가 어디서 그런 생각을 갖게 됐는지 알고 싶었고, 리로이는 누나인 샤론이 리로이 속에는 악마가 있고 반면에 로비는 하느님의 아이였다고 항상 말해주었다고 이야기했다. 리로이는 누나가 두 사람 모두를 돌보는 것을 원치 않기 때문에 핑계를 만든 것이라 생각하지만, 여전히 그런 말에 상처를 받았다. 어쨌든 리로이는 그 말이 사실일 수도 있다고 생각한다. 그는 위탁가정에 있는 것이 좋을 때조차도 일을 망치는 것을 결코 멈출 수 없을 것 같았다.

> 존은 종교와 세상을 바라보는 이러한 방법 때문에 어리둥절하다. 그는 리로이의 파일에서 그의 가족이 오순절파 교회에 출석하는 것을 알았다. 그는 리로이의 많은 아픔을 느끼기 시작했으며, 종교적인 것을 가지고 그 수렁에서 벗어나게 할 수도 있겠다고 생각했다. 그는 슈퍼바이저에게 이 이야기를 하는 것을 우려했는데, 슈퍼바이저가 종교에 대해 매우 공감하지 않는다고 생각했고 리로이에게 심리평가를 받도록 제안할 수도 있겠다는 생각에 두려웠기 때문이다. 그는 이러한 종류의 믿음에 관해서 일반적인 용어로 교구목사에게 먼저 말해야겠다고 결심했다.

이해

리로이는 자신이 말을 너무 많이 한 것은 아닌가 약간 걱정이 됐다. 악마에 대해서 자신이 말한 것을 존이 이해하는 것 같지 않았으며, 그의 사회복지사 경험은 리로이를 문제로 보려는 경향이 있다고 느꼈기 때문이다. 그러나 존은 그의 종교적 경험이 모두 나빴을 수는 없다고 강조해서 말했고 그도 첫 번째 위탁가정에서 한동안 주일학교에 즐겁게 다닌 것 같았다. 그것은 그가 다음을 기억했을 때인데, 그가 진짜 좋아했던 것은 아버지로서의 하느님에 대한 생각이었고, 그것이 그가 주변 사람들로부터 거부당한다고 느낄 때 그에게 도움이 됐다. 그동안 존은 그의 교구목사로부터 배우기를, 어떤 복음주의 집단은 악마를 인격화하고 그 일부는 악령에 홀린 개인을 기도를 통해 그 상태에서 벗어나게 할 수 있다고 믿는다는 것이다. 그처럼 리로이는 어떤 개인적인 망상을 경험하기보다는 자신에게 말해졌을 수도 있거나 가족이 출석하고 있는 교회에서의 최소한의 믿음을 실제로 반영했다. 그의 배경에 좀 더 자신감을 느낀 후에 존은 슈퍼바이저와 이러한 주제에 대해서 의논했다.

　그들은 리로이가 어떻게 낮은 자존감을 갖게 됐는지, 자신의 많은 행동 문제가 잘못된 친구들과 어울리는 것과 결합된 자기충족 예언의 결과물이라는 것을 알아차리기란 어렵지 않다는 것에 동의했다. 슈퍼바이저는 존에게 리로이와 함께 일하는 데 있어서 가능한 접근으로 내러티브 이론(narrative theory)을 살펴보도록 권했으나, 리로이가 심층적인 상담을 필요로 한다면 심리적인 서비스에 넘겨야만 한다고 고집했다. 부분적으로 이것은 존의 현장실습이 곧 끝날 것이고 모든 것이 계획대로 되어서 리로이가 연립주택에 정착하는 동시에 위탁가정 서비스가 종결될 것이기 때문이다. 그들은 동의하기를, 만약 존이 적절하다고 생각한다면 지역 교회와 접촉하는 것을 포함하여 다른 도움을 찾도록 리로이를 격려하고 존이 리로이의 삶에서 세워나갈 수 있는 (예를 들면 그는 최근에 기술을 배우고 있는 차량 정비소에서 일하기 시작했다) 긍정적인 것들에 초점을 맞추도록 남은 기간을 사용하기로 했다. 여기에서 리로이는 자신의 숙소 아래의 길 교회 밖에 있는 흑인 아이들이 있는 것을 봤는데 언젠가 자신이 노력을 해볼 수 있겠다는 생각을 슬며시 했다고 존에게 단서를 줬다.

> 존은 '온전한' 사람으로서 리로이와 계속해서 관계를 갖는 것을 매우 중시해서 그의 삶의 전 영역에 계속해서 흥미를 보였다. 존이 생각할 때, 리로이의 복잡한 심리적, 영적 문제 중 몇몇은 함께 해결하기가 힘겨울 수도 있겠지만, 그가 할 수 있는 한 가지는 리로이의 온전함의 의식을 육성하는 것이다. 결국 그는 자신의 삶을 통해 상당한 회복탄력성을 보여주고 있고 전에 거론되어왔던 많은 긍정적 자질들을 가지고 있다. 그의 영역에서 리로이는 존이 자신을 정상인 것처럼 대해주고, 최악의 시절에 자신 속의 깊이를 어떻게 느꼈는지에 대하여 밝혀준 많은 사실들로 그를 신뢰한다는 것에 안도감을 갖게 됐다. 놀랍게도 이것을 누군가와 공유함으로써 그는 또한 자신의 내면에서의 강점을 발견했고, 영성을 통하여 그가 누구인지가 중요한 부분임을 깨닫게 되었다.

해석

　리로이가 연립주택으로 이사하고 나서 잠시 후, 존은 현장실습을 끝내고 작별을 고했다. 리로이는 이 시점에서 삶에 대해 낙관적인 느낌을 가졌고, 존의 도움이 고맙기는 했지만 그가 떠나는 것에 대해서 그다지 개의치 않는다. 그러나 얼마 후 그가 일하는 자동차정비소는 리로이의 생각과 다르게 예고도 없이 문을 닫았다. 매일 직장에서 사람을 만나던 일이 없어지자 리로이는 매우 외로웠고 돈을 더 이상 관리할 수 없게 됐다. 그는 마지막 쉼터에서 기관에 전화를 했으나 존은 이미 떠났고, 어느 누구도 그에게 관심이 없는 것 같았고 그에게 말하기를 그의 사례는 종결됐다고 했다. 그는 존이 노력해보라고 격려했던 길 아래의 교회를 기억하고 어느 주일 아침에 교회 주변을 배회했다. 그러나 그곳에는 젊은 교인들이 많은 듯했고 몇 달 전 밖에서 보았던 흑인 청년들은 누구도 보이지 않았다. 그는 티타임에 초대를 받았지만, 스스로를 물 밖의 고기처럼 느꼈고 예배 후에 신속히 떠났다.

　리로이는 옛날의 절망이 슬금슬금 올라오는 것을 느끼기 시작했고, 그가 알고 있는 예전 상태로 돌아갔다. 그는 길모퉁이를 돌아다니며 같은 처지의 불량배들과 어울렸다. 오래지 않아 그는 음식과 마약을 사려고 도둑질을 하는 예전의 생활로 돌아갔고, 한동안 깨끗하게 지내다가 예전 모습으로 돌아온 자신에 대하여 혐오감을 느꼈다. 그는 현재의 자신에 대하여 존이 무엇이라 생각할지 궁금했으며, 다시 곤두박질치는 자신의 삶이 그가 본질적으로 선하지 않음을 확인시키는 것이라고 생각했다. 결국 리로이는 절도범으로 법정에 서게 됐고 유치장에 들어가게 됐다.

　　교도소 사목인 피터는 간수들이 리로이가 자살할지도 모른다고 걱정할 때 그를 만나달라는 요청을 받았는데, 그가 목사와 얘기하고 싶다고 말했기 때문이다. 리로이가 비록 지금까지 자신의 삶이 시간 낭비였다고 생각한다고 말했지만 피터는 그가 모든 것을 포기하지는 않았음을 발견했다. 그러나 피터는 그의 누이가 옳고 자신은 진짜로 하나부터 열까지 나쁘다고 생각하는지 알고 싶어 했다. 피터는 리로이가 자신을 무엇이라 생각하는지, 왜 그런지를 알아보기 시작했다. 매우 부드럽게 피터는 하느님과 인간본성에 대한 다른 시각을 리로이에게 제시했고 리로이의 삶에 대한 다른 내러티브를 '함께 구성하기' 시작했다. 피터는 리로이가 법정에서 받은 선고가 무엇이든지 개의치 않고 자발적으로 모퉁이를 돌아 새로운 시각으로 자신과 세상을 볼 때, 그 작업이 완성되리라는 것을 알았다. 그는 공동체 판결(community sentence)을 받아야 하고 동시에 교도소 판결을 받아야 하지만, 삶에 대한 긍정적인 계획을 가지고 갇혀있는 시간을 이용하여 책을 읽고 심사숙고하며, 가족에게 편지를 썼다. 그가 가족들이 직면하고 있는 어려움을 이해한다고 설명하고 교육을 받고 직업과 관련된 기술을 익히는 데 힘쓰고 있다고 했다. 리로이는 그 모든 것이 함께 오는 것 같았으며, '변화'를 느꼈다고 말했다. 그리고 피터는 문제가 많은 젊은이가 그의 아픈 과거를 초월하는 것이 경이로웠다.

---

11. 결론

이 장에서는 어떻게 영적 돌봄이 사회복지실천의 주류로 제공되며, 사회복지사들이 일상적으로 사용하는 핵심 접근 방식과 기술로 발전했는지를 알아봤다. 우리는 현대의 중요한 개입 방법으로 널리 퍼지게 된 영적 돌봄과 같은 접근 방법이 세속적 직업(secular profession)으로 정착된 사회사업에서 발전되어 온 개별사회사업 방법에 뿌리를 두고 있다는 것을 알 수 있다.

만약 전문적인 활동으로서 사회복지가 서비스 이용자의 욕구에 진실로 관심을 보이고 차별적인 실천을 반대하는 도전을 하도록 해야 한다면, 모든 사회복지사는 '영적으로 민감한 실천'을 하는 길로 함께 나아가도록 준비해야 한다는 주장이 제시된다. 그럼에도 불구하고 사회복지사는 영적 돌봄을 제공하지 못할 이유가 없으며, 제공할 수 있는 범위에도 굉장한 변화가 있을 것이다.

이 장에서 다루지 못한 것은 신앙공동체에서 흔한 영적 실천인 다른 이를 위해서 기도하기, '용서의 기술' 같은 신학적 교훈이나 종교적 의례에 기반을 둔 일련의 영적 개입들을 제시하는 것이다(Canda & Furman, 1999). 이러한 개입은 미국에서 발전된 사회사업의 영적 실천과 상당한 단절이 있다. 우리의 견해는 사회사업이 비록 신앙조직에 의해 인도됐을 때라도 아직 세속적인 활동을 해야 한다는 것이며, 그렇게 뚜렷한 영적·종교적 실천을 위한 장소가 사회복지실천의 만남 속에 있지 않고 사적이거나 공동체의 영적 생활에 있다는 것이다. 영적 돌봄을 제공하는 데 있어 사회복지사의 과제는 영적 활동에 직접적으로 종사하는 것보다 영적 이해와 도움이 되는 영적 자원과의 연결을 용이하게 하는 것과 더 관련이 있다. 그럼에도 불구하고 사회복지사와 서비스 이용자 사이의 영적으로 민감한 상호작용은 영적으로 힘을 실어주며, 서비스 이용자가 강점과 회복탄력성을 끌어낼 수 있는 중요한 자원일 수 있다.

직접적인 영적·종교적인 실천을 피하는 한 가지 이유는, 그러한 실천이 특별한 종교적 혹은 문화적 전통 속에 위치해 있기 때문이다. 그러나 사회복지실천은 다문화적이고 문화초월적인 태도를 지니려고 노력해야 할 것이다.

8장에서 우리는 앵글로색슨 전통, 영성 이해와 영적 돌봄에 대해 눈뜨게 할 수 있는 선진국의 전통과 다른 문화적·영적 전통을 활용하는 사회복지 실천방법에 대해서 보다 많이 살펴보게 될 것이다. 한 가지 중대한 차이는 공동체 책임감과는 대조적으로 개인적인 자율성에 자리 잡은 강조이며, 사회사업의 서구모델이 선호하는 일대일 업무이다. 이 장에서 우리는 개인의 영적 돌봄을 강조해왔지만, 또한 반복해서 더 넓은 지지의 근원도 고려해보았다. 6장에서는 다학제팀 접근(multidisciplinary team)의 상황과 그 공헌을 살펴볼 것이다.

참고자료

- Canda, E. and Furman, L., Spiritual Diversity in Social Work Practice: The Heart of Helping, New York: The Free Press, 1999.
- Coyte, M. E.·Gilbert, P. and Nicholls, V., Spirituality, Values and Mental Health: Jewels for the Journey, London: Jessica Kingsely, 2007.
- Darlington, Y. and Bland, R., "Startegies for encouraging and maintaining hope among people living with a serious mental illness", Australian Social Work 52:3, 1999, pp.17~23.
- Greene, R.(ed.), Resiliency: An Integrated Approach to Practice, Policy and Research, Washington, DC: NASW Press, 2002.
- Mathews, I., Social Work and Spirituality, Exeter: Learning Matters, 2009.

VI

다학제팀에서의 영적 돌봄

1. 도입

지금까지 이 책에서는 주로 사회에 속한 개인의 관점에서 그리고 사회복지사와 서비스 이용자 사이의 일대일 만남의 관점에서 영성과 영적 욕구, 영적 돌봄에 관해서 탐구했다. 그러나 '동료 여행자 모델(Fellow Traveller Model)'에서 보여주듯이, 특정 상황, 나아가 모든 여정에서 다양한 여행자가 존재한다. 이러한 모델은 사회복지에서 매우 친숙한 것이다. 사회복지는 더욱 효과적인 대응책을 제공하기 위해서 다학제팀의 각 구성원들의 전문성과 결합하고자 했다. 또한 입법활동이 사회복지실천의 주요 형성 방법인 영국에서 전문가 및 다수의 유관기관의 협력 활동은 점차 정부의 요구사항이 되고 있다. 이 장에서 우리는 전문가집단의 협력 활동에 대한 개념과 실천의 전개방향을 추적하고, 이것이 영적 돌봄에 어떻게 적용되는지를 고려해야 한다.

영적 돌봄 그 자체에는 다른 많은 사회복지의 역할 및 과업과 같은 법적 필수 요소가 없지만 시실리 선더스(Cicely Saunders)가 설립한 호스피스 모델과 같은 초기 다학제팀의 사례에서 중요한 역할을 했다(Saunders, 1990).

우리는 이 장에서 상당한 부분을 형성하는 두 가지 확대 사례 가운데 하나인 완화의료팀(palliative care team)의 사례를 검토할 것이다. 다른 하나는 최근 다학제팀의 초점이 됐던 실천영역에서 가져온 회복적 정의 모델(Restorative Justice[1] Model)을 중심으로 형성된 소년범죄대책팀(Youth Offending Team)의 사례이다.

또한 이 장에서는 개별 사회복지사와 동료의 개인적 영성, 영적 욕구를 고려한다. 지난 십 년간 성찰적/반영적 실천활동(reflective/reflexive practice)에 관한 문헌자료가 증가하면서 사회복지사들은 전문적 조정 업무에 적용하는 개인의 특성을 이해하고, 서비스 이용자의 고유한 구성과 상황과의 관계에 대한 중요성을 강조하고 있다. 일반적 상황에서 또는 특수한 '돌봄 상황'에서 복지업무의 이러한 두 가지 측면은 사회복지사와 이용자 간의 상호작용에 영향을 미친다. 성찰적/반영적 활동(reflective/reflexive practice)에 대한 근거는 사회복지교육훈련에 기반을 두어야 하며, 따라서 우리는 사회복지를 전공하는 학생들의 영성 및 영적 욕구와 집단 및 학습 역동성의 영향을 고려해야 한다. 어떤 학생들은 개인의 신념체계와 현대의 사회복지 가치 사이에서 고심한다. 또 세속과 종교를 구별하지 않는 문화권 출신의 학생들은 영성에 대한 무관심과

---

1 회복적 사법(reatortive justice)이라고도 불린다. 범죄자와 처벌에 초점이 맞춰져 있는 현재의 형사사법체계와 달리 회복적 사법은 가해자와 피해자는 물론 범죄문제에 대해 일정한 이해관계를 갖고 지역사회 공동체까지 범죄사건의 해결주체로 끌어들인다. 또한 회복적 사법은 그들 사이의 상호이해, 원상회복 등을 통해 사회공동체의 평화를 회복하고자 한다.

서양(앵글로색슨) 전통에서 사회복지교육에 포함된 세속주의의 가정으로부터 심각한 부조화를 경험한다.

영성은 중요한 개인적 욕구에 때를 맞추어 다학제팀 구성원들의 지속적인 기여를 위해 한 사람의 구성원이 다른 구성원의 지원을 필요로 할 수도 있는 다학제팀의 역동과 특히 관련이 있다. 스트레스와 심신의 소진에 대한 연구는 상호지지를 제공하는 다학제팀의 중요성을 지적하고 있다. 이것은 영적 욕구가 전면에 나타나는 심각한 정신적 외상이나 실존적인 도전 상황에서 활동할 때 중요한 것으로 인정된다.

2. 전문가들의 협력 활동에 대한 근거

다수의 전문가와 관련 기관들 간의 협동적 활동을 강조하는 것은 보건 당국 및 지역 관련 기관 내 복지서비스 부서 간의 협력을 촉진하기 위해서 일련의 정부 자문 문서와 지침서가 발표됐을 시기인 1970년대 중반 이후 영국에서 구축되어 왔다. 1970년대 초기 입법과정을 통하여 건강분야와 사회복지 분야의 구분으로 이 기간 중 공동기획 및 공동 금융에 중점을 둔 결과로 책임(특히 예산) 및 개별 서비스 조정 문제에 대한 논쟁이 발생했다.

공적 자금의 활용에 대한 개선 및 맞춤형의 효율적인 개인별 돌봄 패키지(care pakages)라는 두 가지 측면의 논쟁인데, 이러한 측면들은 1980년대에 지역사회 의료개혁을 위한 추진정책 중에서 가장 선구적이었다. 효과적 활동을 위한 전략이 없다면 개혁의 실행이 불가능할 것이라는 사실을 인정하여 1989년 발행된 백서(白書)인 「국민을 위한 돌봄(Caring for People)」은 6장을 협력 활동(collaborative working)에 할애하고 있다.

　　그러나 바로 처음부터 비용의 효율성과 능률적인 측면에 초점을 맞추었고, 과정상의 기제(machinery of process)와는 거리가 멀었다. 이것은 영적 돌봄에 대해서는 특별한 의미가 있었다. 그러나 그것을 확인하고 평가하는 것은 무척 어려운 일이었다. 서비스 결과는 측정되지만 다른 전문가들의 투입은 그렇지 않다. 1990년대에 걸쳐 건강 돌봄(health care) 제공을 위한 이러한 상황은 돌봄 사업의 다른 측면과 함께 환자의 '영적 욕구' 충족의 책임이 부여되고 있음을 알게 된 의료 전문가들 사이에 표준화된 영성 척도(measure of spritually)에도 영향을 주게 됐다.

　　1990년대에 걸쳐 '장기 요양 상태의 허약 노인, 정신건강에 문제를 지닌 사람들, 지체장애와 학습장애'가 있는 성인을 위한 서비스 측면에서뿐만 아니라 모든 연령층의 취약계층에 대한 돌봄과 보호(care and protection)를 위해서 보건 및 사회복지 분야의 상호작용의 중요성이 점차 인식됐다. 따라서 위험과 보호라는 한 쌍의 개념은 전문가 협력 활동의 모델을 형성하는 두 번째 주요 추진정책으로 추가됐다. 이것은 특히 교육전문가 및 경찰과 형사 사법기관의 측면에서 전문가 연계망을 확대하게 됐다. 이러한 강력한 필수 요소 사이에서 압박받을 경우 영적 돌봄은 어떤 희망을 가지는가? 영국 사회복지에 대해 부여된 정책과 법적 요구사항이 비록 영국에서 발전되어 온 전문가 간의 활동에 대한 특수한 상황이라고 하더라도, 휴먼 서비스의 문화에서 인구통계학적 방식과 광범위하고 뚜렷한 상황 변화는 전 세계에 걸쳐 일반적인 상황이다. 위험을 관리하고 취약계층을 보호하기 위해 인간중심적이며, 개인별 욕구에 유연하며, 서로 다른 문화에 대한 존중과 개인적 선택의 능력 강화하기(empowerment)라는 균형감 있는 복지제도를 실행하기 위한 전문가들의 협력 활동 주제가 전 세계에 걸쳐 공유되고 있음을 세계적 상황을 통해 알 수 있다(Holloway & Lymbery, 2007).

세계적으로 볼 때, 서로 다른 문화가 보여주는 개인, 가족, 지역사회 및 사회 전체의 맞물림이 복잡한 상황에서 큰 차이가 있지만 전문가들의 협력 활동이라는 목표달성에 있어 종교와 영성이해의 중요성이 등장하기 시작한다. 우리는 마지막 장에서 이러한 특수한 측면을 탐구할 것이다. 그러나 우리는 또한 그들의 다문화적 상황이 현대 사회복지실천에서 설정된 사례연구에서 그 중요성을 알 수 있다.

3. 다학제 협력 활동은 무엇인가?

다학제 활동에서 최근의 관심을 두고 있는 부분은, 무엇인가 잘못되어 가는 활동이 있을 때 일반적인 조사결과와는 다르게 대체로 거슬러서 (반대로) 진행한다는 점이다. 협력 활동의 실패에 대한 하나의 사례가 있다. 우리는 다학제 활동을 구성하는 것이 무엇이며, 어디서 어떻게 그리고 장애물과 억제요인이 무엇인지를 자세하게 고려하기 위한 방법을 찾기 위해서 지금으로부터 10년 전으로 회구하여 작업해야 한다. 전문가집단과 관련 기관 사이의 이해에 있어서 문제점 중의 하나는 용어들이 상호 뒤바뀌어 사용된다는 점이며, 우리가 모두 같은 일을 언급하고 있다는 잘못된 전제에서 시작한다는 점일 것이다.

사용되는 용어에 대한 리서드(Leathard)의 분석을 통해서 일부 용어는 전문적인 개념을 다룬다고 지적하며, 일부는 활동 진행을 묘사하며, 제3의 범주는 유관기관 사이의 관계 및 업무조정과 관련이 있다는 점에서는 도움이 될 수 있다(Leathard, 1994, p.5, 표 1-1 참조).

따라서 협력 활동(joint working)은 함께 활동하는 과정을 설명하지만 진정으로 전문가적이지 않다면 이들 기관사이의 업무조정이 조화와 협력을 위한 주요 매개물인 경우 동일한 사안을 두고 동시에 활동하는 많은 전문가를 묘사한다고 말하는 것이 더 정확하다. 또한 빅스(Biggs, 1997)는 전문가들의 협력 활동을 다학제팀 간의 관계로 정의함으로써 이를 설명한다. 협력 활동이 다른 기관에 기반을 두든지 또는 다학제팀 내에 근거하든지, 즉 다른 조직 또는 기관의 관계로서 기관 간의 협조 및 업무조정으로서의 전문가들의 협력 활동 팀이든 아니면 네트워크 또는 관심집단이든지 전문가 간의 관계로서 설명한다. 빅스는 '우리가 함께 일한다는 것은 어떤 의미인가?'라고 묻는 것에 대해 계속해서 미묘하지만 중요한 차이가 있음을 언급하고 있다. 협력(collaboraation)은 하나의 단일 전문가 또는 기관이 스스로 성취할 수 없는 사안을 함께 협력하여 활동한다는 것을 의미한다. 협력은 공동선을 위하여 자신의 행위를 조정하는 각 기관이나 전문가의 긍정적 함의를 포함하며, 조정은 공유과업을 전달하기 위해 서로의 활동과 의제를 고려함을 의미한다.

영적 돌봄에 대한 이러한 논의의 의미를 고려하고자 논의를 잠시 중단하기로 하자. 우선적으로 영적 돌봄의 책임이 있다고 여겨지는 유일한 사람은 종교 기관의 목사 혹은 성직자이다. 목사 또는 성직자의 공식적 다학제 구성팀의 유일한 활동환경은 호스피스 또는 병원이다(영국보다는 미국에서 더욱 그렇다).

교도소, 대학 또는 학교와 같은 제도적 환경에서 기관은 공식적으로 목사를 지명할 수 있고, 그러한 구조에서 다른 전문가를 가끔 접할 수도 있다. 하지만 그들은 종종 소속집단 외부에 기반을 두고 잠재적으로 다른 전문가와 실제적인 협력 활동 없이 자신의 직무를 수행할 수 있다.

마찬가지로 다른 전문가, 교사, 사회복지사와 교정시설의 간부들은 목사에 대한 약간의 관심을 보이거나 교정시설에서 간부들의 활동은 목사에 대한 이해 등 일상 과업에 제한된 것으로 보인다(선행(先行) 서비스 또는 공동 예배 등). 이것은 우리가 영적 돌봄을 제공하는 데 있어서 다학제팀의 근원으로, 5장에서 언급할 때 염두에 둔 것이 아니며, 이는 또한 위에서 논의한 협력, 협조 또는 조정에 대한 빅스의 정의에 포함된 잠재력을 제대로 나타낸 것이 아니다. 이 문제를 추구하고자 한다면 다학제팀의 협력 활동이 작동하는 조직구조를 살펴볼 필요가 있다.

4. 조직 구성

오브레트베이트(Overetveit, 1997)에 의하면, 전문가 집단의 활동은 느슨한 네트워크 조직에서 통합된 전문가 집단에 이르기까지 다양한 조정국면에 걸쳐 발생한다고 한다. 전문가 구성팀(interprofessional teamwork)[2]은 집단책임(즉, 해당 전문가 구성팀이 사례를 다루거나 혹은 이 팀에 부여되는)에 따라 작용하거나 또는 다른 사람들이 개입하는 동안 한 개인이 책임을 갖는 조율된 전문가의 팀으로 작용할 수 있다.

다른 한편으로는 공식적 네트워크는 이러한 기관 및 전문가 대표들의 월례회의처럼 초점 구조(focal structure) 중심으로 운영되며, 각 개인 전

---

[2] 각 분야의 전문가들이 팀으로 모여 같은 사례를 공유하면서 각자의 분야에 대해 발표하고 질문하고 세션을 가지는 것이다.

문가 및 기관은 그 사업을 별도로 운영한다. 느슨한 네트워크는 일반적으로 특정 지리적 영역 내에서 작용하고 필요에 따라 '임시총회' 등을 포함하는 협력적 조정 활동에 의존하고 있지만, 반드시 네트워크의 모든 구성원을 포함하지는 않는다.

이러한 조직구성 방안 중에서 어떤 조직구성은 특히 전문가 구성팀의 활동을 촉진하기 위해 설정된 직위로 지원될 수 있다. 사회복지사들은 학교나 GP(가정 전문의) 수술팀에 소속될 수 있고, 기관 환경 및 특정 기관이나 지역사회 내 전문가 집단 간의 연락유지를 위해서 연락책임 담당자가 지명될 수도 있다(병원팀과 지역사회 아동발달 클리닉과 같은). 영적 돌봄이 일반적으로 어떻게 적용되는지 알기 위해 사회복지사가 고용되어 있는 다학제팀의 범위 내에서 이러한 조치를 적용할 수 있다.

- 호스피스팀은 집단 책임을 유지하는 완전 통합된 팀의 일반적 사례로 볼 수 있으며, 어떤 목사나 영적 돌봄 담당 고문은 공인 팀의 구성원임을 알 수 있다. 목사 또는 팀의 책임으로 부여된 어떤 영적 돌봄 범위는 특별한 기여를 제공하는 다른 팀 구성원의 관심도나 이해, 경험과 능력에 따라 달라질 수 있다.
- 아동발달팀은 또한 통합된 다학제팀의 사례라고 볼 수 있지만, 신앙 단체가 아니라면 목사를 포함하지 않을 수도 있다. 아동에 대한 종교적 욕구가 증가하고 있음에도 불구하고 개입 계획이나 평가에서 아동의 영성이 고려되는 범위는 의문의 여지가 있고 아마도 개별 사회복지사의 성향에 의존하는 듯하다.
- 지역사회 정신건강팀은 한 사람이 책임과업을 수행할 수 있도록 일반적으로 같은 장소에 기반을 둔 조정 전문가의 팀으로 활동할 가

능성이 높다. 지역사회 목사와 함께 교감이 형성될 수 있는 종교적 또는 영적 문제는 중요하지만, 보통 종교 전문가가 이러한 팀의 구성원이 된다는 것은 아니다(종종 강한 종교적 주제, 망상같이 사람의 정신건강 문제의 한 부분으로 볼 수 있다). 그러나 일부 정신건강팀에서는 초기 영적 평가가 정기적 평가의 일부를 형성할 수는 있다.

- 거주시설(supported housing)에서 생활하는 학습장애인은 한 개 기관이나 특정한 공동 숙소 내에서 건강과 사회복지전문가로 구성된 공식적 네트워크상의 핵심 전문가가 지원할 가능성이 높다. 영적 돌봄은 개인 치료계획에 포함되지만, 핵심전문가 또는 네트워크의 다른 구성원이 직접적으로 제공할 가능성은 없다. 핵심 전문가는 서비스 이용자의 핵심 욕구나 종교를 사정함으로써 영적 돌봄을 촉진할 수 있다. 핵심 사회복지사는 종교적 공동체의 구성원이 된다. 이러한 제도하에서 특정한 영적 욕구 또는 위기상황이 발생할 경우, 핵심 사회복지사는 '친구' 또는 성직자를 만날 가능성이 높다.

- 오브레트베이트에 따르면 심각한 알코올 중독자는 좀 더 폭넓은 건강 세팅이나 형사사법 또는 사회복지기관에 잘 알려질 수도 있고 어떠한 기관에서도 가장 최근의 사건에 대한 책임을 질 수도 있지만, 개별 사회복지사의 업무 주도를 통해 조정에 대한 의존이 느슨한 개별 네트워크로 운영될 수 있다고 본다. 그 네트워크에는 사회행동 프로그램을 실행하는 교회가 포함될 수 있으며, 의료 및 사회복지전문가는 어떤 영적 욕구가 교회의 담당이라고 가정할 가능성이 높다. 따라서 영성과 영적 욕구를 정기적으로 해결하는 범위는 매우 다양하며, 대부분의 경우 사회복지사는 자신의 책임이 아니라고 가정할 가능성이 높다.

5. 전문가집단의 이슈

사람들의 영적 욕구는 그들의 삶의 정결한 부분에서 발생한다고 가정하는 것이 좋을 것이다. 전문가 자신이 영적 차원과 관련하여 기꺼이 활동할 수 없다면, 긴밀하게 조직된 다학제팀은 통합된 임무의 일환으로 영적 돌봄을 제공할 수 있다. 우리의 '동료 여행자 모델(Fellow Traveller Model)'은 영적 욕구의 존재 및 서비스 이용자에 대하여 그 중요성 여부를 결정하기 위한 것이라도 모든 '팀'은 어떤 수준에서 영성으로 관여할 것이라고 미리 가정한다.

빅스는 전문가들이 현대의 건강과 사회복지 분야에서 성공적으로 협력 활동을 하기 위한 네 가지 요건을 제안한다. 먼저, 각 전문가는 서로의 전문지식을 인식해야 한다. 이는 핵심 정체성과 각자가 할 수 있는 어떤 특정 기여도와 관련이 있으며, 그것은 우리가 다른 사람에게 인식시키는 것처럼 우리 자신이 스스로 인식하는 것이 중요하다. 분명히 거기에 중복되는 점이 있으며, 특정 전문성이 방향이나 자신감을 잃거나, 핵심 정체성이 외부 요인으로부터 위협을 받고 있음을 느낄 때 문제가 발생한다. 이처럼 하나의 전문가 집단이 다른 사람의 활동을 잠식하는 것으로 인식될 경우 '영토 전쟁(territorial wars)'이 일어날 수 있다.

영적 돌봄에 목사나 다른 종교 전문가에 속한다는 분명한 인식이 있다고 생각할 수 있다. 이는 자명한 사실이지만, 세속적 환경에서 일하는 목사는 점차 일반적 경청과 상담을 제공하는 것이 중요하다고 여기며, 자신의 역할을 전도자나 사람들에게 종교를 강제하는 것으로 인식하지 않는다. 또 영성에 대한 현대의 정의는 종교에서 영성을 분리한 면도 있기에, 실천을 할 때는 오히려 더 복잡해질 수 있다(Billings, 1992; Lloyd, 1995).

로이드(Lloyd)는, 목사는 자신의 역할을 '특수하지만 통합'된 것으로 여겨야 한다고 주장하며, 목사가 다학제팀에서 취할 수 있는 중요한 기여 활동은 '어떤 작품'에 대한 실증적 가정으로 뒷받침된 효과 측정이라는 정신에 도전하는 것이라고 지적했다(Lloyd, 1995). 목회적 돌봄은 질문에 머물러 있는 것이 답을 찾는 것만큼 중요하다는 개념에 친숙하며, 영적 돌봄에서 이러한 통찰력은 현대의 건강 및 사회복지의 딜레마와 모순에도 적용할 수 있다. 그러나 페일리(Paley, 2009)는 동전의 양면과 같은 측면에서, 미국과 잠재적으로는 영국에서의 간호사는 자신이 영적 돌봄을 담당하는 '간호하는 목사'로 기능하는 역할을 하고, 팀 내에서 목사를 능가한다고 주장한다. 사회복지는 이미 살펴보았듯이, 이러한 경로를 따르지 않을 것 같지만, 이는 영적 돌봄에 자신의 기여 및 기타 전문가, 특히 종교 전문가와 영적 돌봄을 관리하는 고문(advisor)과의 관계 형성에 있어서는 갈 길이 멀다 .

제안된 하나의 모델은 사회복지가 '영적 승리자(spiritual champion)'의 아이디어를 채택해야 한다는 것인데, 이는 건강서비스에서 점점 더 인기를 끌고 있다(whiting, 2009). 이 모델에서 팀의 한 구성원은 이용자 집단의 영적 욕구를 발견하고 그들의 영적·종교적 선호(무신론자 포함) 기록에 대한 관심을 보장하며, 영적 관행뿐만 아니라 '신성한 공간(scared spaces)'을 촉진하고 보호하도록 주의를 기울여야 한다. 메이데이 헬스 국민건강보험 트러스트(Mayday Healthcare National Health Service Trust)는 영적 승리자 제도를 도입한 이후 이전의 18%가 그러했던 것과 비교하여 96%의 환자가 자신들의 영적 돌봄을 기록한다고 보고했다.[3]

---

3   출처: www.mayday hospital.org.uk

사회복지가 이러한 진전을 이루는 이유는 성공적인 전문 영역 간 활동에 대한 빅스의 두 번째 중요한 기준에 있다. 즉, 팀의 모든 구성원은 보건 및 의료 사회복지 서비스에서 직면하는 활동을 하나의 직업으로 수행하기에 너무 복잡하다는 점을 인식해야 하며, 최고의 결과뿐 아니라 요구되는 결과는 다른 참여 전문가들의 구성을 통해 달성될 수 있다는 것이다.

그러한 영성, 영적 욕구와 영적 고통을 명확하게 하는 정신건강서비스 이용자의 강력한 목소리는 자신의 건강에 필수적인 원동력이 되며, 복지문제는 전문가로 하여금 자신들의 '협력 활동'에 영성을 포함하도록 설득해야 하는 하나의 분명한 논쟁을 제공한다는 것이다.

우리는 이 책에서 많은 다른 사례 자료를 보았다. 현재 인간중심의 실천(person-centred practice) 방법이 중요시하는 것은 사회사업에서 영성이 서비스 이용자에게 중요한 경우, 자신의 돌봄 계획에 영성을 포함시켜야 한다는 점을 인식해야 한다는 것이다. 우리가 그것을 편안하게 요청하고 평가할 몇 가지 방법을 찾지 못한다면, 영성이 중요한지 우리가 어떻게 알 수 있을까?

생각해볼 문제
1. 여러분의 경험에서 다학제팀 사정에서 영적 욕구를 포함하는 공식적인 방법이 있는가?
2. 그러한 사례는 실제로 실천활동에서 발생하는가?

셋째, 빅스는 경영 및 행정을 포함하는 각각의 별도의 직업은 공유된 기본 목표를 인식해야 한다는 점을 제안한다. 넷째, 기본 목표는 모든 활동과정 및 단계에 걸쳐 의미있는 이용자의 참여에 기초해야 한다. 우리는 건강과 사회복지 분야에 걸쳐 실행한 우리의 많은 다른 목적을 '기본' 목표로 엄선해야 하는 경우, 이것은 반드시 서비스 이용자의 복지향상에 도움이 되어야 한다.

이러한 활동은 개별적으로 또는 함께 자신의 신체적·정서적·사회적·영적 욕구 해결을 통해 달성될 수 있으며, 취약점과 권리를 고려해야 한다. 각 서비스 이용자에 대한 그러한 독특한 균형은 어느 한 전문가의 특정한 역할과 과업 및 특정시점에서 주어진 우선순위를 결정한다.

우리는 단지 서비스 이용자들의 이야기를 경청하는 것을 통해서만 이러한 활동에 대한 합의에 도달할 수 있으며, 이러한 활동들은 그들의 영성을 포함할 수 있다. 그것은 우리 자신의 편견, 틀에 박힌 가설에 대한 불신감 또는 익숙하지 않은 또는 문화적으로 외국인에 대한 존중의 부족, 그리고 유연하게 작동시키는 데 전체 그림에서 영적 욕구와 영적 돌봄을 인식하지 못하도록 하는 경계를 넘어서 우리의 무능력이나 준비부족 때문이다. 이들은 어떤 정책 구상이나 공동구조가 배치되든 성공적인 직업인 사이의 협력을 계속 장애물이라고 하는 동일한 문제이다. 우리는 전문가팀이 영성과 영적 치료의 핵심인 중심개념의 두 가지 영역의 현실 상황에서 어떻게 활동하는지 검토할 것이다.

첫째, 호스피스에서의 완화치료의 기원은 다학제팀의 중요성 인식에서 시작됐는데 여기에서 다른 전문가는 자신의 독특한 특수한 전문성을 살려 치료에 기여할 뿐만 아니라, 팀 접근 방식에 자신의 전문지식을 결합했다. 둘째, 가장 최근의 사례개발 방식인 회복적 정의가 형사 사법기관, 경찰 및 형사기관이나 사회복지기관을 통해 확산되는 방식이다. 회복적 정의는 신앙단체와 전문가들이 공유하는 기본 목적으로서, 공통의 가치기준에서 활동하는데 이는 가해자와 피해자 모두의 자발적 참여가 필요하고, 협력 활동을 위한 자신의 준비 및 기제(mechanism)에 대한 방향과 목적을 제공하는 구성방안이다. 두 영역은 매우 복잡하며, 최고의 결과 달성을 위해서 여러 기관의 자원과 전문가의 지식이 필요하다는 점은 의심의 여지가 없다.

영적 돌봄은 항상 완화치료의 적어도 일부분으로 수용하게 됐으며, 회복적 정의에 포함되게 됐다. 이러한 두 가지 측면의 실천사항은 서로 관련이 없는 동떨어진 세계인 듯이 보여서 사회복지사업의 검토과제에서 상반되는 두 개의 축을 설명하는 일은 돌봄사업 또는 조정의 오랜 딜레마이기도 하다. 하지만 두 가지 측면 모두 고통과 치유면에서는 상호 관련이 있다.

6. 완화치료

완화치료(palliative care)의 철학은 전인적 접근 방식(holistic approach)과 밀접한 관계가 있는데, 다른 사람에 대한 환자의 욕구 또는 고통에 있어서 어떤 영역도 우선시하지 않을 뿐만 아니라 또한 자동적으로 다른 사람에 대한 어떤 한 직업의 역할에도 특권을 부여하지 않는다. 실천적으로 완화치료의 목적은 죽어가는 사람의 편안함과 품격(치료가 아닌 '돌봄')이며, 평화로운 죽음을 위한 신체적 증상의 완화가 주요 관심사이다.

이것은 의료 종사자와 간호사에 의한 치료의 첫 단계임을 의미하는데, 완화치료로 재활기법을 도입한 물리치료사가 지원하여 증상이 더 완화되어 죽어가는 사람이 자신의 인생을 다루는 데 도움이 된다. 신체적인 문제를 강조하고 있음에도 불구하고, 사회적·정서적·영적 문제가 실제 문제를 악화시키고 치료 및 관리를 방해한다는 점은 완화의료에 널리 인식되고 있다. 따라서 사회복지사와 목사는 종종 전문가, 예술가, 대체치료사(complementary therapist)를 포함하는 팀의 중요 구성원이다.

마찬가지로, 목사는 자신의 역할이 팀의 다른 구성원에 의해 자주 '손잡이(hand holders)' 또는 종교의식의 마지막 순간, 예배자로 제한되어 인식되는 것에 대해 불평한다. 호스피스 보살핌에 대한 선더스(Saunders)의 원래 비전은 영적 고통에 참여하는 것을 포함하며, 또한 최근의 완화의료에 대한 정의와 기준은 모든 팀구성원의 훌륭한 완화치료 및 책임성의 핵심인 영적 치료를 포함한다. 그러나 영적 치료를 어떻게, 누가 제공하느냐는 문제는 오히려 더 복잡하며 전문가팀, 환자 및 특정 관리 상황의 구성원에 따라 다양할 수도 있다.

한 연구에 따르면, 완화치료 사회복지사들은 모든 구성원이 영적 돌봄을 제공해야 한다는 기대감에 의한 위압감과 그러한 접근 방식이 환자에게 압박감을 줄 것이라는 두려움의 느낌이 있었다. 그러나 일부 사회복지사들은 그들의 활동이 영적 직업이므로 영적 돌봄은 환자를 위해서 그들이 할 수 있는 모든 것이라는 점을 암시하고 있다(Sinclair, 2006). 다른 사람들에게는 영적 여정과 같이 특정 과업과 관련된 명시적 측면이며, 여기서 더 구체적이거나 복잡한 영적 욕구는 목사에게 의뢰되어야 한다(McClung et al., 2006; Puchalski et al., 2006).

사례연구: 팀

팀(Tim)은 30세에 뇌종양이 발병했다. 심한 우울증 치료를 받는 정신과 환자로 시기를 보낸 후, 호스피스 기관의 미술치료사인 엘라의 치료를 받게 됐다. 팀의 아내인 클레어는 임상심리학자로부터 인지행동치료를 받고 있었지만 팀은 종양 진단을 받고 비언어적인 치료 혜택을 누릴 수 있다고 생각했을 때, 완전히 위축이 되어 있었다.

정신질환은 실존적 절망감으로 인해서 촉발된 것 같았다. 팀은 그가 열심히 일하면 보상이 따른다고 믿고 있었으나 지금은 속아서 실패감을 느끼고 있다. 팀은 치료 참여에 거부감이 들었고 그의 아내를 포함한 사람들과 함께 했던 제한된 대화에서 질병과 관련된 주제를 회피했다. 팀의 언어능력은 매우 심하게 악화됐지만, 과업 실패의 두려움을 엘라에게 전할 수 있었다. 팀이 한 달 후, 그림을 그리기 시작했을 때는 매우 걱정됐지만 그럼에도 불구하고 계속 그림을 그렸다.

때때로 팀은 분노하며 좌절을 겪었다. 엘라는 자신의 역할을 환자에게 사용할 수 있는 치료여정의 자원 또는 동반자로 본다. 엘라는 팀이 그림을 그릴 수 있는 조용한 환경을 만들어주기 위해 노력했다. 팀은 의료기록에 가톨릭신자로 기록했지만, 병원에서 화가 나서 목사의 도움을 거부했다. 하지만 어느 날 그가 죽기 몇 주 전에는 닫힌 교회문을 열려고 애쓰는 키가 큰 한 남자 그림을 그렸다. 팀은 엘라의 반응을 살펴보며, 자신이 그린 그림을 제시했다. 엘라는 팀이 영적 생활에 장애를 경험했음을 추측했고 그가 믿음에 의지하며 그림을 그릴 수 있었는지 물었다.

팀이 머리를 흔들었을 때, 엘라는 팀에게 목사의 방문을 원하는지 물었다. 팀은 고개를 끄덕이며 미소를 지었다. 팀이 매주 성찬식을 받은 몇 주 동안, 그의 그림은 더 평화로워졌다. 팀은 처음에는 아내 클레어를 거부하며, 가족들에게서 자신을 격려하고자 했다. 팀과 클레어에게는 한 살짜리 딸, 베트니가 있다. 엘라는 클레어가 우울증에 대한 심리치료를 받고 있었지만, 사회복지사의 가족 관점에서 혜택을 누릴 수 있다고 생각하며, 사회복지사가 클레어에게 말을 걸도록 요청했다. 클레어는 사회복지사 실라와 이야기를 나누어서 즐거웠고 자신의 유일한 자식에 대해 팀이 느낀 끔찍한 상실감에 대해 그녀와 감정을 공유하고 있다.

아내와 딸 베트니를 보는 것이 왜 팀에게는 너무 고통스러울 수 있는지 클레어는 이해하고 있었다. 그러나 동시에 그들 세 명의 가족사진을 포함하는 추억상자를 만들 수 없는 경우 그녀가 베트니에게 아버지라는 의미를 어떻게 전달할 수 있을까 걱정하고 있다. 클레어는 팀이 죽기 전에 베트니가 세례를 받기 원했다. 그녀는 가톨릭신자가 아니지만 그들은 아이들이 가톨릭 신자로 세례를 받는 것에 동의했다. 그러나 베트니가 태어난 직후 팀의 진단으로 행사를 뒤로 미루었다. 그녀는 단지 팀이 지금 베트니의 세례에 동의한다면 그들 사이에 영적 유대감이 생길 것으로 느꼈으며, 이는 상처를 치유하고 언어적 의사소통의 부족을 만회하기 위해 도움이 될 수 있다. 사회복지사는 이 문제에 대해 무엇을 해야 할지 몰랐다.

클레어는 그것에 대해 엘라에게 이야기하고 팀의 그림이 자신의 영적 의식을 다시 재개하게 했음을 알았다. 엘라가 제안하기를, 클레어에게 자신과 베트니 그림을 그리고 싶어 하는지 물어보라고 했다. 그는 머리를 흔들었지만 그의 눈을 가리키며 "봐!"라고 불쑥 말했다. 점차적으로 팀은 베트니와, 잠시 후에는 클레어와 함께 시간을 보내기 시작한다.

그들은 가까운 가족과 함께 참석하여 호스피스팀의 여러 구성원과 팀 교구 사제(司祭)의 도움으로 베트니의 세례행사를 할 수 있다. 그것은 '가족'으로 그들 모두를 함께 묶어준 기회였다. 이러한 사례에서 어려움의 대처에 협력해온 전문가팀은 이것이 어떻게 화해의 기회가 될 수 있을지 상호 간에 의견을 나누었다. 동시에 그것은 현재와 미래의 새로운 삶에 대한 축하와 희망의 표현이며, 이들은 팀과 클레어가 장례식을 위해 수행한 테마였다. 세례 직후, 그의 미술치료 과정은 중단됐지만 팀은 그가 죽기 전에 그림 하나를 더 그려서 엘라에게 선사했다(그의 이전 그림은 폐기됐다). 엘라는 팀이 결국 자신의 삶을 소중히 여기는 새로운 방법을 발견했다고 믿고 있다.

7. 회복적 정의

회복적 정의(restorative justice)는 이 책의 주제가 어떻게 구성되는가 하는 것뿐만 아니라 영성에 대한 전체적 이해가 이 책에서 제안한 것처럼 작업 영역에 대한 '궁극적인 구조(ultimate frame)'를 어떻게 제공하는지에 대한 분명한 사례연구를 제공한다. 태고부터 사회는 소위 '반사회적 행동'이라 불리는 최근의 용어에 대한 문제와 씨름해야 했다. 항상 지역사회 응집성과 복지가 필요하다고 여기는 특정한 규범에 도전하며 이를 초월하는 개인과 집단이 있었다. 따라서 형사사법체계(criminal justice system)는 폭력행위로부터 지역사회를 보호할 이중의 목적으로 그러한 행동을 다루기 위해 설립됐다. 결국 자유를 제거하거나 억제하여 이상적으로는 더욱 긍정적이고 창조적인 생활을 하도록 가해자의 행동을 변화시킨다. 적어도 영국에서 전통적으로 피해자를 가해자 및 잘못된 행동으로 파생된 결과와 분리하는 일을 포함한다. 사법절차는 특수한 판결문을 접수, 결정하고 필요시 범법자를 지정된 전문가가 관리하도록 한다. 과정 전반에 걸쳐서 범죄를 야기한 개인에게 초점이 맞추어진다.

다양한 형태의 반사회적 행동으로 이어지는 원인과 기여 요인을 이해하고자 하는 욕구들은 범죄 및 형사사법체계에 관련된 사람들의 흥미를 자극했다. 형사사법 및 청소년사법 전문가들은 법원으로 하여금 사회를 보호하고 가해자를 처벌하는 이중역할의 균형을 가능하게 하도록 '범죄자와 범죄행위'와 관련된 내용을 법원에 보고할 책임을 담당하고 있다.

지역사회에 대한 반사회적 행동의 파급효과와 그 영향에 대한 이해가 있었지만, 이러한 우려가 다양한 '피해자 지원' 제도 도입과 회복적 정의의 발전과 함께 활동범위의 중앙으로 이동한 것은 영국에서는 비교적 최근의 일이다(유엔위원회, 2002; 홈 오피스 2003, 2004).

리프만(Liebmann, 2007)은 '회복적 정의'에서 다음과 같이 주장한다.

> 피해자 발생 후에 피해자 구제를 위한 도움이 가족, 학교, 지역사회 및 사법적 상황에서 이루어지는 것이 현재 전(全) 지구적 동향이다.
> —p.17

이러한 접근 방식은 분명히 타인에 의한 손상이나 피해, 또는 희생자들의 다양한 상황에 적용된다. 그러나 논의 목적상 우리는 리프만이 일부 기본 원칙의 개요를 설명한 형사사법적 측면에 초점을 맞출 것이다. 이러한 기본 원칙은 다음 사항을 포함한다.

- 행위에 대하여 범죄자들이 '맞습니다. 제가 그런 행동을 했습니다. 그래서 제가 유발한 피해에 대해서 책임을 지겠습니다'라고 발화하는 것은 '회복적 정의'에 대한 출발점이 된다는 의미가 있다.
- 상황을 이해하기 위한 의견교환이 이루어진다. 일부 범죄자들은 피해자를 어떻게 다치게 했는지 이해하지 못한다. 그들이 야기한 행위를 인식할 때는 그들이 피해자들로부터 상황을 청취했을 경우이다.
- 벌어진 피해상황을 바로잡으려는 시도가 있다. 때로는 사과로 충분하지만, 실제로 문제가 있을 수 있으므로 사과 이상의 행동이 요구된다.
- 범죄자들은 향후의 범죄를 피할 수 있는 방법을 알아야 한다. 자신

들로 인한 피해를 알게 되면 그들은 범죄행위를 반복하지 않으려고 한다. '회복적 정의'의 장점은 범죄자들이 다른 삶을 꾸려가기 위한 동기를 부여한다는 점이다.

• 지역사회는 피해자와 가해자 모두를 재통합하는 데 도움을 준다. 피해자들은 사회에 다시 복귀하기를 간절히 희망한다. 그들은 범죄의 결과로 종종 소외감과 단절감을 느낀다(p.27).

회복적 정의의 기본 원칙은 우리가 이 책의 마지막 장에서 더 깊이 고려해야 할 강력한 본보기가 될 만한, 다음과 같은 질문이다. "우리가 이 사회에서 잘 지낼 수 있을까?" 고립상태에 처한 사람들은 더 이상 가해자와 피해자가 아니다. '우리가 어떻게 창조적이며, 적극적으로 미래로 향할 수 있으며, 이미 발생한 사건에 얽매이지 않을 수 있을까?' 하는 미래의 문제에 초점을 맞추는 질문은 사회문제가 되고 있다.

영성에 대한 이해로 확인할 수 있는 주제인 의미, 목적과 상호연결성은 분명히 중요하다. 회복적 정의라는 용어의 일부, 여컨대 화해, 죄책감과 용서는 강력한 종교적 함축성이 있다. 개인, 또 그보다 넓은 수준에서 단절관계를 회복하기 위해 열심히 일하는 강한 추동력(impetus)은 종교 안에 존재하기 때문이 아니다. 세속적 관점에서 그것들은 동일하게 강력한 개념이며, 따라서 우리는 이러한 용어가 세속적이며 또한 종교적 구조 그 두 가지 모두를 포함한 영성에 대한 이해를 강조한다.

이 중 눈에 띄는 두 가지 사례는 용서가 치유과정에서 중요한 적극적 역할임을 강조한 런던의 '용서 프로젝트'(1993)이다. 예전에 그랜든 언더우드(Grendon Underwood) 교도소장인 팀 뉴엘(Tim Newell)은 이 프로젝트에 대하여 다음과 같이 언급하고 있다.

범죄의 정신적 외상 이후에 따르는 용서를 사람들이 어떻게 인식하는가를 알게 된다면, 흥미로울 것이다. 희생자와 범죄자 및 사회가 개선되는 상황을 가로막는 주요 원인은 범죄를 행한 사람을 용서하지 못하는 부족함에 있다. 이러한 행위는 사람을 식별하고 관계와 삶의 이야기를 얼어붙게 할 수 있다. —Moss(2005, p.58)

회복적 정의에서 용서는 다른 사람을 본질적으로 가치있는 한 개인으로 존중하는 활동이다. 이러한 용서를 요청하고 허용하는 것에는 대가가 필요하다. 그것은 '안이한 대처방식'이 아니라 새롭게 용감한 시작을 하기 위한 기회이다(Moss, 2005). 반사회적 행위를 용서하고 중단하도록 하기 위해 앞으로 전진하는 과정에서 근본적인 중요성은 '상처'에 사로잡힌 모든 사람의 상호 간 약속이다. 디블라시오(DiBlasio, 1993)는 다음과 같이 제안했다.

용서는 개념적으로 복수하고자 하는 욕구를 제거함으로써 괴로움과 분노와 관련된 부정적인 감정을 배출하는 것으로 정의하고 있다. —p. 304

엘리스(Ellis, 2000)는 이것을 사회적 정의의 주제와 관련하여 언급한다.

폭력이 멈출 때만 용서가 가능하다. 용서가 혁명적이 되는 것은 불의를 끝내고 상호지향적이며, 미래지향적인 여정이다. —p.276

생각해볼 문제

1. 여러분은 사회복지실천에서 용서라는 개념에 대해 얼마나 편안한 감정을 느낍니까?
2. 용서를 해야 하는 상황이 여러분에게 딜레마를 불러일으키지는 않습니까?

다음 장에서는 사람과 자신의 행동에 대한 환경의 영향뿐만 아니라 그들이 환경에 끼치는 영향에 대한 이해에 도움이 되는 환경적 관점(environmental perspectives)을 고려해야 한다는 점을 살펴볼 것이다. 우리의 상호연결성을 해치는 '현실적 고통(concrete jungles)'[4]이자 건강과 웰빙에 영향을 미치는 환경오염, 사람과 사회의 가치를 무시하는 치열한 기업가 정신은 사람들과 그들의 행동, 다양한 '장소'와 그들의 경험이 삶의 질과 잘 살 수 있는 능력에 대하여 강력한 영향력을 행사한다.

이러한 측면들 중에서 어느 것도 반사회적 행동에 대한 개인의 책임과 의무를 없애지는 않지만, 그것들은 우리가 감히 무시할 수 없는 풍부한 상호작용적인 구조의 의미와 해석을 제공한다. 이 책에 설명된 대로 의미는 복잡하지만 중요한 기반이 되는 영성은 개인, 문화, 사회, 환경과 영적 관점을 연결하는 '회복적 정의'를 이해하기 위한 궁극적 구조(ultimate frame)를 제공한다.

사례연구: 제이슨

제이슨은 매우 불행했고 학교에서 문제아였던 15세의 청소년이었다. 게다가 학업도 부진하며 원하는 바가 무엇인지 모른 채 졸업을 앞두고 있었다. 그는 학교생활이 지루했고 졸업을 기대하기는 했지만 그 후에는 어찌해야 할지 막막했다. 그의 부모는 자칭 영국 국민당의 열성당원이며, 소수민족 집단에 속한 지역사회의 구성원에 대한 악담을 하며, 제이슨 같은 젊은 사람들이 직업세계에 나가기란 매우 어렵다고 불평했다.

어느 날 저녁 제이슨은 친구 몇몇과 함께 술을 마시고 난 뒤 집으로 가는 길

---

4   concrete jungles은 '인간이 소외되는 대도시'를 의미하지만 여기서는 '현실적 고통'이라고 표현한다.

에 거리를 지나는 아시아계의 노인 두 사람을 쳐다보게 됐다. 제이슨은 갑자기 아시아 사회에 대하여 부모가 했던 모든 말을 기억하며, 이 부부를 폭행하여 땅에 때려 눕혔다. 제이슨과 그의 친구는 여성의 핸드백과 남성의 지갑을 빼앗았고 발로 걷어찬 후 도망갔다. 그들은 CCTV 카메라에 찍힌 줄도 모른 채 있다가 나중에 법원에 기소됐다.

법원 판결로 그는 폭력을 주도했던 두 사람과 법원에 출석 요구를 받았다. 매우 화가 나고 걱정도 됐지만 법원이 그에게 할당한 사회복지사와 여러 번의 만남 후 그는 부모의 견해가 자신의 행동에 영향을 주었음을 마지못해 동의했다. 두 아시아계 노인들은 법원에서 폭력행위로 큰 충격을 받아서 저녁에는 외출할 수 없으며, 폭행 당일 그들은 소외지역에서 다과 및 일반적인 도움을 제공하는 등 청소년 클럽 일을 돕고 귀가 중이었음을 부드럽게 이야기했다. 분명 그들은 청소년 클럽의 '명예 조부모(honorary grandparents)'였고, 모든 젊은이들이 그들과의 대화를 즐겼다. 제이슨은 이미 부모의 가치관과 태도가 잘못이었음을 깨닫기 시작했다. 그와 친구들은 제이슨과 같은 젊은 사람들을 위해 열심히 고군분투하며 봉사하는 좋은 사람들에게 상처를 주었음을 알게 되었다.

제이슨은 그들에게 죄송하다며 중얼거리듯 말했지만 가능한 빨리 이 고통스러운 만남에서 벗어나고 싶었다. 나중에 놀랍게도 그녀는 그를 청소년 클럽으로 초대했다. 그녀는 그가 환영받을 것이라 안심시키고 제이슨의 폭행 사건을 말하지 않겠다고 약속했다. 제이슨은 첫 모임에 그를 초대할 것을 제안한 사회복지사와 함께 논의 후 초대에 응했다. 몇 달 후, 제이슨은 클럽의 정회원이 됐으며 주도적인 역할을 하기 시작했다. 그는 자동차 공학 클럽을 잘 활용했고 이후 동네 차고에서 여러 클럽 활동을 제공했다. 제이슨 자신의 '세계관'이 변하자 '세계'가 변화했다.

8. 영성과 우리 자신

전문가집단 활동의 핵심이 서로 간의 관심과 우리 자신의 욕구와 강점과 자원에 대해 인식하는 것이라는 생각은 이 장에서 이전에 검토한 모든 사항에서 함축적으로 나타나 있다. 팀 상황 내에서 개인으로서 사회복지와 관련있는 실천가, 학생 교육자로서 우리 자신, 개인적 욕구와 우리가 서로 제공하는 지원을 고려하지 않는다면, 협력 활동에 대한 논의는 완전하지 않다. 우리가 함께 활동하는 모든 사람 개개인에 대한 가치와 존엄성에 대하여 우리가 직업적 가치기준으로 제시하는 주장은 그만큼 또한 우리에게도 적용된다. 우리는 사회복지 전문지식의 혜택을 자동기계처럼 나누지는 않는다. 우리는 감정과 정서, 희망과 두려움, 기쁨과 상처를 지닌 실제 살과 피로 이루어진 사람이다. 우리 자신이 아닌 그들이 필요한 사항에 집중하기 위해, 함께 활동하는 사람과의 직업적 '거리(distance)'를 유지하도록 아무리 많은 요청을 받아도 우리는 여전히 활기차며, 심지어 영적인 인간이다.

영역 간 팀(interpersonal team)의 역동적 관계는 다른 분야에서와 같이 영적 영역에서 중요하다. 개인적인 삶뿐만 아니라 전문영역에서 우리가 하는 일을 이해하고 표현하기 위해 자신의 내부 핵심과 소통이 충분치 않은 경우에 우리는 크게 위축될 수 있다. 우리의 활동에서 동료의 영성을 인식, 존중하고 응답하지 않으면 우리는 그들을 불공정하게 대우할 뿐 아니라 위축시키기도 한다.

1) 반영적 실천과 영성

우리가 이러한 심오한 이해심을 실천하는 방법은 모든 사회복지사들에게 매우 친숙한 두 개의 개념인 반영적 실천과 재귀성(reflective practice and reflexivity)이다. 이러한 개념은 우리의 작업에 대한 기계론적 접근을 멀리하고 함께 일하는 사람들의 독특한 개성을 존중하고 평가하며, '돕는' 과정에서 우리가 취하는 영향력을 인식하기 위해서 우리에게 일정한 알림의 역할을 하기 때문에 특히 중요하다.

숀(Schon, 1983)의 공헌은 이 영역에서 널리 인정받고 있다. 그는 '사람을 대하는 사회복지사'가 자신들이 수행하는 활동의 복잡함에 대해 이해하도록 돕고 어떤 '이론'이 거의 정형화된 방법으로 '실천'에 적용되는 '올바른 정답'으로 가득 찬 경직된 접근 방식에서 벗어날 수 있도록 열심히 돕는다. 이와 대조적으로 숀은 '늪의 저지대(cut and dried)'에 대해 이야기하며, 우리의 평가 및 개입활동에 있어서 틀에 박힌 활동에서 벗어나 사람들 삶의 복잡성을 심각하게 생각하도록 하기 위하여 예술적인 전문성을 요구한다. 톰슨과 톰슨(Thompson & Thompson, 2008)은 이를 잘 파악하기 위해서 다음과 같이 제안했다.

> 우리는 옷가게의 옷과 같이 이미 만들어진 해결책을 제공하기 위한 전문적 지식을 기대할 수 없다. 오히려, 그것은 상황에 맞게 적용해야 하는 자원(통찰력과 이해의 집합)의 역할을 하는 지식기반의 문제이다. 즉, 반영적 실천가(reflective practitiononer)는 특정한 실제 상황의 요구에 맞도록 자신의 직업의 지식기반을 사용하여 적절한 해결책을 만들기 위해 잘라낸 천 조각처럼 숙련된 재단사와 같은 역할을 한다.
> —p.15

예술적 수완의 언어와 이미지만으로는 증거기반 실천의 엄격한 요구가 큰 비중을 차지하는 사람들을 설득하기 어려울 수 있다. 아직 사회복지사는 본능적으로 이러한 접근 방식은 그들의 관행과 가치기반의 중심에 자리 잡고 있다고 인식한다. 사실 이는 우리가 사회복지실천에서 영성에 관한 이해에 대해 이 책에서 논의한 많은 것을 표현한다.

손은 행위에 대한 성찰(reflection-on-action)과 행위 중의 성찰(reflection-in-action) 사이에 구별을 두었다. 두 가지 모두 사회복지실천을 위해 중요하다. 전자는 우리가 적절하게 대응했는지 알기 위해 특정 과업을 완료한 후에 진행하는 사려 깊은 성찰이다. 우리는 함께 활동하는 사람과 관련된 중요한 법규 측면이나 정책지침을 놓치거나 간과하지 않았는지 확인할 필요가 있다. 우리는 우리가 잘 진행한 것과 다르게 행할 수도 있다는 것을 평가함으로써, 몇 가지 방안에서 우리 행동에 대한 전문적 심사가 될 수 있다. 이러한 점에서 슈퍼비전(supervision)은 우리가 수행한 활동을 검토할 경우, 우리의 반영적 실천기술(reflective practice skills) 개발을 돕는 중요한 도구가 될 수 있다. 톰슨과 톰슨(2008)은 우리가 어떤 것을 해야 하는가에 대해 신중하게 계획하는 것처럼, 행동에 대한 성찰도 신중하게 이루어져야 할 것을 제안하고 있다(p.16).

행위 중의 성찰(Reflection-in-action)은 모든 상황이 바로 현실일 경우, 우리가 실행 중에 행하는 순간적이며 즉각적인 성찰이다. 즉, 우리의 신경이 안정되고 강한 의식으로 아드레날린 신경 펌프가 가동될 때, 함께 활동하는 사람에게 응답하기 위해 우리는 다른 사람에게 미치는 영향에 대해 신속하고 확실하게 대응해야 한다. 특히 우리는 또한 우리의 가치, 의견과 행동이 우리의 개입에 따른 결과에 어떻게 영향을 미칠 수 있는지 알기 위해서 깊은 '자기인식'이 요구된다.

서비스 이용자는 그들에게 어떤 일이 일어났는가에 대해 이해를 하는가 하지 않는가의 유무에 암시적 또는 명시적으로 질문을 제기함으로써 우리는 서비스 이용자와 우리 자신에게 있어 '높거나 낮은' 정서적 반응에 대응해야 할 필요가 있다. 그러나 전체적인 과정을 통해 우리가 느끼는 방식 및 이 방식이 다른 사람에 미치는 영향에 대해서 깊이 조율해야 한다. 이는 사려있음과 성찰의 다른 양상인데, 이러한 자기인식의 특성을 표현하는 '재귀성(reflexivity)'5이라는 용어의 인기를 주도하고 있다. 어떤 사람은 반영과 재귀(reflective and reflexive) 두 개의 용어 사이에 명확한 구분을 알 수 있음을 지적하며(Rolfe et al., 2001), 사려 깊고 또한 활동관계의 정서적이며 영적인 차원을 강조하며, 밀접하게 상호작용하는 관계로 연결된 상황으로 이들 반영과 재귀에 대해 생각해보기를 원한다.

사회복지교육과 훈련의 결과는 사적(私的)이며, 개인적 수준 및 훨씬 더 넓은 상황에서까지 고려될 수 있다. 훈련 상황이든 실제 상황이든 개인으로서, 우리가 이 책에서 일관되게 주장했듯이 우리는 우리 자신의 영성 그리고 함께 일하는 사람들의 영성을 충분히 알 필요가 있다. 그러나 사회복지교육의 현재 동향에 있어서, 적어도 영국에서는 달성하기가

---

5   재귀성(再歸性, reflexivity)이란, '안으로 다시(re-) 구부려져(-flex)' 스스로를 반추한다는 뜻으로, 행위자가 어떤 행위를 한 뒤에 자신의 행위에 대해서 사유하여 '성찰' 혹은 '반성'하는 행위도 재귀적 성격과 비슷하다. 성찰 혹은 반성은 의식이 순환구조를 만드는 현상을 일컫는 말로 주체의 의식이 외부의 대상을 향해서만 달려나가지 않고 안으로 구부려져 스스로를 응시하고 있을 때, 다시 말해서 의식의 지향이 자기 자신을 사유의 대상으로 포착할 때, 그 주체는 다름 아닌 '반성'을 하고 있는 것이다. 반성이란, 이렇듯 밖으로 향하는 힘을 되돌리면서 스스로를 다시 문제를 제기하는 의식작용의 한 국면을 이르는 말이다. 재귀적 특성을 사회복지사의 실천행위에 적용할 경우, 사회복지사는 타자를 돌보는 자신의 실천행위가 올바른 행위였는지, 아니면 돕는 행위 자체가 타자의 자율성을 약화시키고 의존적으로 만들지는 않았는지 등을 성찰하는 습관을 일상화해야 한다. 이를 통해서 자신의 실천오류를 피할 수 있을 뿐만 아니라 인간적인 성장을 이룰 수 있을 것이다. 따라서 사회복지사의 실천활동은 참여와 관조가 균형을 이루어야 한다.

다소 어려운 문제이다. 우리가 이 책에서 보여준 바와 같이 다른 나라들은 일부 사회복지 교육과정에서 핵심 주제로 영성문제를 포함하려 시도하고 있다.

이와는 대조적으로, 영국에서는 (아마도 종교와 연계됐기 때문이겠지만) 이 주제의 종교적 또는 세속적 측면에 쏟아지는 관심이 결과적으로 부족하기 때문에 좀 더 주의가 필요하다. 사회복지 프로그램은 전문적 가치가 인정받고 존중되며 실천될 수 있도록 권장하기 위해서 강한 종교적 신념을 지닌 개별 학생들은 신중하게 상담이 이루어졌음을 때때로 보고하고 있다.

이것이 전체적으로 적절한 대응이라는 것은 의심의 여지가 없다. 그러나 영국의 일반복지심의회(General Social Care Council)에서는 개인의 믿음, 신앙과 세계관에 대한 사회복지 교육과정에서 체계적인 탐구 그리고 어떻게 전문가로서 개인의 가치에 영향을 미치는지에 대해 요구되는 체계적인 탐색이 부족해 보인다는 점이다.

이러한 분야에서 중요한 활동이 사회복지교육자에 의해 수행되지 않음을 시사하는 것은 아니다. 우리 모두는 사회복지를 공부하는 학생들에게 사회복지실천의 근본인 기술과 가치 개발을 보장하기 위한 직업적 의무상황에 처해있다. 영성이 커리큘럼에 분명하게 제시되어 있지 않지만 자신의 학생들과 함께 탐구하기를 열망하는 특별한 스텝 구성원들에게 흥미를 불러일으키고 있다. 그들이 학생들의 실습교육에 대해 슈퍼비전을 제공할 때, 무거운 책임을 부담하는 학문적 동료, 또는 실무 교육자 사이에서 이러한 문제를 탐구하는 경우는 더욱 드물다. 우리는 학생들이 자기인식을 선명하게 하는 수단으로 참만남집단(encounter group)에 대한 1960년대의 열정으로의 회귀를 옹호하는 것은 아니지만, 우리는 사회복지프로그램이 학생들에게 어떻게 작용하는지 자세히 살펴보고, 필요하다면 자신의 영적 여정을 포함한 개별 여행에서 그들을 도울 것을 제안한다.

생각해볼 문제

1. 여러분은 사회복지 교육프로그램에서 종교와 영성에 대해 이야기하는 것이 얼마나 쉬웠나요?
2. 실무 교육자로서 이러한 문제를 학생에게 전달하는 것이 의무의 일부라 생각하고 있나요?

우리가 이 책의 앞부분에 언급했듯이, 영성은 넓은 맥락에서 학생들에게 도전과 기회를 제공하는 것을 포함한다(David Ford, 2004). 사회복지 교육과정은 전통적으로 사회복지실천에 있어서 학생들이 다양한 문화 및 구조차원을 이해하도록 헌신적으로 매우 강력한 도움을 주었다. 톰슨(Thompson, 2006)은 그의 저서 『억압과 차별의 PCS분석 방법』(2006)[6]에서 좁은 개인주의적 관행에 대한 이해에 도전한다. 이 책에 따르면 마르크스주의와 페미니즘 비평 이해와 함께 반차별주의, 반인종주의, 성차별주의 반대 등에 대한 헌신은 현대 사회복지교육과정의 주류를 이루는 구성 요소이다.

종교적 관점이 적절하게 고려되며 비판되고 세속적이며 또한 환경적

---

6 톰슨의 PCS분석 틀은 세 가지 수준으로 구분된다. 개인적 수준(P)은 개인적 또는 심리적 생각, 감정, 태도, 행동과 대인관계가 해당되며, 문화적 수준(C)은 공유된 시각, 생각, 행동의 방식인 문화와 공통점, 무엇이 옳고 정상인지에 대한 가정의 합의, 사회적 규범에 대한 순응 등이 포함된다. 구조적 수준(S)에는 사회적 구조, 사회구분과 권력관계의 망(network), 사회적 압력, 사회-정치적 특성이 속한다. 이 세 수준은 서로 밀접하고 지속적으로 다른 수준들과 상호작용하기 때문에, 차별을 분석하기 위해서는 이들 간의 상호작용에 초점을 맞추어야 한다.

차원도 포함되도록 하기 위해서는, 영성도 이러한 노력에 정당한 위치를 차지해야 한다. 사회복지교육은 신앙공동체가 종종 번성하고 사회적 자본에 크게 기여하는 사회에서 학생들이 이 복잡한 사회에서 자신의 '영적 장소(spiritual place)'를 소유할 뿐만 아니라 또한 전문성을 가지고 실천할 수 있도록 편하게 능력 제공을 보장할 수 있도록 약속해야 한다. 전문적으로 사회복지를 전공하는 학생들이 자신의 영적 핵심을 들여다볼 수 있도록 자신들의 반영적 학습(reflective learning)을 확장해야 한다.

2) 전문가팀 내의 영적 욕구와 영적 돌봄

아마도 이러한 활동은 정서적으로 벅찬 일이기 때문에, 대부분 완화의료팀의 관심사항은 전문가 자신의 영적 욕구와 자원 및 서로에게 존재하는 '배려 의무'이다. 그러나 연구는 다만 이 과정의 복잡성을 발견하기 시작하고 있을 뿐이다. 완화의료 간호사가 지속적으로 직면하는 죽음의 스트레스에 어떻게 대처하는지를 관찰한 캐나다의 연구에 따르면, 죽어가는 환자의 의미 찾기를 도울 수 있고 그의 친척들과 함께 지낼 수 있고 그들 자신이 개인적인 의미 만들기(meaning-making)에 참여할 수 있다면, 그들은 심신의 소진을 막을 수 있음을 확인했다.

이를 가장 성공적으로 수행한 간호사들은 책 『삶의 영적 특성』(Desbiens & Fillion, 2007)에서 최고점을 얻었다. 그러나 다학제 건강 돌봄 종사자의 영적·종교적 욕구와 고통을 탐구한 벨기에의 연구는 그들 자신의 인식과 서로의 욕구 사이에 큰 불균형을 발견했다. 다른 사람이 보기에 영적 고통이 없을 듯한 직업군, 이를테면 개업의사 및 성직자들은 훨씬 높은 수준의 영적 욕구가 있음을 보고했다.

자기인식의 중요성과 동료들에게 개인의 욕구 전달 능력에 대한 일반적인 긍정이 있다는 사실과 관계없이 누군가가 환자들의 영적 욕구를 충족시킬 수 있다면, 서로의 욕구에 대한 이러한 잘못된 가정은 서로에게 지원을 제공하는 동료를 방해하는 듯하다는 사실이 가장 혼란스럽다(Cornette, 2005). 실제 위치는 이 대립가정(polarised assumptions) 사이의 어딘가에 위치할 가능성이 높다(Sinclair et al., 2006).

기관 내부에서 서로 스트레스와 긴장감을 경험하며, 영적 어둠과 사투를 벌인 다양한 직종의 관련 스텝임에도 불구하고 그들의 상호 '연결성'을 의식한 사회복지 실천의 맥락에 관련하여 중요하게 공헌한 바는 최근에 미국과 영국에서의 경찰 업무에 대한 영성 이해의 중요성을 검토한 점이다(Smith & Charles, 2009). 저자는 경찰 업무의 많은 영역을 다루었다. 아래의 글을 살펴보자.

> 이들은 격무와 위협, 반복적인 죽음 대면, 심각한 부상, 끔찍한 범죄 현장을 겪으며 또 끊임없이 경고를 받으며, 지역사회, 친구 및 가족에 의해 배척받는 경향이 있다. 자신의 건강과 체력을 희생시키며 복지는 거의 없는, 이 모든 문제들이 경찰관을 희생시킨다. —p.1

이러한 문제들은 현대 사회복지 실천의 문제와 대부분 일치한다. 이런 연구는 개념으로서의 영성이 많은 경찰이 직면한 곤경을 어떻게 조명하는지, 또한 영적 차원은 효과적 대처전략의 개발에 어떻게 도움이 될 수 있는지를 보여주기 위한 취지라는 것은 의미심장하다. 스미스(Smith)와 찰스(Charles)는 활동 수행 및 문제 직면의 많은 부분에 영적 요소가 있다고 믿었다.

매일 죽음과 인간의 파괴력에 직면하는 현실에서 이러한 문제는 그들에게 종종 경찰서비스에 의해 인식되지 않는 영적 구성 요소가 있다. —p.1

이는 정복(正服)을 제대로 착용했는지, 구두가 빛나는지의 문제가 아니다. 영성은 경찰관의 삶의 복지와 삶의 질뿐만 아니라 경찰조직에 의해 심각하게 다루어질 필요가 있지만, 이는 매일 닥치는 심각한 문제를 처리하기 위해서이다. 제복 내부의 인간이 인간의 파괴와 고통을 극복하기 위해서 연결, 연민, 내면의 힘을 갖는 문제는 그 과정에서 온전히 존재하는지 묻는 것만큼 중요한 문제이다. —p.16

스미스와 찰스는 영성은 그들 공무원의 삶의 복지와 삶의 질 문제일 뿐 아니라, 매일 부딪쳐야 할 심오한 문제를 다루기 위해서도 경찰 조직이 심각하게 생각할 필요가 있다는 사실은 의심의 여지가 없다고 생각했다. 사회복지에 있어서, 우리는 이 문제가 단지 수행 목표를 충족하고 보안 절차를 강화하기 위한 문제가 아니라 고통, 혼돈과 파괴의 중간에 있는 전인적 인간(whole persons)으로서 상호간 충족하려 애쓰는 사회복지사와 서비스 이용자의 문제라고 말할 수 있다.

9. 결론

성공적인 활동과 영적 돌봄에 대해 우리가 알고 있는 모든 것을 결합하며, 서로 의미있는 연결을 수립하고 유지하는 것은 이러한 능력이다. 각각의 전문직은 '독특하지만 통합'되는 개념으로 돌아가고자 한다면 (Lloyd, 1995, p.27), 이것이 현재 의료 및 사회복지서비스에서 작용하므로 우리는 "사회복지의 독특한 공헌은 무엇인가? 그것은 영적 돌봄에 대한 이해와 실천을 향상시킬 수 있는가?" 하는 질문을 해야 한다(Lloyd, 1995, p. 27). 허그만(Hugman)은 『사회복지의 글로벌 정의』(global definition)에서 사회변화, 사회복지, 인권과 사회정의 등 네 가지 요소를 포함할 것을 제안했다(Hugman, 2007).

이 책은 이러한 각 요인이 영성과 어떻게 연관되는지를 보여준다. 현대의 영성 담론은 압도적으로 개인과 관련이 있다. 사회복지가 사회적 문제를 영성적인 문제로 되돌리기 위한 영적, 사회적인 공헌에는 다소 늦은 감이 있다. 사회복지와 영성의 서양모델에 도전하는 영성의 이해로 우리가 할 수 있는 몇 가지 방법 중 일부는 이미 알려졌다. 우리는 이 책의 마지막 장에서 국제적 상황에서 이러한 공헌 활동의 일부를 탐구하게 될 것이다.

사회복지의 또 다른 과제는 서비스 이용자들과 협력 활동 실천팀의 다른 구성원의 영적 자원과 전문지식의 활용 사이에 의미있는 협력을 조성하는 것이다. 아래 인용문은 통합 지역사회 돌봄의 성공적인 전달을 위해서 우리가 베리스퍼드(Beresford)와 트레빌리온(Trevillion)의 도전에 대해 약간 의역한 문장이다.

> 서비스 이용자 및 보호자와 협력 및 실무자의 서로 다른 집단 간의 협력은 두 개의 별도의 문제가 아닌 우리가 생각하는 모든 방법의 한 변형으로 취급되어야 한다. (…) 이것은 우리가 아직 기다리고 있는 영적 혁명이라 할 수 있다. —Beresford & Trevillion(1995, p.7)

참고자료

• Leathard, A., Going Inter-professional, London: Routledge, 1994.

• Orchard, H.(ed.), Spirituality in Health Care Contexts, London: Jessica Kingsley, 2001.

• Reese, D. and Sontag, M., "Successful interprofessional collaboration on the Hospice Team", Health and Social Work 26: 3, 2001, pp.167~175.

• Rumbold, B.(ed.), Spirituality and Palliative Care, Oxford: Oxford University Press, 2002.

• Sinclair, S.·Raffin, S.·Pereira, J. and Guebert, N., "Collective soul: The spirituality of an interdisciplinary palliative care ream", palliative and Supportive Care 4, 2006, pp.13~24.

VII
영성과 공동체

1. 도입

앞 장에서 언급했듯이 영성의 범위는 개인적 지향뿐만 아니라 공동체까지 포함한다. 영성에 대한 논의가 거듭될수록 우리는 다른 사람을 돌봄에 있어 우리 자신을 '잃어버렸을 때', 우리 자신을 찾는 방법과 삶의 질, 웰빙, 건강과 행복이 다른 사람들과의 관계에 의해 영향을 받는다는 사회적 관점의 중요성을 점차 깨닫게 된다. 우리는 영성의 개념을 이끌어내기 위해 근대 이후 시대에 주목해야 한다. 근대 이후는 우리를 고무시켜 세속적 관점이든 종교적 관점이든 간에 영성에 대한 우리 자신의 해석을 탐구하도록 해준다. 그러므로 각 개인의 영성은 자신의 삶에 의미와 목적을 부여하기 위하여 자기 자신이 선택한 세계관의 반영이자, 활동 범위가 된다. 이러한 측면에서 영성에 대한 개인적인 '견해'가 다른 사람의 '견해'와 일치하느냐의 여부와는 관계가 없다. 엄밀하게 말하자면 특별한 개인을 위한 '활동', 그것이 시금석이 된다.

그러나 우리 중 어느 누구도 혼자서 살아가지 않는다. 우리가 누구와 존재하고, 어떻게 처신하며, 다른 사람들을 어떻게 대하고, 다른 사람들이 우리를 어떻게 대하는가는 인간존재의 중요한 측면이다. 모든 사람들이 다 함께 창조적이고 생산적으로 평화롭게 살 수 있도록 하는 방법의 모색은 언제나 우리의 관심사이고 사회정책과 많은 정치적 노력의 핵심에 놓여있는 문제이다. 이에 대하여 크리스프(Crisp, 2008)는 다음과 같이 주장했다.

> 만약 영성에 대한 표현이 진실성을 가진다면, 영성은 적어도 인간관계를 풍요롭게 하는 것이자 신뢰성을 갖게 하는 것으로 볼 수 있다.

크리스프의 주장은 영성에 대한 광의적 기반이 되는 이해로서, 영성이 "신성함에 대한 열망을 지닌 민감한 엘리트"라고 표현한 사람들에 대한 토의로 국한하지 않고, 공통적인 인간성과 관련이 있음을 알 수 있다 (p.365). 영성은 우리의 공통적 인간성에 관한 문제와 우리가 다양한 환경과 어떻게 관계를 맺을 것인가에 대한 문제를 제기하고 추구한다. 이것은 소수의 관심사나 단지 특정한 집단의 영역이 아니라 우리가 우리 안에서 찾아내고 만들어야 할 의미와 목적이며, 그 복잡한 내용 속에 내재하는 우리의 공통적인 인간성이다.

그러므로 영성의 공동체적 측면은 영성을 극도로 제한적인 것으로 설명하거나 개인적인 것으로 축소시키는 것을 막는 차원에서 매우 중요하다. 이러한 고찰은 영성이 사회복지실천과는 거리가 먼 것 같지만 사회복지실천 또한 개인적인 그리고 공동체적인 견해를 가진다는 것을 되새겨볼 가치가 있음을 상기시켜준다.

사회복지사들은 개별적으로 우리의 실천을 빛나게 하고 풍요롭게 만들기 위해 격려받아야 하며, 개인적으로 전문적 '스타일'과 접근 방법을 발전시켜야 할 책임이 있다. 그러나 여기에도 전문적인 실천을 위한 구조(framework)를 제공하는 공통적인 지식기반과 지도원칙 및 가치의 집합이 있다. 만일 우리가 실천원리와 가치를 무시하거나 노골적으로 '위반'한다면, 어느 국가에서 활동하고 있느냐에 따라 다양한 규제기관이 책임을 묻게 될 것이다. 최후의 수단으로는 취약한 사람들을 위험에 처하게 하는 위험한 실천을 했다는 이유로 우리의 사회복지사 자격은 보류되거나 취소될 수도 있다.

행동강령(code of conduct)과 윤리강령(statement of ethics)은 사회복지 조직에 소속된다는 것이 무엇을 뜻하는지, 여기에 속하는 사람들이 어떤 기준을 가지고 행동해야 하는지, 이들의 활동을 떠받치는 지식기반과 가치는 무엇인지를 규정하고 있다. 이는 토론이나 활동가 유형을 만들어 내는 것을 억제하는 것이 아니다. 하지만 이는 현행의 영성에 의해 규정된 일련의 유사한 의문인 '우리는 누구인가?', '다른 사람에게 어떻게 행동해야 할까?', '우리의 가치는 무엇인가?', '우리가 추구하고 있는 세계관은 무엇인가?'라는 물음에 대한 해답을 추구하고 있다. 사회복지가 어떤 하나의 세계관을 옹호하거나 지지하지 않는다는 것을 앞으로 논의할 것이다.

그것은 우리가 이미 5장에서 이미 명백하게 주장했듯이, 하나의 세속적 활동이다. 하지만 전 세계의 전문가들 중에는 개인으로서 종교적 세계관과 개인적 세계관을 동시에 가진 사회복지사들이 있을 것이다. 마르크스주의자의 분석을 지지하는 동료 또는 넓은 범위의 정치적 정당이나 교회에 속한 사람도 있고, 그렇지 않은 사람도 있다. 그러나 그것이 여기에서 주장하고자 하는 핵심은 아니다. 어떤 개인이 자신의 삶에 의미와 목적을 부여하기 위하여 어떤 세계관을 선택하든 사회복지실천 전문가의 일원으로서 활동의 중심이 되는 세계관을 공유하고 있는데, 그것은 우리의 활동(진취적 기상)에 심장이 된다. 이것은 우리의 전문적 실천을 안내하고 지지한다. 우리의 가치를 포함하는 이 공통 세계관은 전문적 활동에 대한 정당성과 지침을 제공하며, '사회적 정의와 다양성의 찬양(celebrating diversity)'이란 말로 요약할 수 있다. 이 말은 사회복지실천의 슬로건으로서 이 장에서 다루고자 하는 '공동체 차원'을 요약하는 말이다. 우리는 이 말을 인간행동의 기준(benchmark)으로서 그리고 리트머스 시험지로서 사용할 수도 있으며, 그에 따라 현재의 영성을 이해하는 데 있어서 적절한 '진실성 테스트(authenticity test)'를 제공한다고 주장한다.

따라서 이 장에서는 영성과 사회복지의 공동체적 차원이 무엇을 의미하는지, 이 두 가지 요소가 영성과 사회복지실천에 미치는 역할이 무엇인지를 탐구해보고자 한다. 이것은 우리를 사회정의, 공동체 발전과 신앙공동체를 위한 공헌의 영역으로 인도할 것이다. 마지막으로 우리는 인간으로서의 환경(자연환경과 인간의 개입에 의해 발전된 환경)과의 관계를 고려할 것이며, 영성에 대한 우리의 인식을 풍부하고 심도 깊게 만드는 생태관점(eco-perspective)을 소개할 것이다.

2. 사회에서의 의미 만들기

한 사회는 스스로 다른 사회나 국가와 차별성을 확보하기 위해 자신의 의미와 정체성을 창조한다. 어떻게 사회적 구조와 국가적 자원을 취합하며 공동선(善)과 집단안보를 위하여 할당할 것인가에 대하여 결정한다. 인간행동의 어두운 면을 취급하고 잘못된 행동을 하는 사람과 뒤처진 사람을 다루는 조직을 창출한다. 사실상 국가와 사회는 개인이 미시적 수준에서 다루고 있는 문제와 비슷한 종류의 문제를 가지고 거시적 수준에서 씨름하고 있다. 즉 '어떻게 의미화하고 표현하며, 자신은 누구이며, 어떻게 다른 사람과 관계를 맺고, 자신들이 선택한 세계관을 좋은 시기와 나쁜 시기에 어떻게 유지할 것인가?'와 같은 문제들이다. 다른 말로 하면, 우리가 개인적 영성에 관하여 탐구하는 바로 그런 문제와 주제가 또한 거시적 수준에서도 진실을 울리고 있는 것이다.

이 장은 구체적으로 세계정치 분석을 다루는 장이 아니라, 영성의 내용에 관한 더 넓은 맥락의 두 가지 예로, 어떤 세계관이 도전받고 수정 또는 변화를 보여주는 데 도움을 주는가에 관하여 다루고자 한다. 핵 문제를 예로 들어보자. 오랫동안 소위 강대국이 선점했으며, 이 강대국들은 핵무기를 보유하는 것이 국가의 정체성과 주권을 위하여 필수적이라는 것에 대하여 동의했다. 그들이 자신들의 국가적 정체성의 표현으로써 보유하고 궁극적으로는 사용하고자 선택한 세계관은 사담 후세인 시대 이후 대량살상무기(Weapons of mass destruction: WMD)로 대변된다. 그러나 다른 국가들이 이러한 국가적 자존심과 정체성의 모델을 갖기 시작하고 핵(核) 능력을 개발하기 시작하자마자, 오직 서구 강대국가들만이 그러한 강력하고 위험한 기술을 갖는 것만이 신뢰할 수 있고, 개발도상국들은 이러한 영역을 넘어서서는 안 된다는 한도를 제시하며 엄청난 분노를 표출했다. 하지만 주요 강대국들이 국가적 자존심과 정체성을 표현하기 위하여 여러 형태의 대량살상무기를 사용해왔다는 사실은 놀라운 일도 아니며, 다른 국가들도 유사한 방법으로 자국에 대한 의미를 부여하고 자신을 표현하기를 희망하고 있을 것이다.

만약 '부자를 위한 법과 빈자를 위한 법'이 따로 있다면, 상충하고 있는 영성과 세계관은 정치적으로 유해한(toxic) 것임이 증명될 수 있을 것이다.

또 다른 예는 2008년, 전 세계를 강타한 재정위기에서 찾을 수 있다. 이 사건은 현대 자본주의의 핵심 세계관인 달러화에 대한 신뢰를 주목하게 해주었다. 은행의 몰락과 주식시장의 붕괴에 따른 공황과 공포의 수준은 우리에게 사람들의 세계관 · 안전 · 정체성 · 핵심적 웰빙이 재정적 번영에서 절대 빠져나올 수 없을 정도로 꼬여있다는 사실을 상기시켜주었다. 특히 이러한 사건이 제기한 의문 중 하나는 세대를 이어온 부채와 빈곤 속에 살아온 제3세계의 부채 위기에 대하여 얼마나 이해하고 이를 경감하기 위한 행동에 얼마나 공헌했는가의 문제이다. 이러한 위기가 '공통적 인간성'에 미친 영향이란, 종종 전 세계의 공통적 인간성이 아니라 '서구의 부유한 나라에 사는 보통 사람들'에 미치는 영향을 의미하고 있음을 보여주는 예가 있다. 그러나 재정위기 역시 의심할 여지 없이 세계적으로 가장 빈곤한 사람들에게 강력한 영향을 미쳤다. 이러한 위기의 시기에 자기보호가 시작됐고 우리가 가진 세계관과 그 속에 내재한 영성에 대하여 큰 목소리를 내기 시작했다.

이러한 점들은 단지 서로 다른 국가적 기반의 세계관이 강조되고, 우리의 영성에 의해 제기된 의문의 범위에 대해 해답이 요구되는 국제적 수준에서의 두 가지 실례라고 볼 수 있다. 이것들은 또한 공동체 차원을 우리의 영성 이론화로 발전시키는 것의 중요성을 강조하고 있다. 이들은 '공동체' 개념에 대하여 다양한 해석을 설명하고 있으며, 작은 지역적 이웃으로부터 국제적 범위까지 망라한다. 소아레스(Coares et al, 2005)가 주장하는 대로, 우리는 '인간을 의미하는 것에 대한 새로운 이해'를 찾고 있다. 그 이유는 아래와 같다.

> 모든 것이 상호의존적이며 연결되어 있고 하나로 통합되어 있고 서로 중첩되고 서로 맞물려 있는 하부체계들(sub-systems), 예를 들면 가족·마을·문화·경제·생태계와 같은 것들이 있다. 비록 모든 생명체들이 특별한 상황 속에서 독립적인 것이라고 생각하고 있지만, 그들 또한 많은 체계들과 묶여 있다. (…) 어느 한 쪽을 이해하기 위해서 우리는 반드시 그 부분이 다른 부분과 어떻게 연결되어 있는가를 이해해야만 한다. —p.11

그러므로 이러한 모든 수준에서, 영성에 대해 최근의 논쟁이 제기한 질문은 깊이 관련되어 있다.

3. 사회정의를 지닌 다양성의 찬양

우리는 '연결로가 되는 단어(gateway word)'로서 우리로 하여금 우리가 누구인가에 대한 중요한 의문과 문제를 탐구하도록 인도하고, 우리가 관계를 맺는 것과 다른 사람과의 관계의 성격에 대하여 그 의미를 만들어가고 있는 영성에 대하여 이미 논의했다. 영성에 대한 공동체적 측면은 이미 이 장의 서문에서 가볍게 다룬 바 있다. 그러나 당분간 우리는 계속해서 하나의 전문 분야로서, 전문적 기관의 집합체로서 그리고 범세계적 사업가로서의 사회사업에 초점을 두고자 한다. 우리가 주장하는 '사회정의와 다양성의 찬양(celebrating)'의 연계는 사회사업의 핵심과 가치관을 통합시켜주며, 전문가적 '정신'의 표현으로 보일 수 있다. 이는

'우리를 움직이게 만드는' 연계된 주제와 가치에 대한 약속이며, 우리를 흔들고 있는 인간적 자비심뿐만 아니라 우리의 분노와 화에 대한 거부인 동시에, 힘들고 어려운 시기에 우리를 지탱해주고 영양을 공급해주는 비전이다.

이러한 연계는 중요하다. 예컨대 도덕적 기반이나 사람들의 행동의 결과를 판단하기 위한 기준이 없는 다양성의 찬양을 보급하기 위하여 완벽하게 실현 가능할 수도 있다. 또 유색인종을 부정적으로 차별하는 세계관을 가진 사람들은 인간적 견해의 풍부한 태피스트리(tapestry) 장식[1]의 한 부분과 같이 동등하게 차별 대우하는 것이 당연하다는 자신들의 입장을 주장할 수도 있다. 이에 대한 반응으로 사회사업은 그 가치기반을 내세우고 우리를 그러한 견해(이러한 견해는 사회사업 분야에만 존재하는 것이 아니다)에 대하여 근본적으로 반대하게 만드는 가치판단을 만든다. 그러므로 우리는 하나의 전문인으로서 그러한 입장을 평가하는 데 도움을 주는 기준을 주장할 것이다. 이것은 엄밀하게 말하면, 평가기준을 제공하기 때문에 사회사업이 사회정의를 다양성의 찬양과 연계하는 것을 원하고 있는 이유가 된다. 다양성이 찬양될 수 있는 범위에는 한계가 있고 이러한 한계는 강압적인 차별 활동과 다른 사람을 무시하고 품위를 손상시키는 어떠한 일도 삼가는 사회사업의 가치기반 안에 내재되어 있다. 그러므로 사회사업을 위하여 우리는 용감하게 진정한 영성은 이 설명의 양면을 인정하고 사용 가능토록 만든다는 것을 주장한다. 또한, 우리는 이 두 가지 측면, 또는 어느 한 측면이라도 훼손시키는 세계관은 진

---

1   태피스트리는 다양한 색실로 그림을 짜 넣은 직물이다. 주로 벽걸이나 가구 덮개, 양탄자 등에 사용되는 무겁고 양면 모두에 무늬가 짜인 수직물(手織物)을 뜻한다.

정한 영성을 나타내지 않는다고 주장한다. 이러한 입장은 후안무치한 가치유도이며, 중립성과 공평성을 위하여 아무런 주장을 하지 않으며, 그럼에도 불구하고 이는 우리의 전문적 가치기반이고 사회사업 정신의 중요한 표현이다.

이러한 약속은 다양한 전문적 진술에 새겨져 있다. 호지(Hodge, 2007)는 '사회정의는 사회사업 가치의 핵심'이라는 미국 사회복지사협회선언(NASW, 2000)을 인용한다. 모든 인류의 기본적 가치와 존엄과 중요성을 재확인한 영국 사회복지사협회 윤리강령(2002)은 인간의 기본적 욕구를 충족하는 자원의 공정하고 균등한 분배를 주장하며, 아래의 주장과 더불어 계속해서 사회정의의 중요성을 강조한다.

> 사회정의의 추구는 구조적 불이익을 극복하기 위한 전략을 옹호하고 완화하는 것을 포함한다. —3.2.1

이뿐만 아니라, 국제사회복지사협회와 국제사회사업학회 연맹에서 적용한 사회사업의 정의는 아래의 설명을 포함한다.

> 사회복지 전문직은 웰빙을 촉진하기 위하여 사회변화, 인간관계와 능력 강화하기의 문제해결과 인간의 자유를 증진한다. (…) 인권과 사회정의의 원칙은 사회복지실천의 기본이다. —1994

이러한 핵심가치의 의미는 심오하며, 모든 사회사업 교육자들과 실천가들에 대해 진행 중인 문제를 나타낸다. 그러나 이 장의 목적상 이는 사회사업에 공유되며 협조되고 공동체 기반의 성격을 명백하게 만들어 준다. 이러한 가치는 우리가 누구인가에 대한 마음과 영혼과 정신을 설명해준다. 컨스다인(Consedine, 2002)은 다음과 같이 말하면서 영성과의 확고한 연계를 만들어냈다.

> 총체적인 영성을 만드는 것은 바로 우리가 모두 상호의존적이라는 것을 깨닫는 것이다. 즉, 그것은 우리가 가장 취약하고, 가장 빈곤하고 가장 힘이 없는 사람들을 특별히 보호할 필요가 있다는 것과 그 사람들을 존경하고 다름 속에서 신성한 불꽃을 볼 수 있어야 한다는 것이다. —Consedine(2002, p.45)

생각해볼 문제

1. '사회정의와 함께 다양성을 누린다'는 것은 여러분의 직장에서 여러분에게 어떤 의미가 있는가?

1) 인권체제(framework)

'사회정의'라는 용어는 그 자체로 다른 사람들에게 다른 것을 의미할 수 있는 '연결로(gateway)'가 되는 말이지만, 그럼에도 불구하고 사회정의란 용어는 우리가 동의할 수 있다. 이에 대해 몇몇 작가들은 경쟁이 치열한 구조(Boucher & Kelly, 1998; Hodge, 2007)라고 제시했고 특히 메타 내러티브(meta-narratives)[2]의 포스트모던 시대에서의 구조에 대해 언급했다.

> 모든 개인에게 적용되는 구조는 이제 더 이상 인권에서 유지될 수 없을 것이다. 사회정의에 대한 개념은 개별적 · 지역적 · 부분적이며 특별하다. 정의의 다양성은 정의에 대한 어떤 하나의 보편적 이해에 대

---

2 메타 내러티브란, 개인문제나 인간의 내적 문제와 같은 미시적 문제보다는 사회문제나 역사문제, 즉 신의 문제나 통일문제 등 거시적 담론을 다루는 것을 말한다.

한 반대의 의미로 존재한다. —Sterba(1999, p.140)

또한 호지도 페이터먼(Pateman, 1998)의 견해에 주목하여 다음과 같이 언급하고 있다.

> 서구적 가치의 표현으로 비판받아온 인권은 서구에서는 그 가치가 실행되어왔지만 비서구적 문화에서는 잘하면 모호한 모험심으로, 최악의 경우에는 문화적 외래 가치로 치부되어 기존 가치의 혼돈을 가져오게 됐다. —p.140

이러한 경고들이 중요하기는 하지만 사회사업은 특히 일에 대해서 문화적으로 적절한 방법을 찾는 요구에 대해서 전 세계적으로 민감하다 (Thompson, 2002; Canda & Furman, 2010). 여기에 이와 흡사한 위험 사항이 하나 있는데 우리는 이를 영성 개념이라고 말한다. 만약에 영향의 평가에 대한 일반적으로 합의된 기준 없이 개인적이고 미시적인 현상으로 나누어진다면, 이는 특히 중범위(meso)와 거시적 수준에서 자체의 힘을 많이 잃어버릴 것이다. 이러한 이유로, 사회사업은 일반적으로 인권체제 안에서 사회정의를 위한 열정을 찾기 위하여 계속 노력할 것을 결정했다 (George, 1999).

'유엔 세계인권선언(1948)'과 같이 일반적으로 합의된 몇 가지 기준이 있으며, 이는 억압적인 행동에 도전하기 위해서 보호자의 틀 역할을 하는 것을 인정한다.

> 인권은 일반적으로 인간 존재가 살아가기 위해 필요한 어떤 특징적인 것으로 정의된다. (…) 모든 인간은 고유한 존엄성과 가치를 가지고 있다는 사실로부터 유래된다. (…) 사회정의는 인권이 (개별적으로)

국내적으로 그리고 국제적으로 존경받는 것을 보장하는 활동에 의해 존립될 수 있다. —Hodge(2007, p.140)

종교의 자유는 명확히 이 체제 안에 포함된다는 것을 언급할 필요가 있다. 제2조는 종교 차별 금지에 대해 언급했고, 18조는 개인의 권리가 종교적 믿음을 지키고 실행하고 실제로 변화시키는 것에 대해 분명히 언급했다.[3] 넓은 의미에서 해석해보면, 이는 분명히 우리가 이전에 논의했던 개인주의적 영성의 표현을 내포하고 있다. 그러므로 사회정의와 함께 다양성을 즐기는 사회사업에 대한 약속은 분명히 인간 권리의 '의제'와 맞추어져야 한다.

사회사업의 핵심적 활동에서 반차별 관행(Dalrymple & Burke, 1995; Dominelli, 2002; Thompson, 2006; Moss, 2007b)에 대한 중심적 역할은, 이러한 중심가치를 향한 실질적 노력이며 전문적인 세계관이다(Moss & Thompson, 2007). 인식하고 명명하는 반차별적 관행, 즉 억압적 행동이 만연한 피해의 체계와 구조는 개인과 공동체에 영향을 미칠 수 있으며, 사회사업 실천에서뿐만 아니라 좀 더 넓은 환경에서 그와 같은 불공평에 도전하는 필요성이 중요하다고 강조한다. 이와 같이 대단히 중요한 원칙을 실행하는 실질적 예를 사회복지실천의 지역사회 개발모델(community development of social work)에서 볼 수 있다.

---

3 제2조: 모든 사람은 인종 · 피부색 · 성 · 언어 · 종교 · 정치적 또는 기타의 견해 · 민족적 또는 사회적 출신 · 재산 · 출생 또는 기타의 신분과 같은 어떠한 종류의 차별이 없이, 이 선언에 규정된 모든 권리와 자유를 향유할 자격이 있다.
제18조: 모든 사람은 사상, 양심 및 종교의 자유에 대한 권리를 가진다. 이러한 권리는 종교 또는 신념을 변경할 자유와 단독으로 또는 다른 사람과 공동으로 그리고 공적으로 또는 사적으로 선교 · 행사 · 예배 및 의식에 의하여 자신의 종교나 신념을 표명하는 자유를 포함한다 (Universal Declaration of Human Rights, 1948).

2) 영성과 지역사회 개발

차별과 억압에 대하여 구조적 · 사회적 · 문화적 차원에서 강조한다
는 것은 아마도 놀라운 일일 것이다. 불평등에 도전하는 사회복지사는
자주 이를 중요한 일이라고 언급하는데, 지역사회 개발을 위한 주제는
사회복지사의 필수 교육과정에서 특별히 중요하게 다루어지지 않고 있
다. 분명히 이는 영국의 경우에 해당하는데, 몇몇 지역의 지역사회 사회
복지사의 역할은 적어도 법으로 정한 사회복지 업무에서 거의 사라졌
다. 이 분야에서 바비 홀만(Bob Holman, 1983, 1993)이 일관되게 찬사를 받
는 일을 하더라도, 우리는 이 책에서 탐구하고 있는 여행자 모델이 매우
잘 맞는다는 사실에 대해서 주장할 것이다. 홀만은 스코틀랜드 글래스
고우에서 (이 도시는 사회경제적 조건이 심하게 열악했다.) 사회적으로 가장 소외
되고 불우한 사람들이 살고 있는 곳을 선택하여 실행에 옮겼다. 실제적
이고 독창적인 지역사회개발 사업은 소위 '케이스워크(case work, 개별사회
사업)'라 불리는 다소의 개인주의적 접근 방법의 병리적인 경향에 대한
강력한 대항 균형(counter-balance)으로 볼 수 있어야 한다. 문제가 개인의
잘못보다는 구조 내에 놓여있는 경우, 원인보다는 위기에 따른 증상을
해결하고자 할 때, 어려움을 지닌 개인에게 단기간의 어려움을 응급처
치로 해결하기보다는 그러한 구조적 결함에 도전하는 사회사업의 역할
을 보다 더 분명하게 하고 있다.

이 '양면적' 접근의 흥미로운 예는, 영국 내 독립기구인 시민 자문
(Citizens Advice)이 업무에서 이중역할을 하고 있다는 점에서 찾아볼 수 있
다. 지역 시민 자문 단체[4]는 재정적으로 힘들고 극복하기 어려운 개인에

---

4   시민 자문은 영국의 민간재단으로, 부채 · 복지 · 주택 · 고용문제 자문에 초점을 맞추고 있

게 이유를 막론하고 조언과 도움, 지원을 해주고 있다. 또한 사회정책 프로그램을 통하여 사회적 불평등이나 '제도 안에서' 드러난 불공평에 대한 예들을 수집·분석한다. 이는 또한 긍정적 변화를 위하여 가끔 지역, 지방, 정부기관에서 실행하기도 한다.

칠레와 심프슨(Chile & Simpson, 2004)은 그와 같은 접근의 중요성을 강조하고 동시대의 영성에 대한 논의와 연결하고자 노력했다. 그들은 다음과 같이 주장한다.

> 그들은 지역사회 개발과 영성이 단체와 개인을 연결하는 유대관계를 지탱해주는 버팀목 역할을 하며, 개인의 복지에 대한 영향과 지역사회복지(우리가 강조한 점)에 의하여 영향을 받는다는 사실을 인지해야

다. 시민 자문은 2010년 3월 말 기준으로 3,500개 지역에서 394개의 자문 사무소를 운영하고 있으며, 2만 8,500여 명이 참여(이 중 2만 1,500명은 자원봉사자)하고 있다. 자문사무소의 존재 이유는 첫째, 국민을 더 행복하고 건강하게 만들기 위해서이다. 자문 사무소의 도움을 받은 사람의 46%가 걱정과 스트레스 및 건강문제가 줄어들었다. 둘째, 자문 사무소는 지역의 문제를 해소하거나 줄이는 데 도움을 주고 있다. 무주택자 문제를 사전에 예방하거나 사회복지 혜택을 제대로 받도록 도와주며 사회적 비용증가를 막고 있다. 셋째, 부채문제를 해결하거나 소득을 극대화시켜 지역 경제에 사용할 가처분소득을 증가시키기도 한다. 시민 자문은 고객의 이익을 위해 행동하며, 어떠한 외부 단체에도 영향을 받지 않는다. 글로벌 금융위기 이후, 영국의 시민자문이 제공한 7백만 건의 문제 중 상위 다섯 가지가 부채, 사회복지 및 세제혜택, 고용, 주택, 가족관계 순으로 나타났다. 자문을 받고 1년이 경과된 고객 중 90%는 건강이 증진됐고, 84%는 재무 통제력을 획득했다. 70%는 건강증진과 재무 통제력 획득의 원인으로 무료자문을 받은 것을 꼽았다. 자신의 부채에 대해 걱정하는 시간이 줄어들었다는 응답이 58%였다. 복지자문은 고객에게 권리를 찾아주는 것이지만 이를 통해 가계의 재무상황을 개선, 삶의 질을 높일 수 있고 빈곤감이나 박탈감을 줄일 수 있었다. 또한 복지혜택을 통해 건강도 나아질 수 있다. 예로 소득이 증가하면 6개월 후에 신체적 고통이 줄어들며 12개월 후에는 정신건강에도 도움이 되는 것으로 밝혀졌다. 주택자문을 통해 고객은 홈리스를 피할 수 있었다. 영국 시민 자문 사례를 통해 알 수 있듯이 복지정책이 제대로 효과를 거두기 위해서는 부채에 대한 접근이 중요하다. 과거의 문제인 부채상환이나 채무조정에 대한 해결책뿐만 아니라 복지 수혜자의 미래를 대비할 수 있도록 자문을 해줄 전문가까지 염두에 둘 필요가 있다. 인생의 목표에 따라 재무자원을 효율적으로 관리할 수 있도록 돕는 사람이 재무설계사이다. 사회복지사가 재무설계를 공부하거나 재무설계사가 복지현장에서 자문을 할 수 있는 새로운 복지 틀이 요구된다(The Citizens Advice service strategy 2010~14: A Summary, Citizens Advice, 2010).

한다. —p.319

　이와 같은 견해를 통한 접근은, 개인적 책임감과 집단적 영향 사이에서 매일 긴장된 삶을 사는 서비스 이용자들과 함께 일하는 사회복지사들을 통해 실천된다. 개개인으로서 우리 모두에 대한 도전은 항상 우리의 모든 잠재력을 극대화하고, 위에서 언급된 역경을 딛는 균형감을 강화하기 위한 작업이며, (만일 모두 가능하다면) '암흑'에 의해 침몰하거나 압도되는 것을 거부한다. 그러나 집단에 대한 도전은 강력하다. 정부나 지역, 지방 혹은 국가는 개개인과 지역사회의 복지를 파괴하는 억압적인 제도와 장벽을 없앨 뿐만 아니라, 개개인과 지역사회가 번성하고 번창할 수 있도록 용기와 창조의 정신을 기를 수 있도록 막중한 책임을 지니고 있다. 이러한 확신은 톰슨(2003, 2006)의 차별에 대한 개인적·문화적·구조적 분석을 뒷받침했고, 칠레와 심프슨(Chile & Simpson, 2004)은 다음과 같이 주장한다.

> 지역사회 발전은 사회의 수평적 패턴을 강화하고자 시도하려는 의도 속에서, 변화를 다루려는 지역사회 구성원들의 상호작용 속에서 역동적으로 고양되는 것에 초점을 둔다. (…) 지역사회 개발은 사람들이 서로 연결될 수 있는 동기를 부여해주는 이념적 기초를 가지고 있다. 이러한 이념은 지역사회 개발에 관한 일을 알리고자 하는 맥락과 동일하다. 예를 들어, (…) 불평등은 무엇이 문제인가? 왜 우리가 지구의 저 반대편에 혼자 내버려져 있는 이웃을 돌보아야만 하는가? —p.321

　이러한 연구자들은 이것이 개인과 집단에 대한 의미와 목적을 밝힌 기본적 문제에 대한 반영을 나타낸 것이라고 주장하며, '그와 같은 질문에 대한 대답은 자주 영적 구조'를 통해 알려진다(p.322). 더구나 그들은 다음과 같이 주장한다.

> 영성과 지역사회 개발 간의 연계는 사회정의의 불꽃으로서 사회구조
> 의 근본적인 변혁을 초래하는 것이다. —p.322

지역사회 개발에 상응하는 사람의 일에 대한 훈련으로부터, 우리는 하나의 전문직종으로서 사회사업의 발전에 영향을 주는, 뚜렷한 비전과 아직도 '마음을 따뜻하게 하는' 동시대의 많은 실천가를 발견할 수 있다. 그러나 장벽은 남아있다. 많은 사회복지사들은 '은혜를 원수로 갚으려는 사람들'을 대할 때 주저할 것이며, 조직 구조들이 사회정의와 함께 다양성을 가지고 자신의 책임에 대해서 열심히 일하여 실천하기를 원하는 도전적인 활동의 범위를 막거나 약화시킨다는 것을 인식하게 될 것이다. 그와 같은 도전은 용기와 결단이 필요하며, 관리자나 동료들로부터 도움을 받을 수 있다.

에치오니(Etzioni, 1995)는 지역사회집단의 다양성은 사회적 응집성과 지역사회 복지를 가능케 하는 역할을 한다고 주장했고, 이는 공산사회주의(communitarianism)의 영향에 대해 제기한 내용과 몇 가지 흥미로운 유사점이 있다. 어떤 면에서는 그의 연구는 대처리즘(Thatcherism)의 영향과 많은 연관이 있는(최소한 영국에서는) 고조된 개인주의를 통하여 공동체의 분열이 증가되는 것을 보는 것에 대응한 것이다. 에치오니가 강조한 점은 공동체지향적인 강점관점을 기조로 하며, 이는 조직 · 집단 · 공동체가 '그들의 강점'을 이용하고 그들이 속해 있는 공동체를 개발하고 향상시키기 위하여 일하는 것이다.

지금까지 우리는 일반적인 조직적 관점에서의 공동체 사회의 문제에

대해 논의해왔으나, 또 다른 차원에서 탐구할 필요가 있다. 이는 최근 신앙공동체가 지역사회 응집력과 웰빙에서 중요한 역할을 하고 있고, 신앙공동체는 오랫동안 이 사실을 알고 있었으나 일반적으로 사회에서 충분히 인정되지 않고 있었다(Smith, 2001).

4. 신앙공동체의 기여

많은 신앙집단들에 있어, 영성을 공유하는 공동체적 측면은 중요하다. 그들은 예배, 상호 협조, 격려하기, 특히 위기나 어려움에 처했을 때 모임을 공유하는 것을 매우 중요하게 여기고 기도와 묵상, 성서를 공부하는 훈련방법을 개발하는 것을 중요하게 여겼다. 몇몇 신앙 공동체들은 공동 성지순례부터 특별한 장소에서 영적 은혜를 강조하고 신앙, 믿음, 제자직에 대하여 소집단별로 모여서 토론한다. 이러한 태도·신앙·믿음은 공유되고 통합되며 계승되어온 활동으로, 이러한 이슈들에 개인적으로 접근하는 것은 이제 최소한이 될 것이다. 왜냐하면 어려운 시간 속에서 신앙을 지지하는 개인적인 사람들보다 개인을 지지하고 인정하는 신앙이 될 수 있기 때문이다. 3장과 5장에서 다루었던 영성 계발을 위한 파울러(Fowler)의 모델을 되새겨볼 필요가 있다. 파울러는 공동체의 영성은 전체적으로 볼 수 있어야만 하고 그들의 영성계발에 있어 여러 가지 다른 관점에서 서로를 지탱해주어야 한다고 제안한다.

영성의 공동체적인 측면에 대한 더 큰 차원은 교리와 신학에 대한 분야 혹은 '신담론(god-talk)'이다. 이 분야에 대한 중요성과 의의는 신앙공동체 사이에서 매우 다양하다. 그러나 일반적인 요소는 이들이 축적된 지혜에서 나오며, 수십 세기에 걸쳐 발전되고, 신앙과 방황의 개인적인 여정에서 인간을 돕고, 동료와의 여행을 제공하고, '지침서'나 '안내서'가 되어주며, 그들의 여정을 인도한다. 몇몇 신앙공동체에서는 성서를 포함하여 공식적인 가르침이나 선언을 하고 있는 것도 사실이며, 그들은 도전이 없거나 의견 충돌을 용납하지 않는 것을 깊은 존경으로 여긴다. 그것들은 무오(無誤)한 것으로 여기며, '최종적인 결정'을 의미한다.

그러나 다른 신앙공동체에서는 앞서간 사람들이 투쟁, 삶의 깊은 신비와 씨름하는 방법을 제시해준다. 그들은 동시대의 영성에 대한 맥락에서 이미 탐구했던 심도 깊은 질문을 통해 나온 애매모호함과 확실성을 발견했다. 이러한 연구자들은 그들을 위해 작용했던 세계관을 제안했고 그들을 새롭게 시험하기 위해서 다음 세대들을 격려했다. 중요한 것은 그들이 인간 존재와 개인, 공동체/국가 수준에서 어두운 면과 투쟁할 준비가 되어 있고, 이 복잡한 세상에서 삶의 역설과 딜레마에 대한 새로운 긴장을 가지고 있는 것을 볼 수 있다. 이들 중 어느 것도 이러한 문제와 싸우는 개인적 책임에서 자유로울 수는 없다. 이렇게 한다는 것은 우리의 인간성과 의미에 대한 지속적인 탐색을 약화시킨다. 그러나 신앙 공동체의 관점 그리고 종교적 관점에서 중요하지 않다고 보는 비슷한 철학적 틀에서 볼 때, 메시지는 똑같다. 이전 세대들은 이러한 심오한 문제들을 가지고 논쟁함으로써 통찰력을 가지게 되었고, 가끔은 명석한 세계관을 가지고 의미를 찾고 그리고 우리의 여정을 조명하는 데 도움을 주는 지혜를 제공할 수 있다. 우리의 영성이 세속적이든 종교적 틀에 기반을 두고 있든, 동료 여행자로서 공유된 기여는 우리의 삶을 형성시켜주고 개선되도록 도와 소중한 삶의 질을 높여줄 수 있다. 그리고 가끔 우리가 선택한 세계관을 재정립할 수 있도록 한다.

1) 불평등에 대한 도전

신앙공동체는 개인의 여정에서 그들을 격려하고 지지하며, 세 개의 일신교(一神敎)인 유대교, 기독교, 이슬람교뿐만 아니라 불평등에 대한 예언적 도전으로 불교가 중요한 종교로 자리 잡고 있다. 이는 생각과 실천이 억압받는 무대 중앙에서 해방을 위해 요긴한 해방신학의 개념이 실제로 완성된 상황을 포함한다. 이는 신앙적으로 따돌림을 받았던 착한 사마리아인('도둑의 습격'을 당한 행인을 구해준 사람, 루가복음 10장 25~37절)과 같이 이야기나 우화와 같은 일상 언어로 표현됐는데, 예수는 '어려운 사람을 보고도 모른체하는' 종교 지도자들보다 곤궁에 처한 이들을 돕는 사람을 칭찬하고 인정해주었다. 그리고 유대교/그리스도교의 성서와 예언서(이사야서, 아모스서와 호세아서)는 사회적 평등을 요구했고, 코란은 '공평성을 확립'을 요구했다(2장 5절 110; 148; 177; 215).[5] 2008년 티베트에서 일어난 사회적 불평등에 대한 불교 승려들의 도전은 그와 같은 책무를 실행한 또 다른 강력한 본보기이다. 이는 부처의 가르침에 기초하고 있다.

---

5   110절: 너희는 가장 좋은 공동체의 백성이라. 계율을 지키고 악을 배제할 것이며 하나님을 믿으라. 만일 성서의 백성들이 믿음을 가졌더라면 그들에게 축복이 더 했으리라. 그들 가운데는 진실한 믿음을 가진 자도 있었지만 그들 대부분은 사악한 자들이더라.
148절: 그리하여 하나님께서 그들에게 현세의 보상과 내세의 보상을 주셨나니 하나님은 선을 실천하는 사람들을 사랑하심이라.
215절: 그들이 그대에게 어떻게 자선을 베풀어야 합니까라고 할 때 대답하여 가로되 부모를 위해서 친척과 고아와 구걸하는 자와 여행자들을 위해서 자선을 베풀어라 그리하면 자선을 행하는 모든 것을 하나님은 알고 계시니라.
177절: 진정한 신앙이란 하나님과 내세와 천사들과 성서들과 선지자들을 믿고 하나님을 위해서 가까운 친지들에게 여비가 떨어진 여행자에게 구걸하는 자와 노예를 해방시켜준 자에게 예배를 드리고 이슬람 세를 내며 약속을 했을 때는 약속을 이행하고 고통과 역경에서는 참고 인내하는 것이 진정한 정의의 길이며 이들이야말로 진실하게 사는 의로운 사람들이라 (파하드 국왕 코란 출판청에서 출판한 성코란 한국어 번역판 참조).

인간의 권리와 자유는 자아실현과 성장을 위해 반드시 필요하다. 즉, 사회정의와 전면적 참여는 모든 존재의 유기적 상호의존성에 대한 본질인 것이다. —Jones(1993)

개인의 박탈감은 집단의 빈곤화를 가져온다. —Chile & simpson(p.327)

이러한 상황은 신앙공동체에 속한 사람들에게만 한정된 것이 아니다.

사실, 영성의 중요한 차원인 정의에 대한 열정은 종교에 대한 헌신이 없는 많은 사람들의 삶 속에 뿌리를 두고 있으나 사회질서의 개선에 대한 헌신은 다른 사람들에게서도 강렬하고 환하게 불타오른다. —Moss(2005, p.63)

그러므로 사회정의를 위한 이러한 노력은 세속적이거나 종교적 관점 혹은 영성의 필수 요소로 보일 것이다. 사실 이것이 영적 삶의 지표들 중 하나라고 논쟁할 수도 있고, 종교적이든 세속적이든 사회정의를 위한 열정을 사람들에게 불러일으킨다.

2) 돌봄공동체로서의 신앙공동체

사회복지서비스를 위한 입법 및 전달, 개념화하는 방법에 따라 수십 년 동안 강력히 추진되도록 영향력을 발휘해온 '공동체에서 돌봄의 개념'은 매우 친숙하다. 다른 사람을 돌본다는 것은 '아무 조건 없이' 돌봄을 제공하기 위해 노력하는 많은 신앙공동체의 중심에 있는 반드시 해야 할 중요한 일이다(Nash & Stewart, 2002; Boddie & Cnaan, 2006; Coates 외, 2007; Pierson, 2008). 욕구(need)에 대해서 전반적으로 살펴보면, 신앙공동체들은

고립되고 도외시됐다고 느끼는 젊은 부모나 노인들, 노숙자나 마약·
알코올 의존, 장기 실업자, 또는 가정폭력으로 피해 다니는 가족들에게
도움, 격려, 지원을 해주기에 용이한 위치에 있다. 이러한 몇몇 경우들
은 자주 실질적 도움과 지원이 신앙공동체들에 의해 제공되는데 가끔은
자체적으로 계획하거나 혹은 법으로 정해진 기관과 함께 직접 파트너십
을 가지고 일한다. 이러한 신앙 단체들이 국제적인 시각을 가지고 억압
적인 정권에 대항하고 인권을 옹호하며, 굶주린 사람들에게 식량을 원
조하는 일을 활발하게 지원하고 있다.

이 절(section)에서 강조하는 점은 사회복지 의무의 핵심에서 사회정의
를 위해서 일하고 돌봄에 대해 관심을 갖는 것은 필수적이고 중요한 일
이며, 신앙과 믿음의 교리는 공유하지 않더라도 공동협력을 정당하게 맺
은 신앙공동체들에 의해 공유되어야 한다는 점이다. 영적 이해를 돕는
중요한 차원에서 세속적이든 종교적 관점이든 돌봄은 공유되어야 한다.

최근 좀 더 광범위한 사회사업에 대한 토론에서 중요한 사실을 발견
했고 이에 대한 좀 더 심도있는 논의를 했다. 그러나 아이러니컬하게도
여러 세대에 걸쳐 몇몇 종교적 관점이 중심이 되어왔는데, 이를 '생태영
성(eco-spiritual)'이라고 한다.

5. 생태영성적 관점

지역공동체를 통해서 얻은 중요한 사실은 우리가 영성 대화의 '지역
공동체의 전후 사정'을 충분히 이해하기에 아직도 역부족이라는 점이다.
이에 대해 우리가 논의해왔던 모든 사항은 '인간중심'이고, 이는 사회사

업의 본질에서는 놀랄만한 일이 아니다. 그러나 최근의 몇몇 이론가들은(Coates 외, 2005; Zapf, 2005; 특히 Crisp, 2008) 모든 사람들의 사건에 관한 전후사정에 대한 문제를 심오하게 다루며, 이러한 실천이 이루어질 수 있는 환경에 대해 심도있고 방대하게 토론하고 있다. 또한 그들은 이러한 환경은 단순한 상황이나 우리의 휴먼드라마를 위한 장면과 배경으로 여겨지는 것이 아니라, 실천과정에서 중요한 '참가자'이며 모든 사회복지사업에 대해 지역공동체 차원에서 생기는 중요한 특징이라고 주장한다.

이러한 심오한 차원은 이미 논의된 상호 연계성의 이해 안에서 생태를 발견하게 하고 많은 신앙공동체들은 인간이 육체적으로나 인간적으로 세상의 웰빙을 누리고자 하는 의무가 있다고 확신한다. 그들은 이러한 상황이 창조주와 청지기(stewards) 역할을 하는 인간의 위치에 있는 창조물 사이의 관계 안에 있다고 믿으며, 착취를 위한 자유권한을 갖기보다는 그들의 복잡한 환경을 돌보는 데 대한 책임을 지고 있다.

차프(Zapf, 2005)는 사회사업에 대해 이론을 제시하는 것은 환경적인 측면이 무시되었거나 단지 '수식어 혹은 전후 맥락(modifiers or contexts)'을 통해 그들을 나타내는 것이라 말한다. 다시 말해서, 이러한 문제들은 그들이 인간의 행동에 영향을 끼치는 한 고려해야 할 사항이나 그들의 권리에서 반드시 가져야 할 가치나 중요함은 아니라는 것이다. 차프는 '개인의 특성으로서 인간중심이라는 단어로 한정함'이라는 영성에 대한 이해에 불편한 감정을 가지고 있으며, 상호연계성에 대한 좀 더 넓은 의미를 주장한다. 그는 다음과 같은 질문을 제기한다.

우리는 연계성을 받아들이고 표현하고 인정하기 위해, 영적 조건에서 우리의 환경을 이해할 수 있는가? 이러한 단순하고도 심오한 질문은 하스와 나흐티갈(Haas & Nachtigal, 1998)에 의해 제안됐는데, 환경 속의 인간(person in environment)에 대한 사회사업의 약속을 재고하기 위한 시발점이 될 수 있다고 주장했다. 여기에서 잘 산다는 것은 무슨 뜻인가? 우리가 인간중심의 접근 방식이라는 좁은 경계 내에서 영성을 제한하기를 계속한다면, 우리는 그 질문의 깊은 영적 차원에 도달하지 못할 수도 있다. —p.639

이 책에서 우리는 환경에 대한 의미와 중요성을 살펴보도록 권장했고, 이는 우리가 자신의 개인적 욕구나 행복을 위해서 그러한 결과를 가져오게 했다는 의미가 아니라 그들 자신의 '권리' 안에서 그들이 가질 수 있는 의미와 중요성을 뜻한다. 그러므로 우리는 환경과 함께 시작된 우리의 대화의 조건에서뿐만 아니라, 우리가 전에 인정하려고 했던 것보다 훨씬 더 동등한 입장의 파트너십으로 우리와 함께 시작된 대화의 조건에 대해서도 문제를 제기하기를 원할 것이다. 우리가 이용하기 위한 환경은 존재하는가? 혹은 서로 다른 관계와 세계관이 가능한가? '연관된 교통'이 일방통행인가 아니면 양방향인가?

생각해볼 문제
1. 당신의 환경이 사회복지실천에 영향을 준 것은 무엇인가?
2. 당신은 자신의 환경에 어떤 영향을 미치고 있는가?

이전의 논의를 다시 시작하려는 이 시점에서, 종교적 시각을 다시 한 번 생각해보기 위해 잠시 다른 주제를 이야기하자.

이 주제는 매우 익숙한 영역이다. 많은 주요 종교들은 창조주를 믿으며 주(Adonai),[6] 하느님(God) 또는 알라신을 추구하든 안하든 창조주는 강력한 삶을 영위할 수 있는 힘을 준다고 믿고 있다. 따라서 그들은 창조주나 창조적인 힘에 의한 자신의 존재를 믿는 물질적 세계는 소중하고 신성한 장소로서 그 자체로 존중받을 가치가 있다고 강력하게 주장할 것이다. '지구의 청지기'로서 이 위치의 본질을 이해해보면, 다음 세대에 대한 신뢰를 가지고 있기 때문에 지구의 근원, 삶과 무생물들은 광범위하게 생산적으로 사용되고 있다. 그러나 환경에 대한 이러한 접근은 '신앙심이 있는 사람들'에 의해서만 가능한 것이 아니라 오히려 그 반대이다.

기후 변화, 환경에 의한 재앙, 천연자원 감소, 열대 우림의 대량파괴, 산업오염의 거대한 악영향에 대한 동시대적 우려는 정치적으로 그리고 많은 종교적 관점에서 사람들의 신념으로 공유된다. 이러한 것들은 아마도 세계관의 다양성에 대해 사람들을 결속시키고, (역설적이지만) 다른 사람들에게 미칠 영향과 관계없이 개인적인 이익을 위해서 착취와 욕심을 추구하는 인간 본성의 내면들을 강조하는 일련의 문제들로 구성된 것이다. 2008년 세계를 강타한 경제위기는 상당히 강력한 방법으로 이와 같은 상황을 고조시켰다.

그러나 일상의 사회사업 관점에서, 대규모의 '거시적' 관심은 많이 동떨어져 있다. 그리고 빈곤하게(상대적 혹은 절대적으로) 살고 있는 사람들에게 이러한 문제는 단순히 하루하루 살아가는 것이 우선순위인 그들에게는 더욱 동떨어진 문제로 느낄 것이다. 개인과 지구상의 빈곤은 매우 복잡한 문제이며, 생태영성적 관심사에 대한 대화는 단순히 '그들의 레이더 상에서'만 나타나는 것이 아니다. 그러나 환경과 지구에 대한 관심은 어느 정도 물질적 행복을 누리는 사람들만이 느끼고 표현한다고 생각한다는 것은 극도로 오만하고 비판받을 만한 일이다. 우리는 이 지구상에

---

6   주(主): 히브리 사람이 하느님을 완곡하게 부른 이름.

서 모두 공통된 시민이다. 사회복지실천에서 환경에 대한 새로운 강조가 뿌리를 내린다면, 최소한 우리의 행복을 위한 환경의 영향에 대하여 좀 더 자각하고 인정하는 것이 아닌, 이를 이용하기 위한 창조적인 방법을 강구할 필요가 있다.

효과적인 장소에서 사회복지실천에 있어서 생태영성적 접근은 인간의 웰빙에 대한 물질적 접근의 중요성은 덜 강조되며, 탈 물질주의 가치로 이동하는 것을 보여주고 있다. 또한 이는 경제성장이 극대화되어 목표에 대한 갈등이 있더라도 환경보호와 문화적 이슈에 우선권을 부여하고, 삶에 대한 적당한 물질적 기준에 아직도 가치를 부여하고 있다(Coates, 2005, p.9).

> 간단히 말하면, 영적 관점이 내포된 삶의 질에 대한 문제가 강조됐는데, '전통적이고 토착적인 사회와 문화에서 더 유사하고, 우리의 세상에 대한 좀 더 넓은 전체론적 이해를 위해 사리사욕에 사로잡힌 경쟁적 개인주의'와는 동떨어진 문제이다. —Coates(2005, p.8)

생태영성적 접근은 토착 농경사회와 더불어 더 효율적인 산업적 포스트모더니즘 사회에서 일하는 방법을 위해 추구하는 '모든 것을 맞출 수 있는 하나의 통일된 치수(size)'를 지지하지 않는다는 점을 강조하는 것은 중요하다. 이는 지배적인 서구의 패러다임에 의한 접근이며, 모든 사람에게 최고인 것으로 생각된 그들의 접근은 강하게 그리고 분명하게 거절됐다. 왜냐하면 여러 가지의 다른 지역공동체의 장점과 특이함 그리고 그들의 웰빙과 소유물에 대한 독특한 이해를 인식하지 못했기 때문이다. 생태영성적 접근이 지지를 받는다는 것은 사회정의에 대한 인간적 입장에서뿐만 아니라 우리 모두의 웰빙을 위한 필수적 요소로서 그것에 대해 책임을 지고 좀 더 폭넓은 환경에 강력한 영향을 미치며, 다양성을 정말로 즐기고 심각하게 받아들이지 않는 접근을 의미한다.

1) 장소와 자기(the self)

이와 관련하여, 증가 추세에 있는 전문적 교육은 공동사회와 개인적인 인간 실존에서 '장소'의 중요성을 탐험하기 시작하며, 특히 정체성에 대한 질문이 주를 이룬다. 크리스프(Crisp, 2008)는 쉘드레이크(Sheldrake, 2001)의 연구를 인용했는데 장소, 기억 그리고 인간의 정체성 간의 중요한 연결에 대하여 말했다.

> '장소'의 개념은 단순히 지형적 위치를 뜻할 뿐만 아니라 환경과 인간에 대한 이야기 간의 변증법적 관계를 의미한다. '장소'는 기념이 되고 가장 소중했던 기억을 떠올려주는 수용력을 가진 공간이다. —p.43

아마도 이러한 변증법적 관계는 적어도 '인류는 부분에 대한 존재의 반대로서 자연계에서 분리됐다'라는 서구 사회의 분명한 믿음 때문이 아니지만, 다른 어떤 문화적 관계에서보다 산업환경의 콘크리트와 포장도로로 덮인 풍경에서는 덜 이해될 것이다(Zapt, 2008, p.638). 예를 들면 차프는 원주민 문화적 정체성에 관하여 다음과 같은 방식으로 우리의 관심을 끌었다.

> '자기와 장소'가 완전히 한데 얽혀 있다고 할 만큼 '땅과 장소의 개념은 직접 연결되어있다.' —p.637

다시 말해 그들의 영성은 땅과 장소에 깊게 연결되어 있다. 여기 사회복지실천에 대한 두 개의 대조된 결과가 있다. 첫째, 사람들이 그들의 현재 상황 속에서 '잘 사는 방법'을 학습한 정도에 대한 문제이다. 이는 우리가 관여하고 있는 사람들에게서 듣고 보기 위하여 사회복지사로서 중요한 문제이다. 몇몇 사람들에게 물질적 번영에 대한 문제는 그들이 소속감을 느끼는 공동체의 의미에서 정서적인 혜택을 받고 즐기는 것의 가치보다는 훨씬 덜 강조되고 있으며, 이에 대한 역할을 가지고 친구나 이웃에 의해 보살핌을 받고 있는 상황이다. 더구나 그들의 환경을 당장 개선하기 위한 작업을 함께 할 수 있는 기회라는 것은 그들의 사회적 결속과 사회적 자본이다. 대조적으로 둘째는, 사람들이 잘 살기 원하지만 근절되고, 불확실하고 제대로 무엇을 할 수 없는 현재의 환경에 처한 상황이 동등하게 중요하다. 왜냐하면, 동료의 그러한 혼란에 대한 경험이 상실과 슬픔이 되어 심하게 무능력하게 만들거나 낙심하게 하기 때문이다. 이주자 인구를 보면, 몹시 어려움을 겪고 있는 소수민족 이주자들은 불이익을 당하며, 인근에서 또 다른 곳으로 이주하는데, 이는 아주 분명한 예이다. 비슷한 예로, 신체적 탈구(physical dislocation)를 경험한 젊은이나 노인들은 보호시설인 임시 거처나 호스텔, 병원, 호스피스에서 생활하고 있는데, 이는 그들의 웰빙에 대하여 얼마나 당황케 하고 혼란스럽게 하는지 보여주고 있으며 이는 '외부와 단절'될 수 있다. 그와 같은 환경에서 필요한 창의적이고 상상력이 있는 돌봄에 대한 수준은 자주 평가절하되고 있는데, 업무에 종사하는 사람들이 그들이 경험할 수 있는 상실감과 고립감의 강한 감정을 인식하지 못하고 있기 때문이다.

사례연구: 마샤

마샤(Martha)는 이디 아민(Idi Amin) 대통령의 독재정치 초기에 간신히 우간다를 떠났다. 그녀는 여러 번 성폭력을 당한 경험과 전 가족의 죽음에 대한 사실을 제외하고는 떠나기 직전까지 자신에게 일어난 사실을 말하지 않았다. 그녀는 아무 재산도 챙기지 못하고 옷만 걸친 채 영국에 도착했다. 그러나 그녀는 그나마 행운이라고 생각했다. 머물 수 있는 공영 아파트가 제공됐고 곧 지방대학에 청소부로 취직됐다. 첫 몇 년간은 그리 쉬운 일이 아니었다. 아파트는 넓고 황량한 지역에 있었고 그녀가 '본국으로 돌아가야 한다'고 생각하는 사람들에 의해 인종주의가 원인이 되어 끔찍하게 공격당했다. 수년 동안 많은 사람들이 이주를 했고 '문제'가족들로 대체됐다. 아마도 일시적이겠지만 대다수 다른 사람들로 대체됐다. 많은 노인들은 외출하기가 두려웠다. 마샤의 건강은 그녀가 은퇴한 이래로 계속된 협심증으로 힘들어 했고 최근에는 길에서 쓰러지는 바람에 병원신세를 지게 됐다.

사회복지사는 그녀가 관리인이 있는 건물의 1층 아파트에 사는 것이 더 나을 것이라고 생각했다. 현재 마샤의 아파트는 2층에 있다. 마샤는 이사 가는 것을 원치 않는다고 단호히 말했고 그녀가 우간다를 떠나야 했을 때, 경험한 끔찍한 혼란 후에 '자신만의 장소'를 만들었다고 말한다. 얼마 동안 그녀는 영국에서 사람들과 완전히 멀어졌고 직장 밖의 누구와도 얘기하지 않았다. 그러던 어느 날, 지역 가톨릭교회에 나가기로 결심했고 과거로부터 한결같이 지속돼 왔던 신앙심을 재발견했다. 그리고 신앙공동체 사람들이 그녀에게 교우관계를 제의했다. 모든 도시에 있는 교회들과 마찬가지로, 성(聖)요셉 성당은 참석자들이 줄어들고 있었으나 핵심 신도들은 남아 있었고, 마샤는 일요일마다 계속 참석했으며 후에 커피도 마신다. 그녀는 그 지역 밖으로 이사 가기를 원하지 않을 것이다. 그리고 그녀를 도왔던 다른 일들이 그녀의 자존감을 회복시켜주었으며, 그 장소에서 그녀가 작은 텃밭을 일군 후, 채소 박스를 가져다가 작은 발코니에 심었다. 그녀는 비록 그것을 천천히 가져오지만 아직도 채소밭을 관리하고 그곳에서 신선한 청과물을 얻어 실질적으로 자급자족하고 있다. 마샤는 발코니 정원을 정신적으로나 육체적으로 생명유지에 필수적인 기여자로 여기며, 이것 없이는 영적으로 죽을 것이라고 말한다.

1. 차프(Zapf)의 "어떻게 하면 나는 이 장소에서 잘 살 수 있는가?"라는 질문
   은 당신에게 무엇을 의미하는가? 당신의 개인적 입장과 전문적 실천의 입장
   에서 생각해보자.

6. 결론

이 장에서 영성에 대한 우리의 논의는 개인주의적인 해석과 함께 시
작됐고 이는 세상의 중심으로서의 개인으로 자리매김했고, 그 안에서
우리의 위치와 세계를 이해하는 데 도움을 준 세계관을 가질 수 있게 됐
다. 물론 어떤 의미에서는 우리가 선택한 세계관과 더불어 철저하게 개
인적(personal)이고 개인주의적(individualistic)인 삶을 추구하게 된다. 결국
그것이 삶에서 '택한 것'이고 우리를 위해서 존재하는 한 중요한 일이며,
또한 그렇게 보일 것이다. 이에 대한 사회사업이 책임질 부분은 각 개인
에 대해 존엄성, 존경 그리고 진실성을 가지고 대하는 방법(자세)을 인지
하는 것이다.

그러나 이 장에서 우리는 사회사업이 사회정의를 가진 다양성을 함
축한 영성의 공동체적 관점을 고려해왔다. 사회사업에서 이슈는 사회사
업의 중요한 가치로 안전하게 자리 잡은 영성에 대한 동시대적 이해에
의해 제기된다. 그러나 영성이 안전하게 자리 잡은 것만으로 끝나서는
안 된다. 사회사업은 사회정의의 다양성을 강하게 이행해야 한다. 하지
만 이는 희생만 할 수도 있다. 우리는 이것이 세속적이든 혹은 종교적 관
점에서든 영성의 '생생한 경험'에 대해서 주장해왔고, 그것이 우리가 사

회정의에 대한 이행을 하도록 이끈다. 서재에 있는 화제나 단지 기이한 흥미를 표시하는 속성과는 거리가 먼 개인이나 지역사회 내에서 보다 정의롭고 관대하며, 극단적인 사회에서 그리고 다문화사회에서 전문직으로 사회사업 내에서의 가장 중요한 욕구로서 억류과 해방을 모두 내포한 영성은 개인과 지역사회의 공동 이익과 혜택을 가져올 수 있다. 사회사업은 모든 활동을 격려하고 뒷받침하는 일련의 열망에 대한 가치를 창조하고 지켜나가기 위해서 헌신한다.

우리가 이 장에서 주장해온 영성은 이와 유사한 영역을 차지하고 있는데, 우리로 하여금 가슴과 정신을 지닌 사회사업이란 것이 모든 것임을 상기하게 하고, 그 비전은 실천가들이 매일 사회정의의 다양성을 추구하도록 지지하고 일깨워준다. 그러므로 이 장에서 우리는 사람들이 영성의 관점을 명백하게 중요하게 여기는 것에서 더 넓은 공동체 맥락안에서 관계성과 유대에 관해 탐구해왔다. 이는 생각을 같이하는 사람들의 공동체(세속적이든 종교적이든)에 참여한다는 뜻이며, 동료 여행자로서 그들이 즐길 수 있도록 개인적인 여정을 돕는다. 하지만 그들이 어떻게 더 큰 목적에 공헌하느냐에 대한 광범위한 비전을 제공하고 있다. 이 모든 것의 심오한 의미는 우리가 영성에 대한 동시대가 이해할 수 있는, 즉 중심이 되는 제안을 했던 기본적인 질문으로 되돌아가게 한다.

"나는 누구인가? 다른 사람들과 관계를 맺으며 살아간다는 의미는 무엇인가? 내가 살아가는 삶의 의미와 목적은 무엇인가?" 지금 우리는 차프의 심각한 질문에서 발췌한 또 다른 질문을 할 것이다. "내가 사는 바로 이 장소에서 어떻게 하면 잘 살 수 있을까? 그리고 나의 관계성, 나의 책임성, 나의 환경이란 무엇인가?" 차프는 영성을 좀 더 깊이 이해하려는 제안을 함으로써 이를 넓게 받아들였고 '우리가 이곳에서 잘 살 수 있다는 것은 무슨 의미인가?'라는 질문을 했으며, 이로 인해 영적 연관성을 통일시키기 위해서 인간과 장소 사이의 근본적인 구별을 받아들이지 않았다(p.238). 이 모든 것의 '연결로가 되는' 단어인 영성은 우리의 이러한 질문을 가능하게 했고 충분한 대답은 (우리가 발견하는 한) 사회정의와 다른 상황에서 연관성이 있어 보이는 무언가를 찾아서 지구를 돌보는 것과 같은 공동체의 기본적 문제를 포함해야만 한다.

마지막 장은 이러한 논의를 좀 더 구체화했다. 전 세계의 사회복지와 그리고 사회복지와 비서구 세계에서 발견되는 영성에 대한 이해를 고취하는 것에 대해 생각하고, 가장 적극적으로, 영성은 사람들이 두려워하는 운명의 갈림길이 아니며, 가능성 있고 정말로 다문화적이며, 환경적으로 세심한 사회복지실천을 위한 도전을 뜻한다. 다시 한번, 우리는 동시대의 영성에 대한 충분한 이해가 가시화되고 이해될 수 있는 사회복지실천에 대한 최대의 잠재적 실천을 통해 강력한 렌즈를 제공하고 있다는 사실을 발견한다.

참고자료

- Coates, J., "From ecology to spirituality and social justice", J. Coates·J. R. Graham·B. Swartzentruber and B. Ouellette(ed.), Spirituality and Social Work: Selected Canadian Readings, Toronto: Canadian Scholars Press, 2007.
- Crisp, B., "Social work and spirituality in a secular society", Journal of Social Work, 8, 2008, 363~375.
- Pierson, J., Going Local: Working in Communities and Neighbourhoods, London: Routledge, 2008.

VIII

범세계적 관점과 다문화적 관점

1. 도입

지난 10여 년에 걸쳐 사회복지에서 가장 극적으로 발전한 부분은 국내 사회복지와 동일한 목적을 가진 국제 사업이 여러 난관을 극복하고 유지되어온 점이다. 또한 선진국과 개발도상국들이 점차 동일한 조건으로 이 사업에 참여한 결과, 국제적 사회복지사업이 출현했다는 점이다. 이러한 발전을 이해하는 핵심에는 사회복지의 보편적 요인, 이를테면 기본적인 인권의 유지, 사회정의 옹호, 각 개인의 독특한 삶의 가치와 개인적 웰빙(well-being)의 목표인식이 현저하게 다른 세계관에 의해 구성되고 공식적으로 알려지고 있을 뿐만 아니라 그러한 요소가 틀을 잡고 형성되고 있다는 것이다.

사실상 국제사회복지사연맹(International Federation of Social Worker's: IFSW)의 사회복지에 대한 일반적인 정의에도 불구하고, 사회복지의 현대적 의미는 각 문화권이나 현대화의 과정 그리고 각 전통의 다양성에 따라

달리 영향을 받는다고 이해되고 있다(Yip, 2005). 이러한 세계관 차이의 핵심은 영성과 관련이 있다. 지구의 남쪽인 호주나 뉴질랜드의 토착민들에게 영향을 받은 사회복지사들과 캐나다와 사회복지이론상, 윤리나 실천에서 영적으로 보다 적합한 곳으로 알려진 홍콩이나 중국에서 활동하는 사회복지사들─이들은 '동양이 서양을 만나다(East meets West)'라는 모임을 통해서 의견교환을 하고 있다─의 관점에 기초해 있다.

이 책은 각 개인의 영적 통합과 웰빙을 지지해야 하는 국제사회복지사연맹의 원칙들을 되짚어보려는 데 그 의의가 있다(IFSW, 2004). 국제적 사회사업 무대에서 사회복지사업의 발자취를 더듬어 추적해본 결과, 사업 진전의 다양한 단계가 발견됐다. 세계가 영국과 미국의 모델을 들여와서 단순히 그대로 사용하는 경향이 줄고, 호주 같은 국가들이 원주민 지역사회에 서구의 모델들이 알맞지 않다는 점이 인식됨에 따라, 전 세계의 사회복지 프로젝트를 공동으로 지속하려고 분투할 가치가 충분히 있는지에 대한 확답을 얻기 위해 근본적인 차이를 발견하려는 노력이 필요하게 됐다.

서방 국가들의 '전문직 제국주의'가 포함한 이러한 문제를 세계가 면밀히 조사함에 따라 확실히 드러난 점은 서방국가의 사회복지 모델들이 다른 문화나 지역에서 존재하지 않는 세속적 또는 종교적 부분을 통합하는 데 한계가 있다는 것이다(Yip, 2005). 현재 세속적/종교적 부분은 다른 문화권과 세계의 다른 여러 국가에서 단순한 모습으로 존재하지 않는다. 만약 다문화적 환경에서 국제적 사회복지의 광범위한 시도가 성공하고자 한다면, 이러한 세계관의 차이를 깊이있게 다루어야 한다. 선진국의 사회복지가 영성과 맞물려 이루어지는 데 있어서 난관에 봉착하는 원인은 무엇보다도 이러한 견해 차이에 있다.

문제는 '영성 민감형 사회복지실천이 영적으로 매우 다른 형태의 서구적 담론에서 어떻게 다루어질까?' 하는 점이다. 지금까지 서비스 이용자들의 영적 욕구가 어떻게 인지되고 사정되는지, 그리고 개인과 지역사회, 공동체와 자연환경과의 관계를 이해하는 방법에 대해서는 연구가 거의 이루어지지 않았다. 따라서 이에 대한 연구는 우리가 어떻게 그것들과 연결되고, 그 관계가 깨졌을 때 어떻게 재연결되는지에 대한 이해의 중요한 기본 토대가 될 것이다.

이 장은 두 부분으로 이루어져 있다. 첫째, 종교와 영적 믿음의 중요성에 주목하기 위해서 서방국가의 세속적 사회복지실천, 즉 선진국의 다문화환경에 처음 도전한 문제를 가지고 시작할 것이다. 둘째, 영성에 대한 범세계적 시각이 지금까지 우세했던 서방국가의 사회복지 패러다임에 도전하고 있는 방법들 중 일부를 논하고자 한다.

2. 다문화 환경에서 사회복지실천

1980년대 영국의 사회복지실천에 문제가 제기된 것은 사회복지사들이 윤리나 인종(人種)차이에서 발생할 수 있는 문화적 차이를 인식하지 못해 다소 억압적이라는 시설 이용자들의 견해에서 비롯됐다(Lloyd & Taylor, 1995). 곧 장애에 대한 사회복지의 개입이 성별을 반영한 특성, 즉 성적 경향성을 띠게 됐을 경우 편견으로 인한 오판, 무시와 같은 결과를 가져오는 사회복지사의 이해부족에 대한 활발한 논의가 뒤따랐다. 이러한 사례에 대해서는, 사회과학이론과 사회복지 전문가들이 활발하게 연구했다. 그러나 인종과 문화에 대한 사례의 이론을 분석하면서 한 가지 측면이 두드러지게 무시됐다. 이는 영국의 소수민족 집단, 특히 이민 1세대들에게 영성이나 종교가 매우 민감하기 때문인 듯하다. 이는 소수민족으로서 스스로 서구화되고 세속화됐다고 생각하는 사회복지를 공부하는 학생들조차도 자기들의 문화적 배경에 포함된 중요한 요소를 '보이지 않게 가려져' 있다는 이유로 무시하는 태도를 지적하고 있음을 여러 연구자들이 보고하고 있다. 소수민족 서비스 이용자들과 일하는 사회복지사들은 어떤 환경에서 그들의 종교를 인정했지만, 오랫동안 존속되어 관례로 인정된 방식으로 그들이 종교를 따르는 경우가 너무 많다는 것을 인정했다. 그뿐만 아니라 사회복지사들은 사망 시에 따라야 하는 특별한 관습과 의식절차에도 주목했다.

이와 같이 사회복지사들이 소수민족들의 종교관습을 인정하고 주목했기 때문에, 헨리(Henery)는 서방국가의 사회복지사들이 기독교가 아닌 종교문화의 '이국적인 색다름'에만 관심이 있다고 사회복지사들을 나무란다(Henery, 2003). 앞서 주장한 바와 같이 확실히 사회복지사들은 거의 모두가 신앙심과 신념의 중요성이나 내용에 몰두하여 이해하려고 하지 않는다. 이 말은 즉, 앵글로색슨 족의 전통 내에서 실천하는 사회사업은 그 사업이 세상과 맞물리게 하는 다른 방법을 터득할 수 있는 중요한 기회 자체를 부정하고 있다는 것이다. 그러나 퍼니스와 길리건(Furness & Gilligan, 2010)이 최근에 저술한 책은 이러한 상황의 균형을 바로잡는 데 중요한 공헌을 하고 있다.

생각해볼 문제

1. 서비스 이용자가 따르는 종교와 문화에 대해서 잘 모르거나 당신의 종교 혹은 문화와 완전히 다른 경우, 당신은 그런 종교와 문화에 대한 신념들을 어

입(Yip)은 다문화적인 환경에서 사회복지의 실천적 접근 방법은 크게 '문화적 특수성'과 '문화적 보편성'으로 나눌 수 있다고 주장한다(Yip, 2005, p.594). 입(Yip)은 리(Lee)와 그린(Green)의 주장을 인용하여 "문화적 보편성은 다른 문화에 대해 민감하고 개방적인 반면에 문화적 특수성은 특정한 요소들이나 앞서 예를 들었던 죽음에 관한 전통들처럼, 그들만의 관습에 중점을 두고 있다"고 정의했다. 이는 문화적 능력강화 훈련 중 많은 부분에서 이러한 특정한 지식이나 상황의 인식들이 요구된다고 보고 있다. 호지(Hodge)는 다양한 영적 전통들을 나타내는 규범에 익숙한 것은 영적으로 개입할 때 도움이 된다는 의견에 동의한다(Hodge, 2008). 그러나 할러웨이(Holloway)는 특수한 문화적 요소에 대한 지식과 이해가 필요한 경우, 그러한 관습에 포함되어 있고 전통 속에 깊이 배여 있는 모든 의미를 해석하는 정도의 지식과 이해의 차원을 넘어서야 한다는 의견에 동의한다. 즉 지식측면에서는 '다문화적'이어야 하지만, 특별한 차이를 인식하기 위한 접근 방법은 차이점을 의사소통을 통해 교류할 수 있는 '초문화적(transcultural)' 접근이 이루어져야 한다는 것이다(Holloway, 2006).

또한 토리(Torry)의 주장에 따르면, 실천가들은 자신들의 틀을 벗어난 '포괄적인 문화역량'과 '특정한 문화적 지식'이 있어야 한다(Torry, 2005, p.261). 그리고 그러한 지식이 없으면, 특정한 상황에서 개인의 특정한 욕구에 응답하기보다 개인을 분류하는 위험요소가 따르게 된다. 차이점이 종교적 신념 및 관습과 관계가 있을 경우, 보편적 접근 방법은 특정한 집단에서 오랫동안 존재해온 제도나 문화의 틀 속에 녹아 있거나 그러한 제도나 문화를 통해 표현되는 영성에 대한 이해능력을 증대시킬 것을 요구한다. 그러한 이해를 통해 특별한 신념의 원천을 완전히 파악할 수 있고, 그러한 이해로써 사회복지사가 익숙해질 가능성이 있는 문화적 전통과 사회복지 모델을 통해 사회복지사와 소수민족이 조화를 이룰 수 있다.

여기서 다시 입(Yip)은 최근에는 정태적(靜態的) 모델과 수동적 모델('static' and 'passive' models)이 세계 사회복지 현장을 넘어서는 많은 교환의 특징이 있다고 지적한다(Yip, 2005, p.599). 그의 주장에 따르면, 영국과 미국 이외 기타 지역에서 사회사업을 발전시킬 경우, 특히 미국과 영국의 사회사업 모델 도입 시 정태적 모델(static models)이 흔히 도입되어 왔다. 이와 같은 '전문직 제국주의(professional imperialism)'는 환태평양 지역에서 실천하는 사회복지 실무와 동유럽 국가의 사회복지학 교육과 사회복지사 직업개발에서 계속 눈에 띄고 있다. 그뿐만 아니라 태도와 가치관도 고정되어 있다. 이러한 모델은 상호관계를 조금도 허용하지 않는다. 한 측면을 강요하는 문화는 '다른' 문화의 요소에서 무엇인가를 취함으로써 얻을 수 있는 것을 전혀 보지 못한다. 그러한 접근 방법을 통해 서방국가의 세속적 사회복지사가 종교와 영성(기존의 기독교 신앙에 대한 태도를 포함)에 대해 취하는 태도의 특징이 결정됐고, 첫 수십 년간 전문직업인으로서 기량을 펼치는 동안 이는 기독교사회사업 조직에서 비롯하여 다른 종교 조직에 이르기까지 종교와 영성에 대해 취하는 태도의 특징이 됐다.

입(Yip)에 따르면, 수동적 모델(passive models)은 어느 정도의 비교문화적인 교류(cross-cultural exchange)가 부득이하다고 본다. 그러나 모델을 타문화에 적용하거나 타문화를 모델에 도입하려고 할 때, 필요한 수용과 수정의 한도가 제한되어 있다. 더 광범위한 공동체가 생각과 이해를 성실하고 정직한 자세로 통합함으로 인해 이득을 얻을 수 있다는 것은 무의미한 말이다. 그러한 모델은 영국과 북유럽의 신앙에 기반을 둔 사회사업 기관의 현 위치와 군건한 종교적 신념을 지닌 개인과 가정에 대해 취하는 세속적(비종교적) 사회복지사의 태도에 당연히 적용된다고 판단된다. 예를 들어 가족의 생활과 자녀양육 관습과 관련된 다른 모델을 수용하기 위한 노력이 현대의 사회복지실천에서 분명하게 드러나고 있다. 그러나 입은 다음과 같이 주장한다.

> 비교문화적 사회사업의 역동적 모델(dynamic model)만이 서방국가와 아시아 국가 사이에서 발생하는 활발한 문화교류에 적합하다. (…) 모든 국가는 관습과 관련하여 사회문화적으로 축적된 지식을 서서히 발전시킬 수 있고 다른 사회문화의 지식을 빌릴 뿐만 아니라 자국의 지식을 타국에 전할 수 있다. —Yip(2005, pp.600, 603)

불교, 유교, 힌두교에서 제공하는 지혜는 현대생활의 문제를 해결하는데 큰 도움이 될 수 있지만, 대충 언급하고 지나갈 뿐이라는 점은 놀라운 일이다. 그러나 영적 지혜에 역동적인 비교문화 모델이 적용될 때, 이러한 모델은 도전적이고 흥미를 돋울 만하다. 이 점에 대해서는 이 장의 후반부에서 다시 다룰 것이다.

1) 문화역량의 개념

'문화역량(cultural competence)'이라는 말에는 모순이 내포되어 있다. 즉, 이 말은 능력과 연결되는 훈련모델(training models)에서 비롯하며 이러한 훈련모델은 서구, 특히 영국에서 발전됐다. 그리고 다른 모든 문화에서와 마찬가지로 문화에서 어떤 개인이 적어도 최소한의 기준에 맞는 능력을 갖춰야 한다는 개념은 전문직 제국주의에 해당하는 또 다른 예라고 볼 수 있다. 역량모델(the competency model)은 비록 교육과 개발모델의 자격에 요구되는 최소한의 기준을 받아들이는 생각에 동의를 했다고 하더라도, 그들이 어떻게 실천하고 개발할 것인지, 학생들이 어디에서 시작할 것인지와 관련된 훈련을 위한 교육 및 개발모델과 분명하게 대조된다. 또한 이러한 논점이 현학적으로 이르게 하지는 않는다. 이 책에서 전체적인 방향은 서비스 이용자의 영성과 관련되는 열렬하고 능숙한 느낌에서의 전문가의 여정과 그리고 우리가 수용하고자 하는 영적 욕구(spiritual need)와 관련되어 있다. 이뿐만 아니라 이 책에서 계속 주장하는 바는 사회복지사가 서비스 이용자의 영성과 영적 요구와 맞물릴 의향이 있으며, 그렇게 할 능력을 갖춘 상태에서 다음 단계로 진전해 나아가야 한다는 점이다.

그러나 토리(Torry)는 실천에 대한 반영적 모델(reflective models)의 범위를 벗어나지 않는 문화역량을 주제로 논의를 시작한다. 그리고 반영적 실천에서 가장 필수적인 부분은 사회복지사가 능력을 증진하고 달성하기 위해 자신의 발전을 반성하는 것이다. 평가의 단계모델과 영역모델(stage and domain models of assessment)을 이용하여, 토리는 발전하고 있는 문화역량은 사회복지사가 점점 다른 유형의 지식을 인식하게 되는 과정('지식을 얻는 방법'이라고 칭할 수도 있다)이며, 사회복지사가 자신의 실무에 이러한 다른 유형의 지식이 적절히 적용될 수 있는 다른 방법을 판단할 줄 아는 감각을 갖게 되는 과정이라고 주장한다. 문화적 다양성은 미시적 수준과 거시적 수준의 인간 상호작용에 모두 작용한다고 판단할 수 있다. 따라서 진저와 데이비드히저(Ginger & Davidhizar, 1999; Torry, 2005에서 인용)는 시간과 커뮤니케이션 행위의 개념만큼 광범위한 현상과 관련하여 작용하는 다양한 믿음, 가치관, 행위를 지적한다. 그러나 결국 미시적 측면의 문화역량 실천가들이 주력할 수 있는 행위나 관례도 거시적 측면에서 비롯됐다. 즉 영성에서 신성시되는 믿음이란, 영적 관례로서의 의례적 성격임과 동시에 태도나 행동을 결정짓는 전체적 일단(cluster)이다. 다양한 상황을 이해할 수 없는 '외부 문화집단'에서 온 실천가들은 이러한 의례적 성격을 하나의 미신적 행위로만 보아 결국 자신들의 반응적 태도가 이들 문화에 반하는 결과를 초래하기도 한다.

예를 들면, 종교적 단식을 행하는 중에 따뜻한 차 한 잔을 거절해야 하는 서비스 이용자는 단식이 영적 차원의 힘든 의식(儀式)에서 비롯된 박탈감으로 동정받기보다는 그들의 금욕행위를 더 존중받고 싶어 할 수도 있다. 문화역량의 성취란 반영적(reflective) 실천가들이 성취해야 할 핵심 기술 중의 하나가 아니라 서비스 이용자들을 진심으로 이해하고 그들과의 관계를 형성해가는 지속적인 참여과정이다(Dean; Furness, 2005에서 인용). 딘(Dean)은 이렇게 주장한다.

> 우리의 목표는 능력을 얻는 것이 아니라 이해를 추구하고 관계를 계속 구축하는 과정에 참여하는 것이다. ―Furness(2005, p.255)

비교문화적 사회복지실천에서 이러한 두 과정은 독자적인 것이 아니라 함께 이루어진다. 관계란, 진심어린 이해 없이 형성될 수 없다. 관계를 구축하려면, 최소한 상대방에게 진실하게 이해를 요청한다는 뜻을 밝혀야 한다. 사회복지사들이 모든 관계에 내적 연결감을 찾으려고 노력할 때만 진정한 이해가 증진될 것이다. 따라서 문화 간 실천은 전문가들이 도움을 필요로 하는 이들을 찾아내려는 노력을 할 때 생겨날 수 있는 초월문화적 실천으로 보는 것이 마땅할 것이다(Holloway, 2006, p.834). 사회복지사와 서비스 이용자들의 서로 다른 영적/종교적 신념을 맞출 수 있는 방법은 무엇인가?

생각해볼 문제

1. 서비스 이용자와 의미가 공유되는 단계에 도달하는데 있어서 당신의 실천에 걸림돌이 되는 점은 무엇인가?
2. 당신의 관점에서 '틀에 박힌 태도'는 무엇인가?

2) 영성에 대한 초문화적(超文化的) 접근 방법

문화적 장벽을 초월하는 보편적인 모델을 선호하는 연구자들은 여러 정의에서 무엇이 인간적인 것인가와 관련된 영성을 강조한다. 주시해야 할 사실은 다양한 종교적 신념체계를 공통된 구성요소로 바꿀 시도도 전혀 하지 않을 뿐만 아니라 신앙심의 기본 속성을 확인조차 않고 있다는 점이다. 그래서 하는 말이지만, '종교성'은 서양인이 구별한 종교적인 것과 세속적인 것을 공유하지 않는 문화에서는 이해하기 어렵다. '영(the spirit)'이란 말에서 비롯된 초월문화적 접근이 내포하고 있는 영성의 의미는 문화와 믿음에 상관없이 모든 사람에게 내재된 종교적 신념의 영적 표현이다. 그리고 그러한 '영성'은 그 정신을 표현하는 방법, 예를 들어, 모든 사람이 영성에 완전히 얽매이는 것은 아니지만 계속 사람들이 보유할 수 있는 종교적 신념을 표현하는 방법을 제안한다. 따라서 다음과 같이 주장할 수 있다.

초문화적 접근의 과제는 서로의 전통 속에 있는 강점과 자원이 공통된 인간성을 찾아내는 수단이 되게 하는 것이다. —Holloway(2006, p.838)

이는 개인이 자신이 속한 문화나 복잡하고 독특한 타문화속에서 비교하고 적응하는 과정 중에 스스로의 의미를 구성하고 위기와 어려움을 통해 그 의미를 재구성해낼 때 가능하다(Holloway, 2006, p.833). 이러한 과정을 이해하는 또 다른 방법은 '문화적 틀'이라는 개념을 활용하는 것이다. 다시 말하면 문화적 틀은 정체성, 꼭 해야 하는 것, 가정(假定)의 개념을 이용하는 것이다. '문화적 틀'로 인해 외부 세계와 개인의 관계가 형성되기 때문에 개인은 아마도 몇 가지 문화적 틀을 내면화하고 외부 세계를 해석하고 타문화의 내적 의미를 이해하려고 노력하면서 문화를 상호 교환할 수 있다(Yip, 2005). 따라서 타문화적 틀 사이에 판단 및 비교를 위한 공통 참고점이 존재할 가능성이 있다는 결론이 나온다. 이는 타문화들 사이에 존재하는 광범위한 영적 세계관의 공통된 기준점이 될 수 있다.

서구 개인주의에 바탕을 둔 영성에 대한 초문화적 접근은 다문화적 환경에서 생활하는 사람들이나 교류문화적 다양성의 영향을 받는 사람들과 연관될 때, 가장 적합한 방법이다. 그러나 소수민족 관점으로 본 의료돌봄 부문에서 서비스 제공자와 이용자 사이의 문화적 민감성을 두고 볼 때, 개인의 행동이나 태도를 문화적으로 과일반화시켰다는 비판도 있다(Gunaratnam, 1997). 문화적 상황이 어떻든 간에, 우리는 여전히 목적에 있어서 공동체와 개인의 차이와 문화 속에서의 개인의 주관적 경험의 정도를 잘 알지 못한다. 예를 들어, 각 개인의 차이가 발생하는 범위가 어느 정도인지 거의 알지 못한다. 혹은 지역사회의 공동 목표와 비교할 때, 각 개인의 차이는 무의미하다. 헤거티(Hegarty)는 자신이 영(the spirit)에 대해 '생기를 주며, 삶의 원리'라고 말할 때, 이러한 딜레마를 피한다. 이러한 영은 영적 자원과 영적 관습의 중심 속에 '한 개인을 내려놓고 자신을 초월하는 단계에 개인들을 이르게 하는' 수단에 해당하는 공통적인 영성적 자원과 관습을 낳는다(Hegarty, 2007, p.43). 그러므로 연결의 원천이며 그러한 연결을 표현하는 수단은 개인의 영성이다. 다른 유대와 의미, 즉 정서적·심리적·육체적·문화적 유대 및 의미가 영적 유대 및 의미와 함께 조화를 이루는 상태를 인지하는 것도 중요하다(Holloway, 2006).

3) 실천 수정하기

다문화적 환경에서의 사회복지사의 실천에 관한 선행논의의 핵심은 실천가와 서비스 이용자 간의 관계를 발전시키고 그 내적 연결을 만들기 위해 지침이 되는 어떤 틀이 있어야 한다는 것이다. 사회복지사의 개입은 이와 같은 기반 위에서 이루어진다. 그러나 이 논의를 시작할 때 확인된 바와 같이, 표준에 해당하는 사회복지사의 개입 자체가 문화형태, 가정, 신념, 인정된 행동양식 등 차이(differences)를 감안하는 어느 정도의 수정(modification)이 없이는 적합한 개입이라 할 수가 없다. 영적 돌봄에 관련해서라면 더욱 그러한데 서비스 이용자의 준거틀에서 종교나 영성의 이해는 필수적이다. 다음은 3장과 5장에서 다루었던 사정과 개입의 요소들을 영적 전기(spiritual biography)나 자기 내러티브(self-narrative)를 구성하는 과정을 통해 살펴볼 것이다.

구성주의자 모델(constructivist models)은 실천가들과 서비스 이용자의 문화적 배경이 현저히 다른 상황에서 영적 개입이 그들의 정서적 고통을 공유하므로 공감대를 제공하는 모델이다. 그린(Greene et al. 1996)은 '한 개인의 현실에 대한 개념은 그/그녀 개인이 세상에 관한 자기의 해석에 제공한 모든 의미들로 구성된다'는 점을 논의의 출발점으로 간주한다 (Greene et al., 1996, p.173).

호주 원주민들이 '과장된 긴 이야기'라고 아름답게 칭한(Lynn, 2001) 서비스 이용자인 그/그녀 자신의 이야기를, 우리의 문화적 가정과 편견에 대한 자기인식과 결합한 문화적 틀에 대한 지식과 감수성을 갖고 경청할 경우, 그러한 이야기를 들음으로 인해서 우리가 이야기 속으로 들어가 서비스 이용자의 눈을 통해 그들의 세계를 볼 수 있게 된다. 또한, 이렇게 함으로써 서비스 이용자의 지역공동체와 문화 정체감을 개인과 구별하는 데 놓인 가치관에 포함된 앞서 언급한 문제(어쨌든 일대일 기준으로)를 극복할 수 있다. 즉, 의미의 미묘한 차이를 평가하기 위해 충분한 지식을 갖고 이해하며, 이야기를 들을 경우 서비스 이용자는 자기들의 입장에서 편안한 조화를 이루는 점이 무엇인지 말해줄 것이다. 그러나 치료를 목적으로 한 개입에 관해 주의해야 할 점은 치료의 목적이 문제에 접근하여 긍정적인 변화를 일으키는데 있다는 점이다. 때로 영적인 문제에 이러한 지적이 관련될 때, 문제는 서비스 이용자가 스스로에게 습관적으로 말해왔거나 또는 다른 사람이 자신에게 말했던 사실적인 의견으로부터 채택된 이야기에 있다. 수정된 이야기(modified story)에 도달함에 따라 이야기가 유발한 손상을 알게 되지만, 서비스 이용자의 문화적 준거틀 밖에서 발생한 손상보다는 안에서 발생한 손상을 고려하여 그 문제에 어떻게 대처할지 결정하게 된다. 그리고 수정된 이야기에 도달하는 것은 숙련되고 민감한 과정이다.

그린(Greene et al., 1996)은 이것을 '새로운 현실(또는 이야기)의 공동재구성 (the co-construction)'이라고 하고, 이 과정에 두 단계가 있다고 주장했다. 첫째, 서비스 이용자의 이야기와 약간 다른 버전을 서비스 이용자들에게 피드백해준다. 그 이야기는 "서비스 이용자들의 상황과 지나치지 않을 정도로 차이가 나고, 결국 그 이야기는 대화를 진전시킨다."(Lax, 1992, Greene et al., 1996, p.174에서 인용) 둘째, 사회복지사는 조언이 아닌 질문을 통해 '새로운' 관점을 소개한다. 그리하여 사회복지사와 서비스 이용자는 함께 '문제와 그 문제가 계속 지속되게 하는 악순환을 포함하지 않는' 새로운 이야기를 구성한다(Greene et al., 1996, p.174). 물론 이것이 반드시 서비스 이용자의 상황에 문제가 없다는 말이 아니라, '그 문제'의 진의가 새롭게 밝혀져서 기존의 손상된 이야기를 더 이상 강화하지 않고 문제에 접근 가능함을 의미한다. 특히 이 문제가 하찮게 보이는 문화일 경우에 다른 문화권 출신의 사람과 상호작용하는 사회복지사는 항상 '서비스 이용자의 준거틀' 안에서 서비스 이용자와 새로운 이야기를 공동으로 재구성하지 않고 사회복지사의 이야기를 강요하는 위험을 경계해야 한다. 5장에서 살펴본 초월과 변형의 과정에서 이것은 특별히 중요하다.

사례연구: 루스

루스(Ruth)는 20년 전에 영국으로 이민 온 42세의 나이지리아 여성이다. 그녀는 난소암으로 지역 호스피스 환자병동에 입원했다. 현재 암 완화치료를 받고 있으며 의료팀은 루스의 기분을 좋게 만들기 위해 그들이 할 수 있는 데까지 최선을 다하고 있다. 그러나 루스의 불안상태는 신체적 통증을 능가하는 것으로 보인다. 그래서 간호사는 어떻게 루스를 도와야 할지 모르는 상태이다. 의료팀은 루스가 나이지리아로 돌아간 가족과 해결되지 않은 문제를 안고 있을 것이라고 생각하고 사회복지사에게 루스와 상담하도록 요청한다. 루스는 지역교회에 소속된 신자였으므로 많은 교인들이 그녀를 방문했지만, 여전히 불안해했다.

사회복지사는 나이지리아로 돌아간 가족 이외의 가족과 접촉하고 있는지 질문하면서 상담을 시작한다. 루스는 부모를 비롯하여 자기보다 나이가 많은 친척은 모두 돌아가셨으며, 다만 영국에 세자매가 있고 그들이 보고 싶다며 말끝을 흐렸다. 앞으로 루스의 생사는 불확실하다. 사회복지사는 루스의 남편이 루스의 자매들에게 연락을 했는지 물어보지만 루스는 남편이 괜히 멀리서 자매들을 불러들여 그들을 귀찮게 하는 것을 원하지 않는다고 말한다. 그 말을 듣고 황당해 하는 사회복지사를 보면서 루스는 남편은 아내가 죽을 거라고 생각하지 않는다고 설명한다. 루스와 사회복지사가 이 문제를 함께 풀기 시작할 때, 루스의 교회 친구들이 그녀의 쾌유를 비는 중보기도를 하고 있다는 이야기가 나왔다. 그러자 루스는 친구들과 하느님을 실망시킬지도 모른다는 죄책감을 느꼈다. 사실, 루스는 그녀의 병이 그녀의 약한 믿음과 원죄 때문이라고 생각했고 죽음이 임박했기에 병과 싸우기보다는 조용히 그것을 받아들이고 싶어 했다.

사회복지사는 상황을 이런 식으로 바라보면서 고심하고 있는 자신을 발견한다. 사회복지사는 특정 종교를 따르지는 않았지만, 그리스도교 이야기에 대해 충분히 알고 있었기 때문에 겟세마네 동산의 예수에 대한 복음서의 이야기와 사도 베드로의 배신을 생각해냈다. 사회복지사는 루스에게 예수가 벗들에게 자신의 죽음을 준비하도록 도와달라는 요청을 하지 않았는지 여부와 베드로가 예수를 크게 실망시켰다고 느꼈을 때, 베드로가 지닌 인간의 약점이 드러나는 순간을 예수가 이해했는지 여부를 묻는다. 그러자 루스의 얼굴에 안도와 이해의 표정이 감돈다. 사회복지사는 루스에게 교회 목사가 와서 루스와 함께 기도하기를 원하는지 묻는다. 루스는 감사하며 이 제안을 받아들인다.

호지(Hodge)는 문화적 배경이 다른 이민족 출신 서비스 이용자를 대상으로 한 '영적으로 수정된' 인지치료법의 사용에 대해 살펴보았다(Hodge,

2008). 어떤 면에서 인지행동치료(cognitive behavioural therapy: CBT)와 가장 흔하게 연결되는 인지치료는 이 모든 수정된 치료법과 어울리지 않는다고 판단됐다. 그러나 호지는 인지치료가 실존적 문제 및 인지행동치료에서 흔히 적용되는 문제 취급에 유용한 것이라 주장하는 동시에, 가장 영적인 전통은 인지의 중요성을 확언한다고 언급했다. 그러나 인지치료가 무가치하지 않음을 인정하는 것은 중요하다. 유형이 특별한 이야기들을 조성한다는 것과, 근간을 이루는 가치관에 대한 인정은 치료개입 시 가장 먼저 해야 할 일이다.

호지는 서비스 이용자의 가치관과 맞지 않는 가치관의 적용은 더 해로운 효과를 유발할 수 있고, 그러한 개입은 향후 서비스 이용자들에게 중단이라는 부정적인 경험을 제공하며 피해를 줄 수도 있다고 했다. 반대로 가치관이 맞을 경우 개입의 효과가 증가한다는 것을 보여주는 증거를 인용했다.

이러한 종교적이고 영적인 영역에서 일어나는 가치의 불일치는 서구의 세속화된 환경에서 활동하는 사회복지사와 일상이 영적이고 종교적인 소수민족 공동체의 일원인 서비스 이용자들과 상호작용할 경우에 발생할 수 있다. 이러한 서비스 이용자를 위해서 호지는 '초월적인 이야기(transcendent narrative)' 형태들이 적용되어야 한다고 주장했다. 이는 매일의 삶에서 비롯되는 사건들에 의미를 두는 사람들에게 이러한 개입은 중요한 함의를 가지는데 가치변화의 토대가 될 수 있는 서비스 이용자들의 가치체계를 이해하는 것이야말로 개입에서 가장 중요한 시작점이며, 모든 개인은 공동체주의든 개인주의든 상관없이 변화의 힘과 동기를 가지고 있지만 그 변화란 그들의 독특한 문화로부터 비롯된다고 보았다(Hodge, 2008, p.184).

인지치료에 관한 호지의 자세한 논의에서 두 가지를 더 살펴보면 첫째, 모든 교리나 그에 따른 태도가 독특한 종교적 정체성을 나타낸다고 보는 것은 오류라는 것이다. 어떤 종교를 믿는다는 것이 종교의 모든 신앙교리를 받아들이거나 종교적 행동규범에 완전히 충실함을 의미한다고 가정하는 것은 잘못이다. 모든 서비스 이용자들이 확고한 신념의 영성이나 종교를 가지고 있지는 않다. 그들의 영적 이야기는 모호하고 조잡하고 때로는 모순적이기도 하기 때문이다. 종교와 영성이 서비스 이용자에게 매우 중요하다고 해서 반드시 동요하지 않는 신앙을 암시하지는 않는다(Hodge, 2008, p.189). 둘째, 영성이 그들의 삶을 성장시킨다고 보는 사람들은 우회적이나마 삶의 질을 높인다고 보는 초월적 이야기에 매료된 사람들을 경시하거나 무시한다는 것이다. 이는 그들이 더 좋은 삶의 질을 얻는데 핵심이 될 수 있는 무엇인가를 건너뛰는 행동에 해당한다. 전체론적이고 통합적인 치료를 실행하기 위한 목표를 가진 현재의 영국의 보건정책을 반성하면서 해리슨(Harrison, 2007)은 영국 보건정책의 기초가 된 서양모델은 수많은 서비스 이용자들의 수준과 동떨어져 있다는 것을 인정한다. 해리슨은 다음과 같이 질문한다.

> 전체성을 달성하기 위해서 개인과 지역사회가 기본의료교육(BME: Basic Medical Education)을 활성화하도록 건강과 사회적 돌봄 영역에서 어떠한 공동 노력과 협력을 필요로 하는가? —p.6

이제부터는 전체성에 대한 다양한 인식과 경험에 대해 자세히 살펴볼 것이다.

3. 서구의 사회복지 패러다임에 대한 영성과 도전

7장에서 사회복지에 있어서 공동체에 관한 생태영성적(eco-spiritual) 접근을 살펴보았다. 국제적 사업의 사회복지를 생태영성적 측면에서 좀 더 깊이 유추해볼 필요가 있다. 코아테스(Coates 외, 2005)는 '최고의 사회복지이론과 실천'이라고 여겨지는 많은 것들이 사실은 서구화된 최고의 사회복지이론과 실천이며, 사회정의와 더불어 다양성을 가지기 위한 노력으로 보았다.

> 허용된 지식과 실천에 대한 규칙을 정하는 현대적이고 자기민족 중심적인(예: 유럽계 미국인) 패러다임을 선호하는 사회복지업무에 의해 좌절됐다. —p.19

저자들은 반차별적이고 반억압적인 서구의 주요 실천적 사회복지 패러다임은 좋은 의도임에도 불구하고 '소수민족 문화'와 맞지 않는 경우가 자주 나타난다고 주장한다. 그들은 이러한 접근이 웰빙을 책임질 수 없지만 서비스 이용자의 약함을 감소시킬 수 있다고 보았다. 그들이 제안한 서구화된 사회복지 담론은 이러한 점을 강조하는 경향이 있다.

> 즉 구조적으로 삶의 한계를 가졌더라도 그 환경을 뛰어넘을 수 있다고 본 것이다. 영성과 토착 사회복지 문헌에는 개인이든 공동체든 그 중심에는 삶을 효과적으로 계획하고 실천하기 위해 (취약한) 사람들의 능력을 향상시키기 위해서 좀 더 깊은 인식과 그들의 삶을 지배하고 치유할 수 있는 방법에 대한 내용이 실려 있다(Ferguson, 2001, p.41). 이러한 접근들의 강점은 구조적 요인에 대한 중요성을 부정하는 것이 아니라 (…) 억압적인 물리적 폭력에 대한 힘없는 희생자들이 삶을 스스로 통제하는 주도자로서 개인을 보는 것이다. —Coates(2007, p.5)

분명히 대다수의 사람들이 이와 같은 주장에 대해 문제를 제기할 것이다. 반억압적 실천은 우리가 생각하는 것보다 훨씬 더 힘든 목표가 될수 있고 어쩌면 상황이 개선되기 위해 정책적 지원이 요구될 수도 있다. 어떤 상황에서 사회복지사가 할 수 있는 최고의 희망사항은 만족스럽지 못한 '현재의 상황'에서 창의적인 시설을 제공하는 것이며, 불편하게 확인된 '사회 경찰관'으로서 위험을 무릅쓰고 그들의 역할을 감행하는 것이다. 그럼에도 불구하고 최고의 파트너십 실천은 생태영성적 접근 방법을 확실히 인정하는 핵심으로서 강점관점을 강조하는 강력한 시각이 필요하다(Moss, 2005; Saleeby, 2008).

1) 개인과 공동체

동양철학과 서양사상의 핵심적인 차이점은 개인이나 공동체에 주어진 가치이다. 서구 사회에서 사회복지실천은 개인의 특권과 자율성이 가치를 지닌 후기 계몽주의사상에 강한 영향을 받았다. 대조적으로 유교, 불교 그리고 힌두교에서는 공동선이나 집단주의가 더 높은 가치를 지닌다. 서구 기독교 국가를 보면 계몽의 철학적이고 윤리적 가치는 정치와 사회경제 및 개인주의와 '프로테스탄티즘의 윤리'로 수렴됐고 이는 근면한 개인들에게 보상을 약속했다. 동시에 기독교는 진정한 자기를 찾기 위해 자신을 버리는 예수의 가르침을 지지했다. 따라서 서양종교는 전통적으로 개인의 중요성을 중시하지만 이에 다소 양면적인 관계를 갖는다고 할 수 있다. 이와 같이 서구의 세속주의는 사회주의자의 정치적 열망에 따라 강한 개인주의적 사고를 유지하고 있다. 개인에게 중점을 두는 것은 현재 서구의 영성담론에서 지배적이다. 후기 기독교 시대에는 종교가 개인의 맞춤형 신앙이 되고 자아만족이나 자아실현은 종교적 공동체보다도 중요하게 여겨진다.

　현재 선진국에서의 사회복지도 개인에게 높은 가치를 두고 있다. 즉 개인화, 개인의 선택, 개인의 권리나 자율성을 건강의료제도나 사회돌봄 시스템에서의 주요 실천정책으로서 널리 알리고 있다. 이는 사회복지를 위한 이론적 기반으로서, 다소 이상하게 보일 수는 있으나 사회구성주의적 세계관을 지지하고 있다. 이러한 불편한 갈등은 상당히 발전되어온 사회복지 분야에 존재하는 동시대 영성 담론의 일부이다. 이는 영성과 영적 돌봄이 사회정의와 사회적 책임과 불가분의 관계로 연결되어 있음을 나타낸다.

　우리는 이러한 점에 대한 몇 가지 원인을 7장에서 탐구했다. 실제로 스튜어트(Stewart, 2002)는 사회경제적인 면과 사회정의는 개인의 관심사이기 때문에 사회복지 커리큘럼에 분명히 영성이 포함돼야 한다고 주장했다. 이 책에서 다루었던 해방신학(Liberation Theology)은 개인적 믿음의 성장을 돕는 시발점으로서 사회정의와 사회경제적 관심사를 함께 다루었다. 영성에 대한 이러한 관점은 영국이나 미국이 아닌 다른 곳의 사회복지실천에 적용하는 것이 더욱 일반화됐다. 호주 서남부 원주민 공동체에서의 가정폭력에 대한 연구 사례에서 이러한 면을 살펴볼 수 있는데, 한 가해자는 자신의 부끄러움을 다음과 같이 표현했다.

> 나 자신, 나의 가족, 나의 공동체, 그리고 나의 하느님을 실망시켰다.
> —Cheers et al.(2006)

　이 연구에서 호주 원주민 사회에서 일하는 사회복지사들은 공동체

정의와 사회적 책임에 대한 가치를 강하게 강조함으로써 '자체적으로 치유하기 위해서 공동체의 영적 힘을 동원'하여 그들의 각 가족에 대한 개입을 조정하기로 했다. 짐바브웨와 몰도바의 사회복지실천에 대한 내용을 비교해 보면, 저자들은 서구 사회복지모델들은 세속적인 면과 신앙에 기초한 단체에 의한 경우인데, 이는 매일 심각한 사회경제적 문제를 안고 싸우고 있으며, 사상적으로 얽매여 있는 선진국의 사회복지사들이라고 주장한다(Moldovan & Moyo, 2007). 『사회 정의에 대한 주요한 사회복지의 가치』에서 저자들은, 사회복지실천을 전 세계적으로 진행할 수 있다고 주장한다(p. 469). 린(Lynn, 2001)은 문제가 많은 원주민 사회와 함께하기 위해서 사회정의와 폐쇄된 공동체에 대한 접근이 충분하지 못하다는 데 동의한다. 선진국들의 사회복지는 선진국 내에서 개입을 위한 세계관을 역시 잠재적으로 가지고 있어야 할 것이다. 사회영역 차원에서 영성에 대한 이해는 책임과 공유라는 양쪽 축을 가지고, 사회구조의 시발점에서 사회복지의 이해 문제에 대해 서구모델들에서 나타난 영원한 딜레마에서 벗어나기 위해서 새로운 가능성을 열어놓아야 한다. 그러나 이러한 개입의 본질을 통하여 개인의 문제점을 찾아야 한다.

사례연구: 임란

임란(Imran)은 크게 기대하며 사회복지 훈련을 시작했다. 영국에서 아시아 전통문화를 강하게 고집하는 부모님 밑에서 태어난 그는 모슬렘 종교 축제에 참여하기 시작하면서 양쪽 문화를 오가는 자신을 바라보았다.

그는 모슬렘 공동체에 참여하는 것이 특별하게 느껴졌다. 하지만 곧 사회복지사로서의 직업이 자신과 사회를 이해하는 데 커다란 도전이란 것을 알았다.

그는 사람들이 아시안 친구들을 동물적이고 경쟁이 치열한 것으로 묘사하는 데 놀라 이것이 삶인가 싶어 실망했다. 또한 '능력강화'나 '개인화(personalisation)'를 해석하는 친구들의 방식이 자신의 가치관과 좀 다르다는 사실이 놀라웠다. 어느 날, 대학에서 다양한 종교주간(multi-faith week)을 맞이하여 임란은 기도실을 배회하다가 예배 중인 모슬렘 학생 집단에 참석했다. 그는 자신이 알아왔던 종교와 문화 전통에 대해 더 깊이 생각하기 시작했다. 그렇게 하자, 그의 삶과 직업을 긍정적으로 생각할 수 있는 힘과 신념이 생겨남을 깨달았다. 이젠 동양인에 대한 시각에 방어적인 느낌보다는 관계, 선택 그리고 삶의 질을 증진시킬 수 있는 것, 즉 그의 동료가 소중하다는 것을 발견하는 등에 대한 다른 관점을 이해할 수 있는 자신감을 갖게 됐다.

특정한 사회에서 개인이나 사회적 관점에 대한 비중은 네 가지 요인에 의해 결정될 수 있다. 그것은 문화적 형태를 규정하는 데 뒷받침되는 존재론적 가정, 관련에 대한 연관성과 이해에 대한 태도, 문화와 정체성 간의 관계 그리고 문화양식이다(Hollyway, 2007). 각각은 영성과 관련이 없다 하더라도 인간존재와 관련된 실존적 차원에 해당한다. 호지(Hodge, 2008)는 사회복지실천의 해설에 대한 토론에서, 세계의 약 2/3가 '탁월한 묘사'를 옹호한 북반구 국가들에 의해 지지됐던 세속적 세계관을 받아들이지 않았다고 지적했다. 더구나 북반구 사회에서, 사회경제적으로 불리한 이민자와 소수민족을 위한 사회복지실천을 위한 중요한 단체는 영적 가치와 신념체계를 고수한다. 사회복지는 그 자체에 전문적인 가치를 기반으로 사회복지사들에 대한 이해와 그들이 일하는 상황에 대응하는 데 있어 영향을 미친다는 것을 항상 염두에 두어야 한다. 개인과 공동체 간의 문화의 차이에 대한 인식을 하고, 사회복지는 영적 가치에 대한 영향과 좀 더 넓은 의미에서 '나'는 '다른' 사람과 연관되어 있음과 '존재'

에 대하여 그들에게 내포되어 있는 관념, 혹은 다른 신에 대한 인정은 중요하다.

> 이슬람에서 자아실현은 정신건강을 위한 경로로 생각되지 않는다.
> 정신건강은 신에게 자신을 내려놓음으로써 이해될 수 있다.
> —Hodge(2008, p.182)

아시아 문화에서는 자신과 다른 사람과의 구분이 잘 이루어지지 않는다. 입(Yip, 2005)은 '관계지향적인' 아시아 사회의 특징은 개인의 웰빙과 의무에 있어 전통적 가치가 근대화와 더불어 상호의존하여 공존하고 있다고 했다. 예를 들면 홍콩에서 인구의 80%가 넘는 사람들이 종교가 없다고 말한다. 그러나 세속과 초월 이야기(transcendent narratives)는 충실한 관련성을 통하여 공존한다.

모리스(Morice)는 건강관리 모델인 'Te Whare Tapa Wha'[1]가 육체적 · 정신적 · 사회적 · 영적 건강과 치료를 가져온다고 설명했고, '마오리 인(Maori)[2]의 건강관점은 전체적이며, 포괄적이고 관계적'이라는 것을 우리에게 상기시켜준다(Morice, MindBody 콘퍼런스의 프레젠테이션, 2006년 11월). 문화에 뿌리박힌 그러한 가정은 방해가 되는 경우가 있으며, 이주민 집단이나 원주민 문화에 관한 서구인들의 행동에 대한 영향을 통해서 개인과 공동체에 중대한 문제가 생길 수 있다. 또한, 자신의 비공개에 의존하는 상호작용의 직업적 방식은 (사회복지사 자신을 포함하는) 대항문화(counter-cul-

---

1 마오리 족의 건강모델을 말한다. 웰빙이나 전체적 건강모델을 기반으로 하는데, 이에는 네 가지 차원이 있다. 신체 건강(Taha tinana), 영적 건강(Taha wairua), 가족 건강(Taha whānau), 정신 건강(Taha hinengaro)이다. 이 네 가지가 조화와 균형을 이룰 때, 영적으로 온전한 건강을 유지할 수 있다고 본다.
2 뉴질랜드의 폴리네시아계 원주민.

tural)를 가져올 수도 있고 치료과정에 대한 장벽을 만들게 될 수도 있다 (Lynn, 2001). 이는 특히 사회복지사가 자신의 영성이 있는 경우와 관계가 있고 그들의 종교적 믿음에 대한 노출은 사회복지실천에서, 잘해야 부적당할 것이고 최악의 경우에는 개종하는 것으로 여겨지고 있다. 흥미롭게도 서비스 이용자가 무례한 방법으로 행동하지 않는다면 신앙이 없다고 선언하는 것은 일반적으로 문제가 되지 않는다.

린(Lynn)은, 원주민 사회는 (관련이 있다면) 그들의 영성이 포함된 '공유'가 있는 '친밀한' 관계를 더 기대한다고 했다. 그녀는 서비스 이용자의 인생에서 은밀한 부분을 공유하기를 기대하며, 사회복지사가 그들에 대해 비밀을 누설하지 않는 '공감'의 개념에 도전한다(Lynn, 2001). 우리는 여기에서 거시적 접근 방법이 '전인적 인간 대 전인적 인간'의 의미를 내포하고 있으며, 이는 서비스 이용자와 그들의 문제들에 대한 포괄적인 접근 방법을 의미한다.

2) 인간과 환경

우리는 앞 장에서 사회복지의 부주의한 환경에 도전하는 접근 방법에 대해서 생각하기 시작했다. 그러나 개인과 물질적 세계 간의 관계를 이해할 수 있는 다른 방법을 찾기 위해서 세계의 부분에서 기여하기 위해 좀 더 깊이 탐구할 필요가 있다. 인간과 그들의 환경에 대하여 생각하는 전통적 '서구' 방식은 우리가 선호하는 심리사회적 모델(psycho-social model)로부터 나온 사회복지실천 이론이 이용된다. 이 상황에서의 인간은 인간 상호작용의 미시적 및 거시적 수준에 대한 생각을 현대의 담론으로 넓혔다. 인간과 그들의 환경을 이해하기 위한 모델에서, 개인이나 집단은 그들의 기능에 영향을 주는 관계로 보이는 환경과 더불어 중점을 두게 된다. 사실 홀리스(Hollis)는 그녀의 특정 개인의 가족과 배경을 고려한 심리사회적 개별사회사업(psycho-social casework)에 관한 최초의 표현에서 '직접적인 방법(indirect methods)'에 대한 다섯 가지 범주를 확인했고 (모든 심리적 개입) 범주 가운데 하나는 '간접 방법'이 있는데 이는 '환경의 수정(modifying)'과 관련이 있었다(Hollis, 1964).

호주, 뉴질랜드, 북아메리카와 유럽 북단의 토착민들은 환경과 결부된 관계에 대하여 '내가 그 장소에 있는 것이 아니라 그 장소가 내 안에 있다', '자연이 나를 안다'(Suopajarvi, 1998; Spretnak, 1991; Zapf, 2005, p.637에서 인용)와 같이 매우 다른 방식의 이해와 경험을 하고 있다. 이러한 전통적인 지식에 대한 형태는 땅 혹은 자연과 밀접하게 연관되어 관찰과 경험으로부터 유래했고 자손 대대로 전해졌다. '성스러운' 것은 세속적인 것과 구별되지는 않지만 일상생활과 실천에 속해 있다. 이러한 양상은 '종교적'이나 '세속적'이란 단어를 분리하여 사용하지 않는 많은 아프리카 언어와 더불어 아시아와 아프리카 문화에서도 찾아볼 수 있다. 다시 말해서 전통적인 농촌환경 출신의 사람이 서구의 도시환경으로 옮겼을 때(다른 어떤 차별이 존재하지 않는다 할지라도), 사회문제뿐만 아니라 존재에 위기를 가져올 수 있는 경험과 이해를 하는 데서 오는 혼란을 보는 것은 어렵지 않다.

영성에 대한 현대의 서구적 표현으로는 자연(Hegarty, 2007)과 걸프만을 잇는 다리가 되어 신성화된 공간을 지정하고 창조할 수 있는 이해와 중요성을 가지고 있다고 주장될지도 모른다. 이는 자아(selfhood)와 장소(place)가 완전히 한데 얽혀 있는 환경의 '뿌리 깊은 연결'을 간과하고 있다. 대신, 장소는 영적 표현을 할 수 있는 매개체로 자연은 우리가 사용할 수 있는 자원으로서 이용된다. 이러한 이해에 내포되어 있는 사실은 우리가 언젠가는 극복해야 할 인간존재와 자연환경 간의 구분이다. 사실, 유대교와 그리스도교에서 창세기 이야기는 인간이 자연환경과 동물세계를 진압하고 지배해야만 한다는 대립관계를 만들었다. 선진국에서 하고 있는 현대의 명상실천은 '우리의' 세계에서 신성화를 재발견하고 다시 연결하도록 영적 에너지를 북돋아준다. 치유(healing)와 전체성에 대한 원주민들의 개념과 모든 것은 '구분이 되지 않는 부분'인 땅으로부터 에너지를 얻는다.

> 세월이 흐르면서 오랫동안 땅에 뿌리를 두었던 사람들은 그들의 눈물, 숨결, 뼈 등 그들의 모든 것들을 주거지와 함께 맞바꾸었다.
> —Spretnak(1991) · Zapf(2005, p.637)

다문화 맥락에서 사회복지실천을 고려하기 위해 알아볼 수 있는 중요한 통찰들이 있다. 그러나 우리가 그 이상 무엇을 배울 수 있을까? 7장에서 논의했듯이 차프(Zapf)는 '이곳에서 우리가 잘 살수 있다는 것은 무슨 뜻인가?'라는 깊은 영적 차원에 대한 질문을 생각하도록 만든다(Zapf, 2005, p.639). 이와 같은 관점은 우리가 4장에서 논의했던 삶의 질을 결정하고 용이하게 하기 위한 접근 방법을 강화시킨다.

신체장애와 정신건강서비스에 대한 학습에서 가장 인기있는 재활치료 중의 하나는 정원을 가꾼다거나 승마 같은 활동인데, 이는 자연세계의 자원을 활용해왔다는 흥미로운 사실이며, 그들의 안정과 신뢰감 구축에 대한 영향은 자주 언급되어 왔다. 좀 더 관심을 끄는 것은 자연환경이 거주지 제공, 특히 호스피스로 연결되어 유익한 영향을 주고 있으며,

우리는 (가끔이지만) 병동에 있는 애완동물의 소리를 들을 때도 있다. 개입이라는 것은 농촌지역 출신의 '문제있는' 배경을 가진 젊은 사람들을 돌보기 위한 목적으로 고안됐다. 그러나 이와 같은 사람들의 행동에 대한 개입은 그들의 일상적인 경험이 소외감의 일부인 환경에서 일치감을 찾을 수 있도록 하기보다는 '도전하는' 환경에 처하도록 하기 때문에 지장을 줄 수 있다. 이는 경험의 힘과 자연의 어마어마한 스케일이 전체성을 추구하는 더 큰 존재에 대해, 문제가 있는 자신을 흡수하고 통합하는 것을 인정하는 통로가 될 것이라는 가능성을 배제할 수 없다. 그래서 만약 사회복지실천이 우리의 물질세계와 영적 세계를 하나로 볼 수 있는 가능성을 진지하게 받아들인다면, 우리는 이미 마음속에 무언가를 행할 수 있는 가능성들을 갖게 된다. 그러나 더 큰 도전은 소외된 환경에 대하여 깊은 연결성을 적용하는 것이며, 그들 중 많은 부분이 사회복지 서비스 이용자들이 살고 있는 영국과 미국의 도시이다. 우리는 인류학자, 역사학자, 문화연구에서 나온 현대 연구물에 의거하여 사람들과 그들을 둘러싼 환경(물질문화)의 현재, 과거, 미래가 연결되도록 함께 환경을 조성해나가야 할 것이다.

이것은 그 자체로 사회복지사업이 아니라, 우리가 사회복지부터 학습하고 지원할 수 있는 하나의 성장운동이라고 할 수 있다. 더욱 직접적으로 서비스 이용자와 그들의 가족 간의 일대일 대화(상호작용)에서 이러한 논의는 5장에서 보았던 초월과 변형의 개념을 상기시켜준다. 잔혹한 야만 정권에서 감옥의 독방이 어떻게 '영의 신전(temple of the spirit)'이 될 수 있었는가에 대해 역사적으로 감격적인 사례들이 있다(e.g. Bonhoeffer, 1956). 사회복지사로서, 공동체와 체계 속에서 성장, 재생, 연계성 그리고 전체성을 위한 가능성을 위해 인간의 삶을 '무기력하게 만드는' 물질적 조건을 볼 수 있는 선견지명이 필요하다. 인간은 그들의 원래 환경에서 벗어날 수 없지만 (벗어나기를 바라지만) '이 곳에서 잘 사는 것'은 소외로부터 통합과 연결을 만드는 상황들에 대한 변화가 용이하도록 하기 위해 우리를 시험한다.

생각해볼 문제

1. 여기서 논의한 사회복지실천 모델 중 당신에게 가장 도전적인 것은 무엇인가?
2. 어떤 견해가 당신의 비전과 실천을 확대하기위한 출발점이 될 수 있는가?

4. 결론

국제사회복지사협회(IFSW)는 전 세계적으로 적용된다고 주장하는 사회복지에 대해 다음과 같이 정의했다.

> 사회복지전문가는 사회적 변화, 인간관계의 문제해결, 능력 강화하기와 웰빙(well-being)을 강화하기 위한 인간의 자유를 증진시킨다. 인간행동과 사회체계에 관한 이론으로 인간이 환경과 상호작용하는 지점에 개입한다. 인권과 사회정의는 사회복지의 기본원리이다.
> —IFSW(2001)

일부 선진세계의 사회복지가 위에서 제시한 정신을 제대로 반영하고 있다고 볼 수 있는지에 대해 의문을 제기하는 사람들도 있다(Wilson et al., 2008). 그러나 허그만(Hugman)은 그가 말한 전 세계의 사회복지를 위해 국제사회복지사협회의 정의에서 강조한 네 가지 요소들은 세계 사회복지의 염원이다. 이는 '사회 변화, 웰빙 증진, 인권과 사회정의'이다. 이 주제들은 사회복지와 영성에 관한 이 책의 전반적인 내용이라 할 수 있다. 그리고 우리는 각각에서 사회복지적 접근 방법이 얼마나 기대에 못 미치는지 인식하고 도전에 의해 제기된 존재론적 문제들을 비판적인 시각으로 살펴보았다. 이러한 것이 왜 선진국에서 일어나는가에 대한 이유 중 하나는 사회복지 자체가 선진사회에서는 합리주의나 문화통제주의에 의해 지속적으로 강제되어오고 있다는 점이다. 지금까지 물질적, 정서적 또는 사회경제적 원인에 의해 계속되는 어려움, 고통, 곤경 속에서 살고 있는 서비스 이용자들의 '영을 유지(maintaining the sprit)하는 것' 대해서도 다루었다.

이 책에서 우리는 영적 돌봄에 영성과 영적 욕구, 도전 그리고 가능성을 적용함으로써 어떻게 서비스 이용자와 실천가를 위해 사회복지실천이 강화되는지를 보여주려고 애썼다. 우리는 그들의 개인적 신앙과 상관없이 모든 사람들이 수용하고 접근 가능하면서 적합한 모델을 제공하고 싶었다. 종교는 또한 힘을 분산시키도록 드러내고 주목하기도 하지만, 진정한 영성은 다름(difference)의 원인을 찾는 것이 아니라 우리 인간의 인류애를 함께 나누는 핵심(core)을 찾는 데 있다. 헤가티(Hegarty)는 다음과 같이 말한다.

> 경계를 초월하는 돌봄은 신념이나 어떠한 종교적 또는 세속적인 신분에 대한 두려움이나 방어가 일어나는 곳에서는 발생하지 않는다. 영의 돌봄(care of the spirit)은 영(spirit)의 지혜에 대한 개방과 신뢰를 필요로 한다. —Hegarty(2007, p.45)

혹은 다음과 같이 제안한다.

> 사회정의와 평등의 가치에 대한 세계적 사회복지운동은 자기반성이며,
> 문화, 인종, 지역을 초월하여 연결되어 있다. —Moldovan & Moyo(2007,
> p.469)

이 책은 영성에 대하여 세심하고 미묘한 차이의 이해는, 우리가 제공하기 위해서 찾고 있는 서비스 이용자들과 매일 상의하기로 결심한 만큼 똑같이 사회복지실천의 틀을 만드는 데 있어 차이를 초월하는 연결선을 우리에게 제공한다는 메시지를 전한다. 만일 그들이 이 '정신(spirit)'으로 가득하지 않다면, 사회복지에 대한 가치와 기술은 상당히 부족할 것이다.

마지막으로 주의해야 할 점은, 우리가 모든 주제를 다 논의할 수는 없기 때문에 사실 트레이시(Tracy, 1994)가 언급한 것처럼 영성(종교도 마찬가지)은 역시 '모든 것을 설명할 수 있는 개념에 대한 커다란 저항 행위'로 보여질 수 있다(p.113).

우리의 최선의 노력에도 불구하고, 가끔 우리의 최선의 노력 때문에 신비가 남아있을 수도 있다. 사회복지실천에서 부정적인 측면은, 실제 인간존재로서 우리가 모든 것을 새롭게 이해하려고 하듯이 우리의 구축된 세계관이 조심스럽게 번복되며, 새롭게 열리도록 위협받는 순간이 올 것이라는 점이다. 그리고 신비는 경외감으로 차있고 '저 너머의 일'로 생각하고 궁금해 하며, 우주에서 분명히 무의미한 것으로 여겨질 때가 올 것이다. 영성(세속적이든 종교적이든)은 우리의 삶과 업무에 넓고 깊고 크게 자리 잡고 있다. 현대 사회복지의 근본적인 딜레마에서 비롯된 마이클 셰리던(Michael Sheridan)의 시(詩)가 있는데 그 내용은 다음과 같다.

우리가 사회복지실천의 혼을 키울 때, 영성은 우리와 관련된 모든 것들의 필수적인 부분으로서 인정받을 것이며, 우리가 하는 모든 행위에 반영될 것이며, 신비로운 것이 웃으며 기뻐할 것이다.

—Canda & Furman(1999, p.185)

우리는 독자가 이 책을 잘 이해하기를 간절히 희망한다. 우리는 힘들거나 어려움이 있는 분야에서는 도움을 주는 지도(map) 역할을 했고, 그렇게 함으로써 사회복지실천을 위한 새로운 가능성을 멋지게 열었다고 생각한다. 사회복지와 영성에서 상대적으로 덜 알려진 영역에 대한 탐구는 현대 사회복지에 대한 또 다른 도전에 직면했을 때, 목적에 적합하게 '알 수 있는' 새로운 방식을 제안해줄 것이다.

참고자료

- Coates, J.·Graham J. R.·Swartzentruber, B. and Ouellette B.(ed.), Spirituality and Social Work: Selected Canadian Readings, Toronto : Canadian Scholars Press, 2007.

- Hegarty, M., "Care of the sprit that transcends religious, ideological and philosophical boundaries", Indian Journal of palliative Care 13:2, 2007, pp.42~47.

- Holloway, M., "Death the great leveller? Towards a transcultural spiritual ity of dying and bereavement", Journal of Clinical Nursing, Special Issue Spirituality 15:7, 2006, pp.833~839.

- Nash, M. and Stewart, B.(ed.), Spirituality and Social Care: Contributing to Personal and Community Well-Being, London: Jessica Kingsley, 2002.

- Zapf, M.K., "The spiritual dimension of person and environment: perspectives from social work and traditional knowledge", International Social Work 48:5, 2005, pp.633~642.

역자후기

　최근 한국사회는 빠르게 다문화사회로 접어들고 있고 다양한 종교적 믿음을 지닌 인구집단들이 증가하고 있다. 사회복지실천에 있어 점차 더욱 복잡한 다문화·다종교 등 다양성이 증가하는 환경으로 접어들수록, 사회복지사들은 전문가로서 역량의 부족을 경험하게 된다. 그러나 사회복지교육 현장은 유능한 실천력을 지닌 사회복지사들을 길러내기 위해서 대학의 변화하는 환경에 적극적으로 대처하지 못하고 있는 것 같다. 이런 상황에서 사회복지사들은 우리 사회의 변화를 이해하고 이에 대응할 수 있는 역량을 갖추지 못한 채 다문화적인 배경 및 다양한 가치관과 신념을 지닌 사람들에게 적절한 서비스를 제공해야 한다는 전례 없는 도전과제와 마주하게 되었다.

　이러한 시점에 할러웨이와 모스의 『영성과 사회복지』(Spirituality and Social Work)는 가뭄에 해갈을 주는 단비와도 같은 책으로서 사회복지와 영성분야에서 탄탄한 이론과 실천사례를 갖춘, 보기 드문 수작이며 영성과 사회복지에 관해 우리가 궁금해 하는 모든 문제를 자세하게 다루고 있다.

사실 영성이란 주제는 사회복지전문직이 등장하기 시작한 때부터 종교와 함께 중요하게 다루어져왔지만 사회복지실천이 학문으로 인정받는 과정에서 영성이 '과학적이지 못하며 종교적인 성격을 지녔다'는 이유만으로 지금까지 너무 오랫동안 푸대접을 받았으며 방치되어왔다.

이 책의 저자들은 사회복지실천가·학생·학자들이 왜 그리고 어떻게 영성을 중요하게 다루어야 하는지 탐구하고 있는데, 그 이유는 사회복지가 인류의 웰빙에 중요한 기여를 하고자 하며, 그에 대한 적합한 방법과 방향을 모색하고 있기 때문이다. 또한 저자들은 영성이란 주제를 사회복지 교육과 실천의 주류로 등장시켰으며, 영성이 본격적인 사회복지실천에 통합될 필요성을 구체적으로 제시하고 있다.

이 책에서는 영적으로 민감한 사회복지실천을 지향하는 사회복지사들이 서비스이용자들과 함께하며 돕는 과정을 '동료 여행자 모델(fellow traveller model)'이라고 부른다. 동료 여행자 모델이란 사회복지사가 더욱 편안하게 서비스 이용자를 돕고, 서비스 이용자들이 만족함을 느낄 수 있을 때까지 열린 자세로 영적 여정을 함께하는 일을 말한다. 사회복지사는 도움이 필요한 사람이 비틀거리고 방향을 잃거나 여정의 어려운 지점에서 포기하고 싶어 한다는 것을 안다 할지라도 앞서서 동행인을 이끄는 것보다는 나란히 함께 여행하는 동반자로서 자연스러운 자세를 지녀야 한다. 따라서 사회복지사들은 반드시 최소한 개인적으로 영적 인식을 발전시켜나가야 한다. 이를 통해 서비스 이용자의 삶속에 존재하는 영적·종교적인 욕구에 더욱 민감해질 수 있기 때문이다.

『영성과 사회복지』가 깊이 있고 폭넓게 다루고 있는 중요한 내용을 소개하면 다음과 같다.

첫째, 사회복지의 역사적 발전 과정에서 영성의 역할 및 영성과 종교의 차이점이 무엇인지를 명료하게 제시하고 있고, 사회복지 전문직의 형성 초기에 중요한 영향을 미친 철학적, 종교적 뿌리를 살펴보는 과정에서 사회복지의 영성에 대한 재발견을 시도하고 있다.

둘째, 종교와 세속적 영성을 탐구하면서 영성과 의미 만들기, 영성의 정의, 영성의 어두운 측면과 사회복지실천 개념의 틀을 제시하고 있다. 종교 분야에서는 마치 영성이 종교의 전유물인 것처럼 주장하지만, 이 책의 저자들은 종교를 지니지 않은 사람들의 세속적 영성을 중요시하며, 영성을 종교보다 상위개념 혹은 종교를 포함하는 광범위한 개념으로 이해한다. 즉 "모든 사람은 영적이지만, 모든 사람이 종교적인 것은 아니다"라고 강조하고 있다. 우리가 잊지 말아야 할 것은 종교와 영성이 모두 복잡한 현상이며, 좋고 나쁜 힘을 모두 보유하고 있고, 사람들의 삶에 긍정적 혹은 부정적 영향을 미쳐왔으며, 개인적·문화적·사회적 차원에서 긍정적 힘이 될 수도 있지만 동시에 부정적이고 파괴적인 영향을 줄 수도 있다는 점이다.

특별히 영성이 정치적 이데올로기로 잘못 이용되지 않도록 주의해야 한다. 우리는 그 같은 현상을 기독교 근본주의자들의 성시화(聖市化) 운동이나 신정국가(神政國家)를 세우겠다며 인명을 살상하며 전쟁을 일으킨 수니파 이슬람 무장세력 '이슬람국가(IS)'의 야만적인 행동에서 볼 수 있다.

셋째, 사회복지학에서는 욕구와 삶의 질에 관심이 많은데, 이 책은 사회복지와 욕구개념, 영적 욕구와 영적 고통 사정의 중요성 및 영성측정, 영적 이야기 탐구 방법 및 영성과 삶의 질에 대한 다양한 관점들과 함께 행복, 희망, 건강과 웰빙, 강점관점과 회복탄력성, 영성과 건강의 관계에 대해서 심도있게 제시하고 있다.

넷째, 영적인 돌봄과 관련된 실천방법인 영성 역량강화, 파트너십과 영적인 돌봄, 초월하기와 억압에 도전하기, 변형, 전체성, 회복탄력성 세우기, 의미 만들기와 영적인 이야기 기법에 관한 구체적인 사례를 다루고 있다.

다섯째, 영성연구를 위한 다학제 협력활동 방법 및 전문가 집단의 주요 이슈인 호스피스 분야의 완화치료와 사법 분야의 회복적 정의에 관한 사례를 제시하고 있으며, 무엇보다 중요한 부분은 사회복지사들이 실천현장에서 지녀야 할 반성적 실천태도와 전문가팀 내의 영적 욕구와 영적 돌봄 방법을 제시하고 있다는 점이다.

여섯째, 영성과 공동체와 관련해서 사회정의를 지닌 다양성의 찬양, 인권옹호, 영성과 지역사회개발 방법 및 신앙공동체가 사회에 기여하는 방법으로 불평등에 대한 도전과 돌봄 역할의 중요성 및 생태영성적 관점을 다루고 있다. 이러한 부분은 우리나라 종교들이 지닌 성장주의와 사회성 결핍, 타 종교에 대한 배타적인 태도를 극복하는 데 도움이 되리라 생각한다. 그리고 압축성장 과정에서 즉물적(卽物的) 욕망에 사로잡혀, 타자와 상생(相生)하는 공동체적 연대성이 부족한 한국 사회가 인권옹호와 불평등 개선 등 사회적 책임을 다하는 성숙한 시민사회로 거듭나게 하는 데 기여할 수 있을 것이다.

일곱째, 변화하는 세계 속에서 효과적인 사회복지실천을 위해 지녀야 할 범세계적 관점과 다문화적 관점을 다루고 있다. 특별히 다문화 환경 속에서 문화역량의 개념, 영성에 대한 초문화적 접근방법, 서구의 사회복지 패러다임에 대한 영적인 도전에 대해서 언급하고 있다.

저자들은 종교와 영적인 차원을 간과한 사회복지실천은 실천가, 학생, 교육자, 가장 중요하게는 사회복지서비스를 필요로 하는 사람들을 경시하는 처사라고 비판하면서 인간의 다양한 욕구에 반응하고 삶의 질 향상을 돕는 등 통합적 사회복지실천을 위해서는 영적으로 민감한 접근이 이루어져야 함을 강조한다.

이러한 내용들은 사회복지 실천가들뿐만 아니라 보다 질 높은 삶을 누리기 위해 의미를 추구하는 인간문제를 다루는 신학, 교육학, 의학 등 인문사회과학 분야의 전공자들과 휴먼서비스 분야 종사자들에게도 중요한 메시지를 전해주며, 세계와 인간을 이해하는 데 큰 도움을 줄 것이라고 생각한다. 이제 사회복지사들은 종교적 · 영적으로 민감한 사회복지실천에 진지하게 관심을 가져야 할 때이다.

끝으로 우리가 어학 수준이 미천(微賤)하지만 용감할 정도로 번역이라는 어려운 작업을 계속해나가는 이유에 대해서 말하고 싶다. 2000년대 초반, 처음 영성에 관심을 가지고 공부할 때는 영성관련 국내 연구문헌이 별로 없어서 외국 학자들의 저서나 논문을 살펴보아야 했다. 대구가톨릭대학교 박사과정에서 사회복지학을 공부하면서 영성에 관심이 있는 동료들과 외국의 영성과 사회복지 관련 이론서들을 우리말로 옮길 필요성을 느끼게 되었다. 그렇게 시작한 번역작업이 중단되지 않고 계속 이어져 세 권의 책을 출판하게 되었다.

첫 번째 책은 2007년 칸다의 『영성과 사회복지 실천』(Spirituality in Social Work)이었고, 두 번째 책은 2011년 데레조테의 『영성과 사회복지 실천: 영성이론과 사례중심』(Spiritually Oriented Social Work Practice)이었다. 그리고 세 번째 책으로, 할러웨이와 모스의 『영성과 사회복지』(Spirituality and Social Work)를 북코리아에서 출판하게 되었다.

번역을 할 때마다 그 과정이 힘들고 3년 정도 원고를 붙들고 수없이

다듬어야 했기에 이제는 '이 책이 끝이다'라는 마음이 들었다. 그러나 영성에 관해 새로운 시각과 연구방법을 활용한 탁월한 책을 읽다 보면 새로운 흥미가 느껴졌고 후학들과 함께 공유하고 싶다는 생각에 동료들을 만나 함께 번역할 것을 제안하곤 했다.

우리가 진행한 번역과정은 다음과 같다. 외국에서 출판된 책을 읽다가 내용이 좋으면 동료들에게 소개하고 각자 흥미있는 내용을 선택하여 번역하기로 했다. 각자 번역이 끝나면 제안자가 전체 내용을 취합해서 꼼꼼히 읽으면서 원문과 대조하여 바로잡는 과정을 거치게 된다. 이때 전문용어를 통일하고 문장을 다듬으면서 생소한 용어나 전문적인 개념들은 역주를 달아 독자들이 읽기 수월하게 하려고 노력하였다. 이러한 작업은 혼자서는 하기 힘든 일이었다. 그런 점에서 영성에 관심을 가지고 꾸준히 연구하는 동료집단이 형성되어 있다는 것은 참으로 다행한 일이다.

바라기는 영적인 사회복지실천에 관한 풍부한 이론과 사례를 다룬 이 책이 영적인 내용을 자신의 실천업무에 적용하기 원하는 실천가들에게 길을 넓게 열어주고 지지와 도움을 줄 수 있기를 바란다.

번역에 참여한 동료들(김승돈, 정석수, 정현태, 오봉희) 모두가 수고했지만 특별히 학문하는 길에서 만난 동료여행자 김승돈 교수의 참을성 많은 배려에 감사드린다. 교정을 하다가 난해한 문장을 만날 때마다 전화나 이메일로 문의를 하면 성심껏 도움을 준 김승돈 교수께 고마운 마음이 가득하다. 그리고 가톨릭대학교 사회복지학과 박사과정에 '영성과 사회복지' 강좌를 개설하여 열정과 애정을 지니고 후학들을 양성하고 계신 천정웅 교수님의 격려와 지원에 감사드린다. 또한 낯선 세상에서 마음의 중심을 잡아주고 지지와 기쁨을 나눌 수 있는 길벗들에게도 고마움을 전한다.

옮긴이들로서는 최선을 다했지만, 독자들이 보기에는 흠이 많이 눈에 띌 것이다. 그러나 영성연구가 미흡한 우리 현실에서 이 책이 영성에 관심을 지닌 이들에게 조금이나마 도움이 되기를 바라는 마음에서 번역 출판을 하게 되었다. 이 책이 세상의 빛을 보기까지 수고하신 북코리아 편집부의 선우애림, 곽하늘 선생님과 시장성이 없는 인문학 서적을 고집스럽게 출판하시는 이찬규 사장님께 감사드린다.

이 책을 펼칠 모든 분들이 순간순간 행복하시기를 바라며……

옮긴이들을 대신해서
김용환

참고문헌

Adams, R. (1998) *Quality Social Work* (London: Macmillan).

Akinsola, H. (2001) 'Fostering hope in people living with AIDS in Africa: The role of primary health-care workers', *Australian Journal of Rural Health*, 9, 158–165.

Anandarajah, G. and Hight, E. (2001) 'Spirituality and medical practice: Using the hope questions as a practical tool for spiritual assessment', *American Family Physician*, 63: 1, 81–88.

Attig, T. (2001) 'Relearning the world: Making and finding meanings', in R. Neimeyer (ed.) *Meaning Reconstruction and the Experience of Loss* (Washington, DC: American Psychological Association).

Australian Association of Social Workers (AASW) (1999) *AASW Code of Ethics* (Canberra: AASW).

Bailey, C. (2002) 'Introduction – 'The notion of implicit religion: What it means and does not mean', in E. Bailey (ed.) *The Secular Quest for Meaning in Life: Denton Papers in Implicit Religion* (New York: The Edwin Mellon Press).

Bauman, Z. (2007) *Consuming Life* (Cambridge: Polity Press).

Beckett, C. and Maynard, A. (2005) *Values and Ethics in Social Work: An Introduction* (London: Sage).

Beckford, J. (1989) *Religion and Advanced Industrial Society* (London: Unwin Hyman).

Beeston, D. (2006) *Older People and Suicide* (Care Services Improvement Partnership/Centre for Ageing and Mental Health: Staffordshire University).

Beresford, P., Croft, S., Evans, C. and Harding, T. (2000) 'Quality in social services: The developing role of user investment in the UK', in C. Davies, L. Finlay and A. Bullman (eds) *Changing Practice in Health and Social Care* (London: Sage/Open University).

Beresford, P. and Trevillion, S. (1995) *Developing Skills for Community Care* (Aldershot: Ashgate Publishing).

Bergin, A. and Jensen, J. (1990) 'Religiosity of psychotherapists: A national survey', *Psychotherapy*, 27, 3–7.

Biestek, F. (1961) *The Casework Relationship* (London: Allen and Unwin).

Biggs, S. (1997) 'Interprofessional collaboration: Problems and prospects', in J. Ovretveit, P. Mathias and T. Thompson (eds) *Interprofessional Working for Health and Social Care* (London: Macmillan), pp. 186–200.

Billings, A. (1992) 'Pastors or counsellors', *Contact*, 108: 2, 200–207.

Boddie, S.C. and Cnaan, R.A. (2006) *Faith-Based Social Services: Measures, Assessments and Effectiveness* (New York: The Haworth Pastoral Press).

Bonhoeffer, D. (1956) (edited by E. Bethge) *Letters and Papers from Prison* (London: SCM Publishers).

Boucher, D. and Kelly, P. (eds) (1998) *Social Justice: From Hulme to Waltzer* (New York: Routledge).

Bowpitt, G. (1998) 'Evangelical Christianity, Secular Humanism, and the Genesis of British Social Work', *British Journal of Social Work*, 28, 675–693.

Bradshawe, J. (1972) 'The taxonomy of social need', in G. McLachlan (ed.) *Problems and Progress in Medical Care* (Oxford: Oxford University Press).

Brierley, P. (2000) 'Religion', in A. Halsey and J. Webb (eds) *Twentieth Century British Social Trends* (London: Macmillan).

Brierley, P. (2000) *Religious Trends* (London: Marc Europe).

Brierley, P. and Hiscock, V. (eds) (2008) *UK Christian Handbook* (London: Christian Research Association).

British Association of Social Workers (BASW) (2002) *The Code of Ethics for Social Work* (Birmingham: BASW).

Bruce, S. (1995) *Religion in Modern Britain* (Oxford: Oxford University Press).

Burke, G. (2007) *Spirituality: Roots and Routes – A Secular Reflection on the Practice of Spiritual Care* (London: Age Concern).

Burkhardt, M. (1989) 'Spirituality: An analysis of the concept', *Holistic Nursing Practice*, 3: 3, 69–77.

Burnard, P. (1987) 'Spiritual distress and the nursing response: Theoretical considerations and counselling skills', *Journal of Advanced Nursing*, 12: 3, 377–382.

Burton, R. (2004) 'Spiritual pain: Origins, nature and management', *Contact*, 143, 3–13.

Butrym, Z. (1976) *The Nature of Social Work* (Basingstoke: Macmillan).

Campbell, A. (1981) *Rediscovering Pastoral Care* (Darton: Longman and Todd).

Canda, E. (2008) 'Spiritual connections in social work: Boundary violations and transcendence', *Journal of Religion and Spirituality in Social Work: Social Thought*, 27, 1–2.

Canda, E.R. and Furman, L.D. (1999) *Spiritual Diversity in Social Work Practice: The Heart of Helping*, 1st Ed. (New York: The Free Press).

Canda, E.R. and Furman, L.D. (2010) *Spiritual Diversity in Social Work Practice: The Heart of Helping*, 2nd Ed. (New York: The Free Press).

Cassam, E. and Gupta, H. (1992) *Quality Assurance for Social Care Agencies* (London: Longman).

Census (2001) *Ethnicity and Religion in England and Wales.* Available at www.statistics.gov.uk/cci, accessed 5 March 2009.

Chan, C. (2005) Keynote address, Towards Transcultural Spirituality conference, University of Hull, UK, 19 July 2005.

Channer, Y. (1998) 'Understanding and managing conflict in the learning process: Christians coming out', in V. Cree and C. McCaulay (eds) *Transfer of Learning in Professional and Vocational Education* (London: Routledge).

Cheers, B., Binell, M., Coleman, H., Gentle, I., Miller, G., Taylor, J. and Weetra, C. (2006) 'Family violence: An Australian indigenous community tells its story', *International Social Work*, 49: 1, 51–63.

Chile, L. and Simpson, G. (2004) 'Spirituality and community development: Exploring the link between the individual and the collective', *Community Development Journal*, 39: 4, 318–331.

Chopra, D. (2006) *Life after Death: The Book of Answers* (London: Rider).

Coates, J. (2007) 'From ecology to spirituality and social justice', in J. Coates, J.R. Graham, B. Swartzwebtruber and B. Ouellete (eds) *Spirituality and Social Work: Selected Canadian Readings* (Toronto: Canadian Scholars Press).

Coates, J., Grey, M. and Hetherington, T. (2005) 'An Eco-spiritual perspective: Finally, a place for indigenous approaches', *British Journal of Social Work*, doi: 10.1093/bjsw/bch391.

Coates, J., Graham J.R., Swartzentruber, B. and Ouellette B. (2007) *Spirituality and Social Work: Selected Canadian Readings* (Toronto: Canadian Scholars Press).

Coholic, D., Nichols, A. and Cadell, S. (2008) ' "Spirituality and social work practice", Introduction', *Journal of Religion and Spirituality in Social Work: Social Thought*, 27: 1–2, 41–46.

Coleman, P. (2006) David Hobman Memorial Lecture 2006 in G. Burke (2007) *Spirituality: Roots and Routes: A Secular Reflection on the Practice of Spiritual Care* (London: Age Concern).

Consedine, J. (2002) 'Spirituality and social justice', in M. Nash and B. Stewart (eds) *Spirituality and Social Care: Contributing to Personal and Community Well-Being* (London: Jessica Kingsley).

Cook, G. (2000) *European Values Survey* (Gordon Cook Foundation).

Cook, C. (2004) 'Addiction and spirituality', *Addiction*, 99, 539–551.

Cornette, K. (2005) 'For whenever I am weak, I am strong . . .', *International Journal of Palliative Nursing*, 11: 3, 147–153.

Coulshed, V. and Orme, J. (2006) *Social Work Practice*, 4th edn (London: Palgrave).

Council on Social Work Education (CSWE) (1994) *Handbook of Accreditation Standards and Procedures* (Alexandria, VA: CSWE).

Coyte, M.E., Gilbert, P. and Nicholls, V. (2007) *Spirituality, Values and Mental Health: Jewels for the Journey* (London: Jessica Kingsley).

Crabtree, V. (2007) *Religion in the UK: Diversity, Trends and Decline*. Available at www. vexen.co.uk/religion.html, accessed 03 March 2010.

Cree, V.E. and Davis, A. (1996) *Social Work: A Christian or Secular Discourse?* (Edinburgh: University of Edinburgh New Waverley Papers, Vol. 3).

Crisp, B. (2008) 'Social work and spirituality in a secular society', *Journal of Social Work*, 8, 363–375.

Csikszentmihalyi, M. (1991) *Flow: The Psychology of Optimal Experience* (San Francisco, CA: Harper Perennial).

Culliford, L. (2004) 'Re: The heart of the matter', *British Medical Journal*, Rapid responses, 23 July.

Dalrymple, J. and Burke, B (1995) *Anti-Oppressive Practice: Social Care and the Law* (Buckingham: Open University Press).

Daniel, B., Wassell, S. and Gilligan, R. (1999) ' "It's just common sense, isn't it?":
Exploring ways of putting the theory of resilience into action', *Adoption and Fostering*, 23: 3, 6–15.

Darlington, Y. and Bland, R. (1999) 'Strategies for encouraging and maintaining hope among people living with a serious mental illness', *Australian Social Work*, 52: 3, 17–23.

Davidson, R. (2001) *Visions of Compassion: Western Scientists and Tibetan Buddhists Examine Human Nature* (Oxford: Oxford University Press).

Davie, G. (2004) *Religion in Britain since 1945: Believing without Belonging* (Oxford: Blackwell).

De Boulay, S. (1988) *Tutu – Voice of the Voiceless* (London: Penguin Books).

Department of Health (2005) *Independence, Well-Being and Choice* (London: The Stationery Office).

Desbiens, J.F. and Fillion, L. (2007) 'Coping strategies, emotional outcomes and spiritual quality of life in palliative care nurses', *International Journal of Palliative Nursing*, 13: 6, 291–300.

DiBlasio, F.A. (1993) 'The role of social workers' religious beliefs in helping family members forgive', *Families in Society*, 74: 3, 167–170.

Dominelli, L. (2002) *Anti-Oppressive Social Work Theory and Practice* (Basingstoke: Palgrave Macmillan).

Doyal, L. and Gough, I. (1991) *A Theory of Human Needs* (Basingstoke: Palgrave Macmillan).

Dugan, T. and Coles, R. (1989) *The Child of Our Times: Studies in the Development of Resiliency* (New York: Brunner/Mazel).

Early, T.J. and Glenmaye, L.F. (2000) 'Valuing families: Social work practice with families from a strengths perspective', *Social Work*, 45: 2, 118–130.

Eliot, T.S. (1944) *Four Quartets* (London: Faber and Faber).

Ellis, M. (2000) *Revolutionary Forgiveness: Essays on Judaism, Christianity and the Future of Religious Life* (Waco, TX: Baylor University Press).

Ellison, C. (1983) 'Spiritual well-being: Conceptualisation and measurement', *Journal of Psychology and Theology*, 11, 330–340.

Emmons, R.A. (2005) 'Striving for the sacred: Personal goals, life meaning and religion', *Journal of Social Issues*, 61: 4, 731–745.

Etzioni, A. (1995) *The Spirit of Community: Rights, Responsibilities and the Communitarian Agenda* (London: Fontana).

Ferguson, H. (2001) 'Social work, individualization and life politics', *British Journal of Social Work*, 31: 1, 41–55.

Ferguson, I. (2007) 'Increasing user choice or privatising risk? The antinomies of personalisation', *British Journal of Social Work*, 37, 387–403. Special Edition.

Fonagy, P., Steele, M., Steele, H., Higgitt, A. and Target, M. (1994) 'The Emmanuel Millar Memorial Lecture 1992: The theory and practice of resilience', *Journal of Child Psychology*, 35: 2, 231–257.

Ford, D. (2004) 'The responsibilities of universities in a religious and secular world', *Studies in Christian Ethics*, 17: 1, 22–37.

Forgiveness Project, *The (1993) Exhibition: The 'F' Word: Images of Forgiveness*, held at www.theforgivenessproject.com/news, accessed 03 March 2010.

Fowler, J. (1981) *Stages of Faith. The Psychology of Human Development and the Quest for Meaning* (San Francisco: Harper and Row).

Fowler, J. (1987) *Faith Development and Pastoral Care* (Minneapolis: The Fortress Press).

Francis, L., Williams, E. and Robbins, M. (2006) 'The unconventional beliefs of Churchgoers: The matter of luck', *Implicit Religion*, 9: 3, 305–314.

Frankl, V. (2000) *Man's Search for Ultimate Meaning* (New York: Perseus Publishing).

Fraser, M., Richman, J. and Galinsky, M. (1999) 'Risk Protection and resilience: Towards a conceptual framework for social work practice', *Social Work Research*, 23: 3, 131–143.

Furman, L., Benson, P., Grimwood, C. and Canda, E. (2004) 'Religion and spirituality in social work education and direct practice at the millennium: A survey of UK social workers', *British Journal of Social Work*, 34: 6, 767–793.

Furman, L., Benson, P., Canda, E. and Grimwood, C. (2005) 'Comparative International Analysis of Religion and Spirituality in Social Work: A survey of UK and US social workers', *Social Work Education*, 24: 8, 813–839.

Furness, S. (2005) 'Shifting sands: Developing cultural competence', *Practice*, 17: 4, 247–256.

Furness, S. and Gilligan, P. (2010) *Religion, Belief and Social Work: Making a Difference* (Bristol: The Policy Press).

Garmezy, N. (1991) 'Resilience in children's adaptation to negative life events and stressed environments', *Pediatric Annals*, 20, 459–466.

General Social Care Council (GSCC) (2002) *Code of Practice for Social Workers* (London: General Social Care Council).

George, J. (1999) 'Conceptual meddle, practical dilemma: Human rights, social development and social work education', *International Social Work*, 42, 15–26.

Gibran, K. (1980) *The Prophet*, Pan book edition (London: William Heinemann).

Gilbert, P. (2007) 'The spiritual foundation: Awareness and context for people's lives today', in M. Coyte, P. Gilbert and V. Nicholls (eds) *Spirituality, Values and Mental Health* (London: Jessica Kingsley).

Gilbert, P. (2008) *Guidelines on Spirituality for Staff in Acute Care Services* (Care Services Improvement Partnership/National Institute for Mental Health in England: Staffordshire University).

Gilligan, P. (2003) ' "It isn't discussed": Religion, belief and practice teaching – missing components of cultural competence in social work education', *Journal of Practice Teaching in Health and Social Care*, 5: 1, 75–95.

Gilligan, P. and Furness, S. (2005) 'The role of religion and spirituality in social work practice: Views and experiences of social workers and student', *British Journal of Social Work*, 36, 617–637.

Gilligan, R. (1999) 'Enhancing the resilience of children in public care by mentoring their talent and interests', *Child and Family Social Work*, 4: 3, 187–196.

Gilligan, R. (2001) *Promoting Resilience: A Resource Guide on Working with Children in the Care System* (London: British Agencies for Adoption and Fostering).

Gilligan, R. (2004) 'Promoting resilience in child and family work: Issues for social work practice, education and policy', *Social Work Education*, 23: 1, 93–104.

Glendinning, T. and Bruce, S. (2006) 'New ways of believing or belonging: Is religion giving way to spirituality?', *The British Journal of Sociology*, 57: 3, 399–414.

Goldstein, H. (1990) 'The knowledge base of social work practice: Wisdom, analogue or art?', *Families in Society: The Journal of Contemporary Human Services*, 71: 1, 32–43.

Graham, J. (2008) 'Who am I? An essay on inclusion and spiritual growth through community and mutual appreciation', *Journal of Religion and Spirituality in Social Work*, 27: 1–2, 1–24.

Grainger, R. (1998) *The Social Symbolism of Grief and Mourning* (London: Jessica Kingsley).

Gray, M. (2006) 'Viewing spirituality in social work through the lens of contemporary social theory', *British Journal of Social Work*, 38, 175–196.

Greene, G., Jensen, C. and Harper, D. (1996) 'A constructivist perspective on clinical social work practice with ethnically diverse clients', *Social Work*, 41: 2, 172–180.

Greene, R. (ed.) (2002) *Resiliency: An Integrated Approach to Practice, Policy and Research* (Washington, DC: NASW Press).

Gunaratnam, Y. (1997) 'Culture is not enough: A critique of multiculturalism in palliative care', in D. Field, J. Hockey and N. Small (eds) *Death, Gender and Ethnicity* (London: Routledge), pp. 166–186.

Haas, T. and Nachtigal, P. (1998) *Place Value: An Educators Guide to Good Literature on Rural Lifeways, Environments and Purposes of Education* (Charleston, WV: Aalachia Educational Laboratory).

Harding, S., Phillips, D. and Fogarty, K. (1985) *Contrasting Values in Western Europe* (London: Palgrave Macmillan).

Harrison, P. (2007) 'Holistic thinking and integrated care: Working with black and minority ethnic individuals and communities in health and social care', *Journal of Integrated Care*, 15: 3, 3–6.

Hathaway, W. (2006) 'Religious diversity in the military clinic: Four cases', *Military Psychology*, 18: 3, 247–257.

Hegarty, M. (2007) 'Care of the spirit that transcends religious, ideological and philosophical boundaries', *Indian Journal of Palliative Care*, 13: 2, 42–47.

Henery, N. (2003) 'Critical commentary: The reality of visions – contemporary theories of spirituality in social work', *British Journal of Social Work*, 33: 8, 1105–1113.

Heyse-Moore, L. (1996) 'On spiritual pain in the dying', *Mortality*, 1: 3, 297–315.

Hirtz, R. (1999) 'Martin Seligman's journey from learned helplessness to learned happiness', *The Pennsylvania Gazette*, January–February, 22–27.

Hodge, D. (2000) 'Spiritual ecomaps: A new diagrammatic tool for assessing marital and family spirituality', *Journal of Marital and Family Therapy*, 26: 2, 211–216.

Hodge, D. (2001) 'Spiritual assessment: A review of major qualitative methods and a new framework for assessing spirituality', *Social Work*, 49: 27–38.

Hodge, D. (2005a) 'Spiritual lifemaps: A client-centered pictorial instrument for spiritual assessment, planning and intervention', *Social Work*, 50:1, 77–87.

Hodge, D. (2005b) 'Developing a spiritual assessment toolbox: A discussion of the strengths and limitations of five different assessment methods', *Health and Social Work*, 30: 4, 314–323.

Hodge, D.R. (2007) 'Social justice and people of faith: A transnational perspective', *National Association of Social Workers – Social Work*, 52: 2, April, 139–148.

Hodge, D. (2008) 'Constructing spiritually modified interventions: Cognitive therapy with diverse populations', *International Social Work*, 51: 2, 178–192.

Holbeche, L. and Springett, N. (2004) *In Search of Meaning in the Workplace* (Horsham: Roffey Park).

Hollis, F. (1964) *Casework: A Psycho-Social Therapy* (New York: Random House).

Holloway, M. (2005) *In the Spirit of Things ... Social Work, Spirituality and Contemporary Society* (Inaugural Professorial lecture, The University of Hull, Hull).

Holloway, M. (2006) 'Death the great leveller? Towards a transcultural spirituality of dying and bereavement', *Journal of Clinical Nursing, Special Issue Spirituality*, 15: 7, 833–839.

Holloway, M. (2007a) 'Spiritual need and the core business of social work', *British Journal of Social Work*, 37: 2, 265–280.

Holloway, M. (2007b) 'Spirituality and darkness: Is it all sweetness and light?' unpublished paper, *Making Sense of Spirituality* conference, July 2007, University of Hull, Scarborough.

Holloway, M. (2007c) *Negotiating Death in Contemporary Health and Social Care* (Bristol: The Policy Press).

Holloway, M. and Lymbery, M. (2007) 'Editorial – caring for people: Social work with adults in the next decade and beyond', *British Journal of Social Work*, 37: 3, 375–386.

Holloway, R. (2004) *Doubts and Loves: What Is Left of Christianity* (Edinburgh: Canongate Books).

Holman, B. (1983) *Resourceful Friends: Skills in Community Social work* (London: Children's Society).

Holman, B. (1993) *A New Deal for Social Welfare* (Oxford: Lion Publishing).

Home Office (2003) *Restorative Justice: The Government's Strategy* (London: Home Office).

Home Office (2004) *Best Practice Guidance for Restorative Practitioners* (London: Home Office).

Horwath, J and Lees, J. (2008) 'Assessing the influence of religious beliefs and practices on parenting capacity: The challenges for social work practitioners', *British Journal of Social Work*, 40: 1, 82–99.

Houghton, S. (2007) 'Exploring hope: Its meaning for adults living with depression and for social work practice', *Australian e-Journal for the Advancement of Mental Health* (AeJAMH), 6: 3.

Howe, D. (1987) *An Introduction to Social Work Theory: Making Sense in Practice* (Aldershot: Wildwood House).

Hudson, B. (2000) 'Inter-agency collaboration – a sceptical view', in A. Brechin, H. Brown and M. Eby (eds) *Critical Practice in Health and Social Care* (London: Sage/Open University).

Hugman, R. (2007) 'The place of values in social work education', in M. Lymbery and K. Postle (eds) *Social Work: A Companion to Learning* (London: Sage).

Hunt, S. (2002) *Religion in Western Society* (Basingstoke: Palgrave Macmillan).

Hyde, B. (2008) *Children and Spirituality: Searching for Meaning and Connectedness* (London: Jessica Kingsley).

International Association of Schools of Social Work (IASSW) and the International Federation of Social Work (IFSW) (2004) *International Declaration of Ethical Principles of Social Work and International Ethical Standards for Social Work* (Bern, Switzerland: IASSW/IFSW).

International Association of Schools of Social Work (IASSW) and the International Federation of Social Work (IFSW) (2004) *Global Standards for the Education and Training of the Social Work Profession*, p. 6. Available at www/iassw-aoets.org/en/About_IASSW/GlobalStandards.pdf, accessed 03 March 2010.

International Federation of Social Workers (IFSW) (2001) *The Definition of Social Work* (Berne: IFSW). Available at www.ifsw.org, accessed 03 March 2010.

International Federation of Social Workers (IFSW) (2004) *Ethics in Social Work*. Available at www.ifsw.org.

James, A., Brooks, T. and Towell, D. (1992) *Committed to Quality: Quality Assurance in Social Service Departments* (London: HMSO).

Jevne, R. (2005) 'Hope: The simplicity and complexity', in J. Eliott (ed) *Interdisciplinary Perspectives on Hope* (New York: Nova Science Publishers).

Jones, K. (1993) *Beyond Optimism: A Buddhist Political Ecology* (Oxford: John Carpenter).

Joseph, S., Linley, P.A. and Maltby J. (2006) 'Positive psychology, religion and spirituality', *Mental Health, Religion and Culture*, 9: 3, 209–212.

Kellehear, A. (2000) 'Spirituality and palliative care: A model of needs', *Palliative Medicine*, 14, 149–155.

Kelly, J. (2004) 'Spirituality as a coping mechanism', *Dimensions of Critical Care Nursing*, 23: 4, 162–168.

King, M., Speck, P. and Thomas, A. (1994) 'Spiritual and religious beliefs in acute illness – is this a feasible area for study?', *Social Science and Medicine*, 38: 631–636.

King, M., Weich, S., Nazroo, J. and Blizard, B. (2006) 'Religion, mental health and ethnicity. EMPIRIC – a national survey of England', *Journal of Mental Health*, 15: 2, 153–162.

Kirby, L.D. and Fraser, M.W. (1997) 'Risk and resilience in childhood', in M. Fraser (ed.) *Risk and Resilience in Childhood: An Ecological Perspective* (Washington, DC: NASW Press).

Kissane, M. and McLaren, S. (2006) 'Sense of belonging as predictor of reasons for living in older adults', *Death Studies*, 30: 3, 243–258.

Koenig, H., McCullough, M. and Larson, D. (2001) *Handbook of Religion and Health* (Oxford: Oxford University Press).

Hudson, B. (2000) 'Inter-agency collaboration – a sceptical view', in A. Brechin, H. Brown and M. Eby (eds) *Critical Practice in Health and Social Care* (London: Sage/Open University).

Hugman, R. (2007) 'The place of values in social work education', in M. Lymbery and K. Postle (eds) *Social Work: A Companion to Learning* (London: Sage).

Hunt, S. (2002) *Religion in Western Society* (Basingstoke: Palgrave Macmillan).

Hyde, B. (2008) *Children and Spirituality: Searching for Meaning and Connectedness* (London: Jessica Kingsley).

International Association of Schools of Social Work (IASSW) and the International Federation of Social Work (IFSW) (2004) *International Declaration of Ethical Principles of Social Work and International Ethical Standards for Social Work* (Bern, Switzerland: IASSW/IFSW).

International Association of Schools of Social Work (IASSW) and the International Federation of Social Work (IFSW) (2004) *Global Standards for the Education and Training of the Social Work Profession*, p. 6. Available at www/iassw-aoets.org/en/About_IASSW/GlobalStandards.pdf, accessed 03 March 2010.

International Federation of Social Workers (IFSW) (2001) *The Definition of Social Work* (Berne: IFSW). Available at www.ifsw.org, accessed 03 March 2010.

International Federation of Social Workers (IFSW) (2004) *Ethics in Social Work*. Available at www.ifsw.org.

James, A., Brooks, T. and Towell, D. (1992) *Committed to Quality: Quality Assurance in Social Service Departments* (London: HMSO).

Jevne, R. (2005) 'Hope: The simplicity and complexity', in J. Eliott (ed) *Interdisciplinary Perspectives on Hope* (New York: Nova Science Publishers).

Jones, K. (1993) *Beyond Optimism: A Buddhist Political Ecology* (Oxford: John Carpenter).

Joseph, S., Linley, P.A. and Maltby J. (2006) 'Positive psychology, religion and spirituality', *Mental Health, Religion and Culture*, 9: 3, 209–212.

Kellehear, A. (2000) 'Spirituality and palliative care: A model of needs', *Palliative Medicine*, 14, 149–155.

Kelly, J. (2004) 'Spirituality as a coping mechanism', *Dimensions of Critical Care Nursing*, 23: 4, 162–168.

King, M., Speck, P. and Thomas, A. (1994) 'Spiritual and religious beliefs in acute illness – is this a feasible area for study?', *Social Science and Medicine*, 38: 631–636.

King, M., Weich, S., Nazroo, J. and Blizard, B. (2006) 'Religion, mental health and ethnicity. EMPIRIC – a national survey of England', *Journal of Mental Health*, 15: 2, 153–162.

Kirby, L.D. and Fraser, M.W. (1997) 'Risk and resilience in childhood', in M. Fraser (ed.) *Risk and Resilience in Childhood: An Ecological Perspective* (Washington, DC: NASW Press).

Kissane, M. and McLaren, S. (2006) 'Sense of belonging as predictor of reasons for living in older adults', *Death Studies*, 30: 3, 243–258.

Koenig, H., McCullough, M. and Larson, D. (2001) *Handbook of Religion and Health* (Oxford: Oxford University Press).

Kung, H. (1984) *Eternal Life?* (London: Collins).

Leathard, A. (1994) *Going Inter-professional* (London: Routledge).

Ledger, S. (2005) 'The duty of nurses to meet patients' spiritual and/or religious needs', *British Journal of Nursing*, 14: 4, 220–225.

Liebmann, M. (2007) *Restorative Justice: How It Works* (London: Jessica Kingsley).

Lindsay, R. (2002) *Recognizing Spirituality: The Interface Between Faith and Social Work* (Crawlet: University of Western Australia Press).

Lloyd, M. [M. Holloway] (1995) *Embracing the Paradox: Pastoral Care with Dying and Bereaved People.* Contact Pastoral Monographs No 5 (Edinburgh: Contact Pastoral Limited Trust).

Lloyd, M. [M. Holloway] (1996) 'Philosophy and religion in the face of death and bereavement', *Journal of Religion and Health*, 35: 4, 295–310.

Lloyd, M. [M. Holloway] (1997) 'Dying and bereavement, spirituality and social work in a market economy of welfare', *British Journal of Social Work*, 27: 2, 175–190.

Lloyd, M. [M. Holloway] (2000) 'Holistic approaches to health and social care in the UK in the 1990s', Unpublished PhD thesis, University of Manchester.

Lloyd, M. [M. Holloway] (2002) 'A framework for working with loss', in N. Thompson (ed.) *Loss and Grief: A Guide for Human Services Practitioners* (London: Palgrave), pp. 208–220.

Lloyd, M. and Taylor, C. (1995) 'From Hollis to the Orange Book: Developing a holistic model of Social Work Assessment in the 1990s', *British Journal of Social Work*, 25, 691–710.

Lloyd, Murray (2005) 'Re: Secular and sacred spirituality', in response to 'Spiritual needs in health care' P. Speck, I. Higginson and J. Addlington-Hall, *British Medical Journal*, posted 24 August 2004: 329, 123–124.

Loewenberg, F. (1998) *Religion and Social Work Practice in Contemporary American Society* (New York: Columbia University Press).

Luckman, T. (1990) 'Shrinking transcendence, expanding religion', *Sociological Analysis*, 50: 2, 127–138.

Lymbery, M. (2001) 'Social work at the crossroads', *British Journal of Social Work*, 31: 3, 369–384.

Lynn, R. (2001) 'Learning from a "Murri Way"', *British Journal of Social Work*, 31, 903–916.

Maguire, K. (2001) 'Working with survivors of torture and extreme experience', in S. King-Spooner and C. Newnes (eds) *Spirituality and Psychotherapy* (Ross-on-Wye: PCCS Books).

Maslow, A. (1970) *Motivation and Personality*, 2nd edn (New York: Harper and Rowe).

Masters, W. and Johnson, V. (1996) *Human Sexual Response* (Toronto, New York: Bantam Books).

Mathews, I. (2009) *Social Work and Spirituality* (Exeter: Learning Matters).

Mattis, J. (2002) 'Religion and spirituality in the meaning-making and coping experiences of African American women', *Psychology of Women Quarterly*, 26, 309–321.

May, G. (2004) *The Dark Night of the Soul: A Psychiatrist Explores the Connection Between Darkness and Spiritual Growth* (San Francisco: Harper).

Mayers, C. and Johnston, D. (2008) 'Spirituality – the emergence of a working definition for use within healthcare practice', *Implicit Religion*, 11: 3, 265–275.

McClung, E., Grossoehme, D. and Jacobson, A. (2006) 'Collaborating with chaplains to meet spiritual needs', *MEDSURG Nursing*, 15: 3, 147–156.

McSherry, W. (2006) *Making Sense of Spirituality in Nursing and Healthcare Practice: An Interactive Approach*, 2nd edn (London: Jessica Kingsley).

McSherry, W. and Ross, L. (2002) 'Dilemmas of spiritual assessment: Considerations for nursing practice', *Journal of Advanced Nursing*, 38: 5, 479–488.

Ming-Shium, T. (2006) 'Illness: An opportunity for spiritual growth,' *The Journal of Alternative and Complementary Medicine*, 12: 10, 1029–1033.

Mohr, W. (2006) 'Spiritual issues in psychiatric care', *Perspectives in Psychiatric Care*, 42: 3, 174–183.

Moldovan, V. and Moyo, O. (2007) 'Constructions in the ideologies of helping: examples from Zimbabwe and Moldova', *International Social Work*, 50: 4, 461–472.

Moore, R. (2003) 'Spiritual assessment', *Social Work*, 48: 4, 558–561.

Morgan, J. (1993) 'The existential quest for meaning', in K. Doka and J. Morgan (eds) *Death and Spirituality* (Amityville, NY: Baywood).

Morice, M.P. (2006) *'Te Whare Tapa Wha'* A presentation at the MindBody Conference, November 2006. Available at www.mindbody.org.nz.

Moss, B. (2002) 'Spirituality: A Personal Perspective', Chapter 2, in N. Thompson (ed.) *Grief and Loss – A Guide for Human Services Practitioners* (Basingstoke: Palgrave Macmillan).

Moss, B. (2004) 'TGIM: Thank God it's Monday', *British Journal of Occupational Learning*, 2: 2, 33–44.

Moss, B. (2005) *Religion and Spirituality* (Lyme Regis: Russell House Publishing).

Moss, B. (2007a) 'Towards a spiritually intelligent workplace?', *Illness Crisis and Loss*, 15: 3, 261–271.

Moss, B. (2007b) *Values* (Lyme Regis: Russell House Publishing).

Moss, B. and Thompson, N. (2007) 'Spirituality and equality', *Journal Social and Public Policy Review*, accessed 1 January 2007. Available at www.uppress.co.uk/socialpublicpolicyreview.htm, accessed 21 March 2010.

Murray, R.B. and Zentner, J.B. (1989) *Nursing Concepts for Health Promotion* (London: Prentice Hall).

Narayanasamy, A. (1999) 'ASSET: A model for actioning spirituality and spiritual care education and training in nursing', *Nurse Education Today*, 19, 274–285.

Narayanasamy, A. (2004) 'Spiritual care. The puzzle of spirituality for nursing: A guide to practical assessment', *British Journal of Nursing*, 13: 19, 1140–1144.

Nash, M. (2002) 'Spirituality and social work in a culturally appropriate curriculum', in M. Nash and B. Stewart (2002) (eds) *Spirituality and Social Care: Contributing to Personal and Community Well-Being* (London: Jessica Kingsley).

Nash, M. and Stewart, B. (eds) (2002) *Spirituality and Social Care: Contributing to Personal and Community Well-Being* (London: Jessica Kingsley).

National Association of Social Workers (NASW) (2000) *Code of Ethics* (Washington, DC: NASW).

National Youth Agency (NYA) (2005) *Spirituality and Spiritual Development in Youth Work* (London: NYA).

Neimeyer, R. (ed.) (2001) *Meaning Reconstruction and the Experience of Loss* (Washington, DC: American Psychological Association).

Newman, T., with Yates, T. and Masten, A. (2004) *What Works in Building Resilience?* (Barkingside: Barnardos).

Nicholls, V. (2007) 'Connecting past and present: A survivor reflects on spirituality and mental health', in M. Coyte, P. Gilbert, and V. Nicholls (eds) *Spirituality, Values and Mental Health* (London: Jessica Kingsley), pp. 102–112.

Nichols, A., Coholic, A. and Cadell, S. (2008) 'Introduction to the special issue', *Journal of Religion and Spirituality in Social Work: Social Thought*, 27: 1–2, 1–3.

Nocon, A. and Qureshi, H. (1996) *Outcomes of Community Care for Users and Carers: A Social Services Perspective* (Buckingham: Open University Press).

Nolan, P. (2006) 'Spirituality: A healthcare perspective', *Implicit Religion*, 9: 3, 272–281.

Nouwen, H. (1972) *The Wounded Healer* (New York: Doubleday and Co).

Oliver, J., Huxley, P., Bridges, K. and Mohamad, H. (1997) *Quality of Life and Mental Health Services* (London: Routledge).

Orchard, H. (ed.) (2001) *Spirituality in Health Care Contexts* (London: Jessica Kingsley).

Ovretveit, J. (1997) 'How to describe interprofessional working', in J. Ovretveit, P. Mathias and T. Thompson (eds) *Interprofessional Working for Health and Social Care* (London: Macmillan).

Paquette, M. (2006) 'The science of happiness', *Perspectives in Psychiatric Care*, 42: 1 February. Available at www.wiley.com/bw/journal.asp?ref=0031-5990.

Paley, J. (2008) 'Spirituality and secularization: Nursing and the sociology of religion', *Journal of Clinical Nursing*, 17: 2, 175–186.

Paley, J. (2009) 'Religion and the secularisation of health care', *Journal of Clinical Nursing*, 18: 14, 1963–1974.

Parker, M. (2004) 'Medicalizing meaning: Demoralization syndrome and the desire to die', *Australian and New Zealand Journal of Psychiatry*, 38, 765–773.

Parton, N. and O'Byrne, P. (2000) *Constructive Social Work: Towards a New Practice* (London: Macmillan).

Patel, N., Naik, D. and Humphries, B. (1998) *Visions of Reality: Religion and Ethnicity in Social Work* (London: CCETSW).

Pateman, C. (1998) 'Democracy, freedom and special rights', in P. Boucher and D. Kelly (eds) *Social Justice: From Hulme to Waltzer* (New York: Routledge), pp. 215–231.

Payne, M. (2005a) *The Origins of Social Work: Continuity and Change* (Basingstoke: Palgrave Macmillan).

Payne, M. (2005b) *Modern Social Work Theory*, 3rd edn (Basingstoke: Macmillan).

Peberdy, A. (1993) 'Spiritual care for dying people', in D. Dickenson and M. Johnson (eds) *Death, Dying and Bereavement* (London: Sage).

Perlman, H. (1957) *Social Casework: A Problem-Solving Process* (Chicago: University of Chicago Press).

Perry, M. (1992) *Gods Within* (London: SPCK).

Pettifor, Ann (2008) 'Face to faith', *Guardian*, Saturday 11 October.

Pierson, J. (2008) *Going Local: Working in Communities and Neighbourhoods* (London: Routledge).

Pincus, A. and Minahan, A. (1973) *Social Work Practice: Model and Method* (Ithaca, IL: Peacock).

Pirani, A. (1988) 'Women: Psychotherapy: Spirituality', *Contact*, 95: 1, pp. 3–9.

Powell, A. (2003) *Psychiatry and Spirituality: The Forgotten Dimension* (Brighton: Pavilion/NIMHE).

Powell, A. (2007) 'Spirituality and psychiatry: Crossing the divide', in M. Coyte, P. Gilbert and V. Nicholls (eds) *Spirituality, Values and Mental Health: Jewels for the Journey* (London: Jessica Kingsley).

Priestly, M. (2000) 'Dropping 'E's: The missing link in quality assurance for disabled people', in A. Brechin, H. Brown and M. Eby (eds) *Critical Practice in Health and Social Care* (London: Sage/Open University).

Puchalski, C., Harris, M. and Miller, T. (2006) 'Interdisciplinary care for seriously ill and dying patients: A collaborative model', *The Cancer Journal*, 12: 5, 398–416.

Radcliffe, T. (2005) *What Is the Point of Being a Christian?* (London: Burn and Oates).

Rayner, M. and Montague, M. (2000) *Resilient Children and Young People: A Discussion Paper Based on a Review of the International Research Literature* (Melbourne, Australia: Policy and Practice Research Unit, Children's Welfare Association of Victoria).

Reese, D. and Sontag, M. (2001) 'Successful interprofessional collaboration on the Hospice Team', *Health and Social Work*, 26: 3, 167–175.

Rice, S. (2005) *The Golden Thread: An Exploration of the Relationship between Social Workers' Spirituality and Their Social Work Practice* (Unpublished PhD Thesis, University of Queensland, Australia).

Richardson, J. (1995) 'Minority religions ("Cults") and freedom of religion: Comparisons of the United States, Europe and Australia', *University of Queensland Law Review*, 18, 183–186.

Robinson, S. (2008) *Spirituality, Ethics and Care* (London: Jessica Kingsley).

Rolfe, G., Freshwater, D. and Jasper, P. (2001) *Critical Reflection for Nursing and the Helping Professions: A User Guide* (Basingstoke: Palgrave Macmillan).

Ross, L. (1997) 'Elderly patients' perceptions of their spiritual needs and care: A pilot study', *Journal of Advanced Nursing*, 26, 710–715.

Rumbold, B. (1986) *Helplessness and Hope: Pastoral Care in Terminal Illness* (London: SCM Press).

Rumbold, B. (ed.) (2002) *Spirituality and Palliative Care* (Oxford: Oxford University Press).

Rutter, M. (1985) 'Resilience in the face of adversity: Protective factors and resistance to psychiatric disorders', *British Journal of Psychiatry*, 147, 589–611.

Rutter, M. (1999) 'Resilience concepts and findings: Implications for family therapy', *Journal of Family Therapy*, 21, 119–144.

Sacco, T. (1994) 'Spirituality and social work students in their first year of study at a South African University', *Journal of Social Development in Africa*, 11: 2, 43–56.

Sacks, J. (2007) 'Chief Rabbi Sir Jonathan Sacks's lament on lost faith' as reported by Gledhill R. in the *Times* 29 July 2008, p. 15.

Saleeby, D. (ed.) (2008) *The Strengths Perspective in Social Work Practice* (NJ, Pearson: Allyn & Bacon).

Satterly, L. (2001) 'Guilt, shame, and religious and spiritual pain', *Holistic Nursing Practice*, 15: 2, 30–39.

Saunders, C. (ed.) (1990) *Hospice and Palliative Care: An Interdisciplinary Approach* (London: Edward Arnold).

Saunders, C. (1988) 'Spiritual Pain', *Hospital Chaplain*, March, pp. 3–7.

Schon, D.A. (1983) *The Reflective Practitioner: How Professionals Think in Action* (London: Temple Smith).

Sellar, W. and Yeatman, R.J. (1930) *1066 and All That. A Memorable History of England Comprising All the Parts You Can Remember Including 103 Good Things, 5 bad kings and 2 Genuine Dates* (London: Methuen).

Seligman, M. (1990) *Learned Optimism: How to Change Your Mind and Your Life* (New York, NY: Vintage Books).

Seligman, M. (1998) *Learned Optimism* (New York: Pocket Books).

Shardlow, S. (1998) 'Values, ethics and social work', in R. Adams, L. Dominelli and M. Payne (eds) *Critical Practice in Social Work* (Basingstoke: Palgrave Macmillan).

Shaw, M., Thomas, B., Smith, G. and Dorling, D. (2008) *The Grim Reaper's Road Map* (Bristol: The Policy Press).

Sheldrake, P. (2001) 'Human identity and the particularity of place', *Spiritus*, 1: 1, 43–64.

Sheridan, M., Wilmer, C. and Atcheson, L. (1994) 'Inclusion of content on religion and spirituality in the social work curriculum: A study of faculty views', *Journal of Social Work Education*, 30: 3, 363–376.

Sheridan, M. and Amato-von Hemert, K. (1999) 'The role of religion and spirituality in social work education and practice: A survey of student views and experiences', *Journal of Social Work Education*, 35: 1, 125–141.

Sinclair, S., Raffin, S., Pereira, J. and Guebert, N. (2006) 'Collective soul: The spirituality of an interdisciplinary palliative care team', *Palliative and Supportive Care*, 4, 13–24.

Skalla, K. and McCoy, J.P. (2006) 'Spiritual assessment of patients with cancer: The moral authority, vocational, aesthetic, social, and transcendent model', *Oncology Nursing Forum*, 33: 4, 745–751.

Smith, G. (2001) *Faith Makes Communities Work: A Report on Faith Based Community Development*. Sponsored by the Shaftesbury Society and the Department of the Environment, Transport and the Regions (London: DETR).

Smith, J. and Charles, G. (2009) 'The relevance of spirituality in policing: A meta-analysis', *International Journal of Police Science and Management*, paper submitted.

Special Interest Group (1999) see www.rcpsych.ac.uk/spirit and also www.rcpsych.ac.uk/college/SIG/spirit/publications/index, accessed 03 March 2010.

Sterba, J.P. (1999) *Justice: Alternative Political Perspectives*, 3rd edn (Belmont, CA: Wadsworth).

Stewart, B. (2002) 'Spirituality and culture: Challenges for competent practice in social care', in M. Nash and B. Stewart (eds) *Spirituality and Social Care: Contributing to Personal and Community Well-being* (London: Jessica Kingsley Publishers).

Stoll, R. (1979) 'Guidelines for spiritual assessment', *American Journal of Nursing*, 1, 1572–1577.

Stoll, R. (1989) 'The Essence of Spirituality', in V. Carson (ed.) *Spiritual Dimensions of Nursing Practice* (Philadelphia: W B Saunders).

Swain, J., Finkelstein, V., French, S. and Oliver, M. (1993) *Disabling Barriers – Enabling Environments* (London: Sage).

Tacey, D. (2003) *The Spirituality Revolution: The Emergence of Contemporary Spirituality* (London: Harper Collins).

Tanyi, R. (2006) 'Spirituality and family nursing: Spiritual assessment and interventions for families', *Journal of Advanced Nursing*, 53: 3, 287–294.

Teichmann, M., Murdvee, M. and Saks, K. (2006) 'Spiritual needs and quality of life in Estonia', *Social Indicators Research*, 76, 147–163.

Thompson, N. (2002) 'Social movements, social justice and social work', *British Journal of Social Work*, 32, 711–722.

Thompson, N. (2003) *Promoting Equality: Challenging Discrimination and Oppression*, 2nd edn (Basingstoke: Palgrave Macmillan).

Thompson, N. (2005) *Understanding Social Work: Preparing for Practice*, 2nd edn (Basingstoke: Palgrave Macmillan).

Thompson, N. (2006) *Anti-discriminatory Practice*, 4th edn (Basingstoke: Palgrave Macmillan).

Thompson, N. (2007a) 'Loss and grief: Spiritual aspects', in M. Coyte, P. Gilbert and V. Nicholls (eds) *Spirituality, Values and Mental Health: Jewels for the Journey* (London: Jessica Kingsley).

Thompson, N. (2007b) *Power and Empowerment* (Lyme Regis: Russell House Publishing).

Thompson, N. (2010) *Theorising Social Work Practice* (Basingstoke: Palgrave Macmillan).

Thompson, S. and Thompson, N. (2008) *The Critically Reflective Practitioner* (Basingstoke: Palgrave Macmillan).

Thorne, B. (2007) 'Awakening the heart and soul: Reflections from therapy', in M. Coyte, P. Gilbert and V. Nicholls (eds) *Spirituality, Values and Mental Health* (London: Jessica Kingsley), pp. 270–274.

Thurman, R. (2005) 'A Buddhist view of the skill of happiness', *Advances Fall/Winter*, 21: 3–4, 29–32.

Torry, B. (2005) 'Transcultural competence in health care practice: The development of shared resources for practitioners', *Practice*, 17: 4, 257–266.

Tracy, D. (1994) *Plurality and Ambiguity: Hermeneutics, Religion and Hope* (Chicago: University of Chicago Press).

Twycross, R. (2007) Unpublished paper to Dove House Hospice conference, Hull.

Ungar, M. (2006) 'Resilience across Cultures', *British Journal of Social Work Advance Access*, doi: 10.1093/bjsw/bc1343, accessed 18 October 2006.

United Nations Commission on Crime Prevention and Criminal Justice (2002) *Basic Principles on the Use of Restorative Justice Programmes in Criminal Matters* (Vienna: United Nations).

Wallis, C. (2005) 'The new science of happiness', *Time*, 165, 25–28.

Watts, F., Dutton, K. and Gulliford, L. (2006) 'Human spiritual qualities: Integrating psychology and religion', *Mental Health, Religion and Culture*, 9, 277–289.

Whiting, R. (2009) 'On reflection: Debating religion in social work education', JSWEC Conference, University of Hertfordshire, 8–10 July 2009.

Williams, C. (2007) 'On a path of most resilience', *Community Care*, 16 August 2007, 20–21.

Wilson, K., Ruch, G., Lymbery, M. and Cooper, A. (2008) *Social Work: An Introduction to Contemporary Practice* (Harlow: Pearson Longman).

World Health Organisation (WHO) (1995) *WHOQOL-100. Facet Definitions and Questions* (Geneva: Switzerland).

World Health Organisation (WHO) (1997) *WHOQOL, Measuring Quality of Life* (Geneva: Switzerland).

World Health Organisation (WHO) (1998) *WHOQOL User Manual* (Geneva: Switzerland).

Wright, S. (2005) *Reflections on Spirituality and Health* (London: Whurr Publishers). www.maydayhospital.org.uk, accessed 31 October 2009.

Younghusband, E. (1964) *Social Work and Social Change* (London: Allen and Unwin).

Yip, K. (2005) 'A dynamic Asian response to globalization in cross-cultural social work', *International Social Work*, 48: 5, 593–607.

Zapf, M.K. (2005) 'The spiritual dimension of person and environment: Perspectives from social work and traditional knowledge', *International Social Work*, 48: 5, 633–642.

Zapf, M.K. (2007) 'Profound connections between the person and place: Exploring location, spirituality and social work, Chapter 14', in Coates et al. (eds) *Spirituality and Social Work: Selected Canadian Readings* (Toronto: Canadian Scholars Press).

Zapf, M.K. (2008) 'The Spiritual dimension of person and environment: Perspectives from social work and traditional knowledge', *International Social Work*, 48: 5, 633–642.

Zohar, D. and Marshall, I. (1999) *SQ: Connecting with Our Spiritual Intelligence* (London: Bloomsbury).

찾아보기

용어 및 자료

찾아보기

ㅍ

ㅎ